Detlev Schröter

Leipzig:
600 mal die Nummer 1 in Deutschland

Engelsdorfer Verlag

1. Auflage 2012

Umschlaggestaltung und Gesamtlayout: Hunger+Partner

ISBN 978-3-86268-896-8

LEIPZIG
600 mal
die
Nummer 1
in
Deutschland
Detlev Schröter

Inhalt

Vorwort

Leipzig feiert 2015 seinen 1000. Gründungstag. Mit 530.000 Einwohnern zählt sie zwar nicht zu den größten Städten, aber in ihrer Vielfalt und ihren Dimensionen mit nachweis- und vorzeigbaren historischen, wissenschaftlichen und kulturellen Leistungen im weitesten Sinne, ist sie eine echte Metropole.

Laut New York Times (2011) gehört Leipzig als "Ort der höchsten Kunstdichte Europas" zu den zehn Reisezielen dieser Welt, die man gesehen haben muss. Und die britische Tageszeitung "The Guardian" empfahl ihren Lesern im selben Jahr, Leipzig als beste von 20 Reisezielen innerhalb Deutschlands. Das "Foreign-Direkt-Investment-Magazin" mit Sitz in London setzte Leipzig auf den 1. Platz in der Kategorie "Strategy Large Cities". An dieser Studie hatten 223 Städte und 142 Regionen aus Europa teilgenommen. Papst Benedikt XVI sagte im Rahmen der Feierlichkeiten anlässlich seines 85. Geburtstages im April 2012: "Leipzig ist eine historische Stadt, die über außergewöhnliche Chöre und ein ganz außergewöhnliches Orchester verfügt." Um die Wertungen über Leipzig noch politisch abzurunden, soll auch der letzte amerikanische Botschafter in der DDR, Richard C. Barkley, zu Wort kommen: "Das, was in Berlin geschah, war nicht so wichtig. Denn die wahre Revolution fand in Leipzig und Plauen statt."

Mit "Leipzig: 600 mal die Nr. 1 in Deutschland" wird dem Leser bewusst, dass Leipzig nicht irgendeine durchschnittliche deutsche Halbmillionenstadt ist, sondern Ausgangspunkt vielfältiger Ideen und Veränderungen für ganz Deutschland. Sie war Vorbild, Beispiel, Muster und Modell für kulturelle, wissenschaftliche und wirtschaftliche Leistungen. Sehr vieles, was in Leipzig erstmals erforscht, entwickelt, gegründet, gebaut oder geschaffen wurde, fand sehr oft Nachahmer in der ganzen Welt. Kaum eine andere deutsche Stadt kann sich mit der Musik-, Bach- und Wagnerstadt messen, wenn es um die Vielfalt, Breite und Stärke des kulturellen Lebens und ihre Auswirkungen auf Deutschland geht. Damit sind jene Beiträge gemeint, die Leipzig von seinen Anfängen bis zur Gegenwart zur Wissenschaftsentwicklung und zur Medizin leistete, insbesondere beim Aufbau und der Entwicklung völlig neuer medizinischer Disziplinen in Lehre und Forschung. Dazu sind jene Beiträge zu zählen, die Leipzig für ganz Deutschland im Universitätswesen, in der Musik und Malerei, im Messe-, Verlags- und Druckereiwesen, bei der Entwicklung der Zeitungswissenschaft und im Journalismus leistete. Und drittens geht es um Modelle, für die Leipzig im Schul- und Hochschulwesen und bei der Modernisierung des deutschen Theaters stand. Nicht zuletzt war Leipzig auch der weltweite Vorreiter bei der Herausbildung des akademischen Sports an Hochschulen und Universitäten.

In "Leipzig: 600 mal die Nr. 1 in Deutschland" geht es um Fakten, Alleinstellungsmerkmale und Superlative. Es geht um Merkmale, worin sich diese Stadt von anderen abhebt und unterscheidet. So erschien in Leipzig mit der "Einkommenden Zeitung" die erste Tageszeitung der Welt und die Physiker Werner Heisenberg und Robert Döpel bauten an der hiesigen Universität den weltweit ersten Atomreaktor. Die erste betriebswirtschaftliche Hochschule der Welt gründete sich ebenso in Leipzig wie die erste Theater- und die älteste Musikhochschule Deutschlands. Mit dem Hinweis, dass es ein Leipziger Professor war, der als erster Deutscher an der berühmten Harward Universität lehrte, soll dieser kleine Exkurs einen Vorgeschmack liefern, was den Leser erwartet.

"Leipzig: 600 mal die Nr. 1 in Deutschland" ist ein hoch informatives Buch. Es ist gleichzeitig eine Art Lexika, auf das immer wieder zurück gegriffen werden kann, wenn es um einen historischen Nachweis, einen möglichen Mehrwert oder um das Image eines Bauwerkes, einer Unternehmensgründung oder einer Dienstleistung geht.

"Leipzig: 600 mal die Nr. 1 in Deutschland" kann auch ein dauerhafter Begleiter für Leipziger und ihre Gäste, für Investoren, Immobilien-, Touristik- und Werbeunternehmen sein. Für Teilnehmer an Kongressen und Events sowie für Unternehmenspartner, Freunde und Kollegen ist es ein wertvolles Geschenk mit Erinnerungswert.

Die Zusammenstellung und Interpretation der Alleinstellungsmerkmale für Leipzig erhebt keinen Anspruch auf Vollständigkeit. Für Hinweise und Empfehlungen bin ich den Lesern dankbar.

Detlev Schröter

1. Ablasshandel, Luther, Kirchen...

"Das Geld im Kasten klingt, die Seele in den Himmel springt"
Der bekannteste päpstliche Ablasshändler seiner Zeit war der Leipziger Dominikanermönch und Doktor der Theologie Johann Tetzel (1465-1519). Der von ihm geprägte Händlerspruch (1518) "Wenn das Geld im Kasten klingt, die Seele aus dem Fegefeuer in den Himmel springt" ist allseits bekannt. Ein Kirchenraub oder ein geleisteter Meineid kostete jeweils 9 Dukaten und ein Mord ließ sich schon für 8 Dukaten erkaufen. Selbst für künftige Schandtaten gab es einen Ablassbrief. Die Erlöse des Ablasshandels teilten sich zu einer Hälfte Johann Tetzel und der Erzbischof Albrecht von Magdeburg und Mainz. Die zweite Hälfte der Einnahmen erhielt der Papst zum Bau des Petersdomes in Rom. In der Auseinandersetzung Martin Luthers mit dem Papst (1519) und in seinen 95 Thesen (1517) spielte der Missbrauch des Ablasshandels eine entscheidende Rolle. Tetzel und sein Ablassverkauf bildeten den äußeren Anlass zu Luthers Reformation. Tetzel, der selbst Ehebruch beging, starb 1519 in Leipzig an der Pest. Sein Grab befand sich in der Kirche St. Pauli zu Leipzig.

Welthistorische Disputation Luthers mit Papstabgesandten Eck
Die mehrtägige Disputation im Jahre 1519 zwischen Martin Luther (1483-1546), seinen Gefolgsleuten Karlstadt (1477-1541) und Melanchthon (1497-1560) und dem Abgesandten des Papstes, Dr. Johann Eck (1486-1543) begann in der Thomaskirche und wurde auf der Leipziger Pleißenburg (heute Neues Rathaus) fortgesetzt. Sie war mit entscheidend für den endgültigen Bruch der beiden christlichen Kirchen. Dem war der Anschlag der 95 Thesen an die Schlosskirche in Wittenberg vorausgegangen. Mit der Inschrift am Neuen Rathaus "Arx nova surrexit" – "eine neue Burg hat sich erhoben" wird an die vormals an diesem Ort befindliche Burg, die Pleißenburg, erinnert.

Luthers weltweite PR-Kampagne
Der Leipziger Drucker Melchior Lotter (1470-1549), der mit Martin Luther befreundet war, gab 1517 als erster Luthers Thesen als Plakat heraus, bevor es später nach Wittenberg kam. Lotter gab aber nicht nur die "95 Luther-Thesen" und "den Sermon von dem Ablass und der Gnade" heraus, sondern veröffentlichte mehr als 160 Schriften des großen Reformators. Bevor sich das Zentrum der Reformationsdrucke nach Wittenberg verlagerte, war Leipzig der wichtigste Multiplikator der lutherischen Reformation. Erst die Leipziger Drucktechnik machte es möglich, durch Veröffentlichung und Vervielfältigung der Disputationstexte und Luthers Thesen, dessen Auffassungen weltweit bekannt zu machen. Bereits Ende 1519 waren ca. 250.000 Kopien von Luther-Schriften auf dem Markt. Eine für diese Zeit wohl einmalige PR-Kampagne. Damit leisteten die Leipziger Drucker einen entscheidenden Beitrag zum weltweiten Gelingen der Reformation überhaupt.

Luthers Einführung der Reformation

Martin Luther war sehr oft in Leipzig. 1512 hatte er an der damals bedeutenden Leipziger Universität promoviert. Sieben Jahre später folgte die Disputation mit dem katholischen Vatikanabgesandten Eck. Nach weiteren Besuchen, Luther hatte eine Reihe von persönlichen Freunden in Leipzig, führte er in seiner Predigt am 25. März 1539 in der Thomaskirche offiziell die Reformation in Sachsen ein, dem deutschen Stammland der nachfolgend weltweiten Reformation. Eine Tafel an der Kanzel der Thomaskirche erinnert noch heute an das bedeutsame Geschehen. Diesem erneuten Auftritt in Leipzig und am bekannten Ort war die Übersetzung des neuen Testaments auf der Wartburg, die Heirat mit der Nonne Katharina von Bora aus dem Kloster Nimbschen, nahe Leipzig und dem Aufbau der evangelisch-lutherischen Landeskirchen vorangegangen. 1545 widmete Luther die Klosterkirche der Universität in eine evangelische Universitätskirche um. Mit dieser Kirche eng verbunden sind solche Größen des deutschen Geisteslebens wie Bach, Gellert, Kuhnan, Hiller, Mendelssohn Bartholdy, Reger, Telemann u.v.a.

Weltruhm durch Bach, Oeser und deutsche Einheit

Die Nikolaikirche wurde 1213 als Stadt- und Pfarrkirche urkundlich genannt. Mit der viermanualigen Orgel besitzt die Kirche eine der größten Konzertorgeln Deutschlands. An der zuerst eingebauten Orgel hatte J. S. Bach am 30. Mai 1723 sein Probespiel für den Posten als "Director musices" absolviert. Die jetzige Orgel, bestehend aus 6.300 Pfeifen, 103 Registern und 5 Manualen geht auf den Weißenfelser Orgelbauer Friedrich Ladegast zurück.

Interessant ist auch die Tatsache, dass Bach, der mit seinen Thomanern nicht nur für die Thomaskirche, sondern für alle drei Stadtkirchen musikalische Verantwortung trug, in der Nikolaikirche sogar mehr Kantaten und Motetten aufführte als in der viel älteren und berühmteren Thomaskirche. Auch die Uraufführungen der "Johannes-Passion" und das "Weihnachtsoratorium" fanden in dieser Kirche statt. Und: Hier hinterließ der Zeichenlehrer Goethes, Friedrich Oeser, 30 Gemälde, unter anderem das Altarbild "die Auferstehung Christi". Weltweit berühmt wurde die Nikolaikirche durch die Ereignisse in Leipzig im Herbst 1989, die 1988 hier ihren Anfang nahmen und am 9. November 1989 mit der friedlichen Demonstration von zehntausenden Menschen ihren Höhepunkt fanden. Die Nikolaikirche in Leipzig gilt als Ausgangspunkt und Wahrzeichen der deutschen Wiedervereinigung.

Luther prophezeite Leipzigs Untergang

Wegen des angeblichen Sittenverfalls war Luther von Leipzig nicht sonderlich begeistert. Das veranlasste ihn zu einer Prophezeihung über die Nachbarstädte Halle und Leipzig. "Halle, du werte Stadt, der barmherzige Gott erhalte dich, dass du nicht versinkest. Du hast Gottes Wort immer geliebt, darum wird dich Gott erhalten. Leipzig ist wie Sodom und Gomorra. Mit Hurerei und Wucher überschüttet, darum kann's ihnen nicht wohl ergehen. Es geschieht ihnen recht: Sie wollen es nicht anders haben. Ich bin dagewesen, will aber nicht mehr hinkommen. Oh Leipzig, du bist ein böser Wurm. Über dich wird ein großes Unglück gehen. Ich werde es zwar nicht erleben, aber die Schüler auf den Gassen werden`s erleben. Im Jahr 47 wird ein Unglück über sie ergehen, im Jahr 52 wird sie Not leiden, im Jahr 54 wird Leipzig eine Stadt gewesen sein" (M. Luther, zwei Prophezeihungen). Dazu muss man aber wissen, dass Martin Luther als Junker Jörg getarnt, am 3. Dezember 1521 von Eisenach / Wartburg nach Leipzig gekommen war und hier in einer Kutscherkneipe am Brühl zu Mittag aß. Das Gasthaus gehörte Hans Wagner und nannte sich später "Gasthaus zu den drei Schwänen". Obwohl Luther einen Bart und ein Barett trug, erkannte ihn eine Hure, die in der Schenke bei einem Bier auf einen Freier wartete. Das ärgerte Martin Luther noch nach Jahren, sodass es zu dieser Wertung über Leipzig kam.

800 Jahre Thomaskirche

2012 feierten Thomaskirche, Thomanerchor und Thomasschule ihr Dreifach-Jubiläum, ihr jeweils 800 jähriges Bestehen. Sie bilden nach wie vor eine Einheit, wenngleich sich Thomasschule und Thomanerchor seit der Reformation in Trägerschaft der Stadt Leipzig befinden. Allen Thomaskantoren überragend, wirkte Johann Sebastian Bach (1685-1750) Jahrzehnte an dieser Stätte. Die Thomaskirche, Wirkungsstätte der Thomaner, 300 Jahre älter als die Nikolaikirche, ist nach wie vor ein kulturelles und geistliches Zentrum mit weltweiter Ausstrahlung. Hervorragende Gelehrte, Komponisten, Musiker und Wissenschaftler sind Absolventen der Thomasschule. U. a. Ferdinand Braun, ein ehemaliger Mathematiklehrer der Thomasschule, der 1909 den Physik-Nobelpreis erhielt. J. S. Bach, dessen Grab sich zunächst auf dem Alten Johannesfriedhof befand, wurde später exhumiert und im Altarraum der Kirche beigesetzt. Tausende Menschen aus aller Welt kommen regelmäßig nach Leipzig, um die Thomaner an ihrer Originalwirkungsstätte, zu erleben (vgl. Forum Thomanum).

Erstmals verfasstes, vollständiges protestantisches Kirchenrecht

Johannes Benedict Carpzow (1607-1657), ein Leipziger Universitätsprofessor, verfasste 1649 in Leipzig zum ersten Male in Deutschland eine systematische und vollständige Darstellung des protestantischen Kirchenrechts.

Größte Russisch-Orthodoxe Kirche

Die größte Russisch-Orthodoxe Kirche außerhalb Russlands, die Gedächtniskirche des Heiligen Alexis, wurde in Gedenken an die 22.000 russischen Soldaten, die während der Völkerschlacht auf Seiten der Verbündeten gegen Napoleon kämpften und ihr Leben ließen, errichtet und am 17. Oktober 1913 eingeweiht. Die Finanzierung erfolgte durch Spenden und den russischen Staat. Auch heute dient die Kirche den über 300 aktiven Gemeindemitgliedern, die verschiedene Nationen vereint, als Glaubenshaus. Im Rahmen der bevorstehenden Feierlichkeiten zur 200. Wiederkehr des Gedenkens an die Völkerschlacht, der gleichzeitigen Errichtung des Denkmals und Kirche vor 100 Jahren, wurde auch die Russische Kirche saniert. Sie ist für Besucher täglich geöffnet.

Ältestes Hilfswerk der Evangelischen Kirche

Das Gustav-Adolf-Werk/GAW) in Leipzig ist das älteste Hilfswerk der Evangelischen Kirche in Deutschland und befindet sich in der Pistorisstraße 6 in Schleußig. Es wurde vom Superintendenten Christian Gottlob Leberecht Großmann (1783-1857) gegründet und fördert evangelisches Leben auf dem gesamten Erdball, hilft beim Aufbau von Gemeinden und Gebäuden, bietet Bildungsprogramme an und engagiert sich in sozialen Projekten. Heute betreut das GAW 40 Partnerkirchen in 35 Ländern.

Erste Buddhistische Gemeinde

Der Leipziger Gottfried Wilhelm Leibniz (1646-1716) befasste sich als erster in Deutschland mit dem Buddhismus. 1903 war es der Indologe Dr. Karl Seidensticker (1876-1936), der in Leipzig die erste buddhistische Organisation in Deutschland, den "Buddhistischen Missionsverein" gründete. Ab 1905 benannten sich die Anhänger des Buddhismus in "Buddhistische Gesellschaft für Deutschland" um. Es war damit nicht nur die erste buddhistische Gemeinde in Deutschland, sondern auch die erste in Europa. Nach 1990 gründete sich in Leipzig erneut ein buddhistischer Verein, der seinen Sitz in der Holbeinstraße hat.

Größter Kirchenneubau

Für die ca. 2.000 Katholiken in Leipzig entsteht bis zum Sommer 2014 eine neue Propsteikirche. 12.000 Kirchgemeinden in Deutschland haben dazu im Februar 2009 ihre Kollekte zur Verfügung gestellt. Der größte Kirchenneubau in Deutschland entsteht pikanterweise am Martin-Luther-Ring, gegenüber dem Neuen Rathaus. Der Innenraum mit den liturgischen Orten wie Altar, Taufstein, Lesepult, Tabernakel, die Sitze im Altarraum und das Altarraumkreuz wird vom amerikanischen Künstler Jorge Pardo und das Kirchenfenster, 22 Meter lang und 3 Meter hoch, vom Leipziger Falk Haberkorn gestaltet. Das ebenerdige Kirchenfenster wird dabei ganzflächig den Bibeltext wiedergeben. Es ist beabsichtigt, die gesamte Kirche erstmalig komplett umweltgerecht, d.h. mit umweltschonenden Materialien zu bauen.

2. Admiräle, Seen und Parklandschaften

Erster deutscher Flotten-Admiral

Der erste deutsche Flottenadmiral war eine "Landratte" und kam aus Leipzig. Er hieß Rudolph Bromme (1804-1860). 1848 ernannte ihn die deutsche Nationalversammlung in Frankfurt/Main zum ersten deutschen Flottenadmiral. Bromme sagte von sich selbst: "Ich bin weder Österreicher noch bin ich Preuße, ich bin nur Deutscher und wenn ich das nicht mehr sein darf, so bin ich geborener Sachse." Er fuhr mit englischen und amerikanischen Schiffen auf allen Weltmeeren und kämpfte im Seekrieg gegen die Türken. Zeitweilig lebte er in Griechenland. Der Deutsche Marinebund stiftete seinem ersten Admiral 1929 im Leipziger Stadtteil Anger-Crottendorf einen Gedenkstein, den er 2004 zum 200. Geburtstag restaurieren ließ.

Großstadt mit einmaliger Seen-, Wasser- und Badelandschaft

Fluss-Schiffe von Leipzig nach Hamburg und dann in die fünf Weltmeere war die Vision von Dr. Karl Heine (1819-1888), dem größten Industriepionier Leipzigs. Heute ist es keine Vision mehr. Grund dafür ist ein einzigartig angelegtes Kanalsystem. Buchstäblich vom "Vorzimmer" des Leipziger Oberbürgermeisters, dem Leipziger City-Hafen, geht die Reise durch den Karl-Heine-Kanal zum Lindenauer Hafen (Transithafen), über den Elster-Saale-Kanal in die Saale, später in die Elbe und damit nach Hamburg. Zudem gibt es eine 14 Seen umfassende, für Großstadtverhältnisse einmalige Seen-, Wasser- und Badelandschaft. Die Gesamtwasserfläche beträgt mehr als 120 Quadratkilometer. Mit 1.000 Hektar ist der Zwenkauer See größer als der Tegernsee und der Markkleeberger See mit 57 Metern der tiefste. Hinzu kommen 300 Kilometer große und kleine Flussläufe mit umfangreichem Boots- und Erholungsservice, einschließlich original italienischer Gondeln.

Größtes innerstädtisches Waldgebiet Mitteleuropas

Leipzig ist eine grüne Stadt und verfügt über eine der schönsten, größten und zusammenhängenden Auwälder Mitteleuropas. Mit dem 2.700 Hektar großen Auwald erstreckt sich ein einzigartiger grüner Gürtel mitten durch die Halbmillionenstadt. Der Auwald schließt Sumpfgebiete und eine Vielzahl kleinerer Flüsse mit ein. Er zeichnet sich auch durch seine Artenvielfalt, so durch 40 Baumarten, davon 300-jährige Eichen, über 100 Brutvogelarten und 197 Großschmetterlinge, aus. Dazu kommen 140 Km Wander- und 36 Km Reitwege.

Ältester städtischer Landschaftspark

Der älteste städtische Landschaftspark Deutschlands ist der Leipziger Promenaden-Ring, der 1780 entstand. Das ist vor allem dem damaligen Bürgermeister Carl Wilhelm Müller (1782-1801) zu danken. Während andere Städte nach dem Rückbau ihrer Burg- und Befestigungsanlagen die freiwerdenden Flächen bebauten und vermarkteten, ließ Müller einen großzügigen Grüngürtel anlegen. Gestaltet wurde die Anlage vom damals besten deutschen Gartenbaukünstler, dem königlich-preußischen Gartenbaudirektor Peter Joseph Lenné (1789-1866). Lenné baute einst auch die prachtvollen Parkanlagen von Sanssouci in Potsdam.

"Per Lachaise" des Ostens

Leipzigs Bürgertum legte mit dem Südfriedhof für seine Verstorbenen eine der schönsten Ruhestätten in Deutschland an. Es ist ein Gesamtkunstwerk. Er gehört mit seiner 820.000 m^2 umfassenden Fläche zu den größten und schönsten Parkfriedhöfen ganz Europas. Er gilt nach wie vor als Vorbild neuzeitlicher Friedhofsgestaltung. Die Wegeführung erfolgte in Form eines Lindenblattes. Damit bezogen sich die Erbauer, Stadtbaurat Hugo Licht (1841-1923) und Gartenbaudirektor Otto Wittenberg (1834-1918), auf den slawischen Ursprungsnamen Leipzigs "Ort, an dem die Linden stehen."

Größtes Friedhofsbauwerk

Auf dem Kapellenberg des Südfriedhofs entstand zwischen 1905 und 1910 das noch heute größte Friedhofsbauwerk Deutschlands. Es war seinerzeit das modernste Krematorium Europas. Das 2011 restaurierte Kolumbarium (lat. Taubenschlag) ist Bestandteil dieses Bauwerkes. In den Wandnischen des Kolumbariums finden mehr als 2.800 Urnen Platz. Um den 60 Meter hohen Glockenturm, der im neoromanischen Stil erbauten Anlage, gruppieren sich die Hauptkapelle mit Plätzen für 600 Personen, zwei kleinere für jeweils 80 Trauergäste sowie das Krematorium. Eine Gruft-Arkade umschließt den Komplex, der der Benediktiner-Abtei Maria Laach sehr ähnelt.

Wetterkarten, Wetterstationen und das erste Wetterlehrbuch

Leipzig gehört zu den weltweit ersten Standorten der Wetterkunde und verfügt über große Traditionen auf diesem Gebiet. So überrascht es auch nicht, dass 1507 in Leipzig das erste Lehrbuch der Welt zum Wetter erschien. Es trug den Titel "Virgil Wellendarffers Decalogicum". Es war ein Buch, wie damals üblich, in lateinischer Schrift und behandelte Fragen der Meteorologie. Heinrich Wilhelm Brandes (1777-1834) war als Physikprofessor an der Universität Leipzig angestellt und veröffentlichte 1920 in seinen "Beiträgen zur Witterungskunde" die ersten Wetterkarten in Deutschland. Wilhelm Brandes gilt als Begründer der Synoptischen Meteorologie.

Weltweit größter Wolkensimulator

Der weltweit größte Wolkensimulator steht in Leipzig. Er hat am 25. April 2006 seine Tätigkeit aufgenommen und gehört zum Leibniz-Institut für Troposphären-Forschung. Im Institut wird sowohl Grundlagenforschung betrieben als auch an aktuellen Problemen bearbeitet. Der Wolkensimulator ist ein 16 Meter hoher Turm, der wie eine Thermoskanne funktioniert. Die äußere Wand gleicht einem Autokühler. Durch die Verbindung von Wassertropfen mit den Staubpartikeln bildet sich in dem Rohr eine lange dünne Wolke.

Erstes meteorologisches Beobachtungssystem

Karl Christian Bruhns (1830-1881) war seit 1860 Professor für Astronomie an der Leipziger Uni. Neben seiner Lehrtätigkeit war er Direktor der hiesigen Sternwarte. Unter seiner Verantwortung wurde das erste meteorologische Beobachtungssystem in Deutschland eingeführt. Gleichzeitig kümmerte sich Bruhns um die astronomische Refraktion sowie die Bahnbestimmung von Planetoiden und Kometen, wobei er selbst davon sechs entdeckte. 1872 publizierte er als erster den "Atlas der Astronomie" und gab später ein dreibändiges Werk über Alexander von Humboldt heraus. Bruhns gründete an der Leipziger Universität das Institut für Geografie, das erste akademische Institutseiner Art in Deutschland.

Europas längste Kanalisation

Die Leipziger Kanalisation ist mit 2.500 Kilometer die längste in Europa. Die ersten Wasserleitungen waren aus Holz und stammen aus dem Jahre 1496. Seit 1833 entwickelte sich die Abwasserkanalisation Leipzigs, die es heute durch den Einbau einer Kanalnetzsteuerung ermöglicht, dass selbst kleine Mengen Abwasser gereinigt werden und damit kaum unbehandeltes Wasser in die öffentlichen Gewässer gelangt.

Längstes aufgenommenes geologisches Profil der Welt

Espenhain liegt nur wenige Kilometer vor den Toren Leipzigs und gehörte mit den übrigen Abbaugebieten der Region zu den weltweit größten Braunkohlentagebauen. Mit dem Ende des Abbaus und dem Beginn der geologischen Forschung konnten die Geologen an diesem Standort etwa eine Milliarde Jahre Erdgeschichte nachweisen und dokumentieren.
"Es ist das längste, je aufgenommene geologische Profil der Welt" (Rauchhaupt/Heinze). Dass es sich hierbei um einen besonderen Standort der Erd-, Ur- und Kulturgeschichte handelt, zeigen weiterhin "die weltweit einzigartigen Funde von Feuersteinwerkzeugen" (Rauchhaupt/Heinze). Gegenwärtig wird das gesamte Areal mit Infotafeln, geologischen Fenstern, Zeitstrahl, Schichtenstapeln und Gesteinsgarten etc. als lebendiger GEOPFAD ausgebaut.

3. Airbus, NASA, Luftschiffhallen

"Vater" der US-amerikanischen Mars-Mission

Der gebürtige Leipziger, Chefplaner der NASA, Professor Dr. Jesco Freiherr von Puttkamer (*22. Sept. 1933), ist einer der mächtigsten Manager der internationalen Raumfahrt. Sein Vater war Redakteur beim Leipziger Reclam-Verlag. In den USA arbeitete er maßgeblich am Apollo-Mondlandeprogramm und leitete seit 1974 im NASA-Hauptquartier in Washington eine Arbeitsgruppe zur strategischen Planung der permanenten Erschließung des Weltalls. An der Entwicklung des Space Shuttle hatte er ebenfalls entscheidenden Anteil. Er gilt als "Vater der amerikanischen Mars-Mission". Mit seinem Buch "Apollo 11" schrieb Jesco von Puttkamer ein Standardwerk der bemannten Raumfahrt. Er beschäftigte sich mit Planungen des Mond-Mars-Lang-Zeitprogrammes der NASA. 2008 wurde er zum Deutsch-Amerikaner gewählt. Von Puttkamer ist der dienstälteste Mitarbeiter der NASA. Seit 1991 war er mehrfach in Leipzig, seiner Heimatstadt. Er hielt Vorträge an der Universität und engagierte sich für das Leipziger "International Space Education Institut (ISEI)". Jesco Freiherr von Puttkammer ist heute US-Bürger und lebt in Washington.

Die wahren Helden der "Star-Trek"-Filme

Sie hatten vieles gemeinsam, Deutschlands erster Flotten-Admiral Rudolf Bromme und NASA-Topmanager Jesco von Puttkamer. Beide sind Leipziger und hielten der Stadt stets die Treue. Sie wuchsen beide in unmittelbarer Nachbarschaft (Salomonstraße 26) auf und waren gleichzeitig Star-Trek-Helden. Brommes Erzählungen und die von ihm geführten Logbücher dienten als Vorlage für die amerikanische Star-Trek-Serie. Das zweite Basis- Material hatte von Puttkamer mit seinem Buch "Apollo 11" geliefert. Gleichzeitig war von Puttkamer als NASA-Berater für das Star-Trek-Projekt tätig. Bromme, der 1828 als Kommandant der Raddampf-Korvette "Enterprise" die Linie zwischen England und Amerika befuhr, bildete mit seiner "Enterprise" das literarische Vorbild für das spätere Raumschiff "Enterprise".

Führende Arbeit an der ersten NASA-Mondsonde-Pioneer 4

O. Ruppe wurde am 3. Mai 1929 in Leipzig in der Johannesallee 11 geboren, studierte an der damals in Deutschland führenden Fakultät für Physik der Universität Leipzig und ging später in die USA. Hier arbeitete er maßgeblich u.a. an der Entwicklung der ersten NASA-Mondsonde Pioneer 4 mit. 1966 wurde Ruppe Lehrstuhlinhaber für Raumfahrttechnik an der Uni München. Einer seiner Schüler war der spätere deutsche Shuttle-Astronaut Ulrich Walter.

Chef des Marshall Spaceflight Centers

Auch bei Eberhard Rees (1908-1998) führen die Spuren nach Leipzig. Rees, der in Stuttgart und Dresden Maschinenbau studiert hatte, leitete von 1935 bis 1940 bei den Leipziger "Meier & Weichelt Eisen- und Stahlwerken" eine Fabrik mit mehr als 5.000 Arbeitern und Angestellten, die Entwicklung von Produktionsmethoden für die Stahlerzeugung und die

Planung neuer Anlagen. Mit seinem Wechsel 1940 zum deutschen Raketenspezialisten Wernher von Braun wurde er dessen Stellvertreter und gleichzeitig Betriebsdirektor der Heeresversuchsanstalt in Peenemünde. Hier war er zuständig für die Entwicklung des Aggregats 4 (A4) und der Versuchsrakete 2 (V2). Nach Kriegsende und Internierung kam er in die USA. Seit 1970 trug er als Direktor des Marshall Space Flight Centers der Raumfahrtbehörde NASA in Huntsville die Verantwortung. Er war maßgeblich an der Apollo-Mondlandung 1969 sowie an der Entwicklung der Saturn V-Raketen beteiligt.

Ohne Leipziger Präzisionsteile keine russischen Raketen

Interesssant, vor allem aber wahr, ist die Geschichte, dass der sowjetische Raketenkonstrukteur Sergej Koroljow mit seiner Familie im Sommer 1946 den späteren NASA-Mondsonde Pioneer 4, Harry O. Ruppe, in Leipzig besuchte. Während seines Aufenthaltes in Leipzig ließ Koroljow wichtige Präzisionsteile für die russischen Raketen fertigen. Koroljow ist der Chefkonstruteur des Sputnik 1 und jener Rakete, mit der Juri Gagarin als erster Kosmonaut die Erde umkreiste. Er ist auch der Konstrukteur der immer noch fliegenden Sojus-Raumschiffe. Koroljow starb 1966. Seine Cousine lebt noch heute in Leipzig. Ähnlich wie bei Bromme und von Puttkamer beflügelten auch die kosmischen Geräte von Koroljow die amerikanischen Macher der Science-Fiction-Filme.

Airbus 380 – ein Leipziger

Jürgen Thomas, ein Flugzeugbauer, wurde 1937 in Leipzig geboren. Seit 1976 gehört er zu den Top-Managern in Toulouse/Frankreich. Bereits beim Flugzeugprogramm A300/A310 gehörte er zur Führungscrew. Im März 1996 wurde ihm die Verantwortung für den Bau des A380 übertragen. Der A380 setzte sich erfolgreich gegen seinen Konkurrenten aus den USA (Boeing) durch und erzielt durch hohe Verkaufszahlen in aller Welt riesige Umsätze. 2001 wurde der Leipziger zum "Manager des Jahres 2001" der Luftfahrt- und Raumfahrtindustrie gewählt. Thomas ist designierter Chef des Mutterkonzerns EADS.

Führt erfolgreich den größten europäischen Reisekonzern

1947 wurde Michael Frenzel in Leipzig geboren. Seit 1994 leitet er Europas größten Reise- und Schifffahrtskonzern, die TUI-AG. Zur TUI-AG gehören 79 Reiseveranstaltungsmarken, ca. 25 Millionen Gäste buchen ihre Reisen in 3.200 Reisbüros der TUI.

An der Spitze des Bevölkerungs-Instituts der USA

Werner Fornos (sein eigentlicher Name ist Fahrenhold), ein gebürtiger Leipziger und später von einer amerikanischen Familie adoptiert, arbeitete viele Jahre im Weißen Haus und unterstützte die Präsidenten Kennedy und Johnson. Er war Abgeordneter der Demokraten im

Parlament des Bundesstaates Maryland und Hochschullehrer in Washington. Seit 1982 ist Werner Fornos Präsident des Bevölkerungsinstitutes (Bevölkerungsentwicklung und Geburtenkontrolle), das weltweit höchste Anerkennung genießt. Fornos, der 1999 mit dem Bundesverdienstkreuz ausgezeichnet wurde, hat seine Heimat nie vergessen. Nach eigenen Aussagen besucht er regelmäßig seine Geschwister in Leipzig.

Erster Uni-Gelehrter auf dem Mond

Karl Friedrich Zöllner (1834-1882), in Leipzig habilitiert und als außerordentlicher Professor der Uni Leipzig für physikalische Astronomie tätig, ist auf dem Mond verewigt. Er beschrieb als erster im Jahre 1862 ganz exakt die Delle auf der Oberfläche des Mondes. Diese Stelle wurde nach ihm benannt. 1972 landete die amerikanische Raumfähre Apollo 16 ganz in ihrer Nähe. Der "Zöllner-Krater" war daraufhin in aller Munde. Zöllner hatte auch den Begriff "Astrophysik" eingeführt.

Fünf Asteroiden erhielten Namen von Leipzigern

"266725 Vonputtkamer" heißt der erst am 13. September 2011 entdeckte Asteroid. Der am 22. September 1933 in der Salomonstraße 26b in Leipzig geborene Jesco von Puttkamer erhielt diese Ehrung anlässlich seines 78. Geburtstages. NASA und europäische Raumfahrtbehörde hatten den Vorschlag für den Leipziger und "Deutsch-Amerikaner des Jahres 2008" eingebracht.

Der Asteroid Nummer 10775 heißt Leipzig. Zwei weitere Asteroide tragen ebenfalls Namen berühmter Leipziger; so den Namen des weltberühmten Komponisten und Leipzigers Richard Wagner (1813-1883) und des letzten deutschen Universalgelehrten und Aufklärers Gottfried Wilhelm Leibniz (1646-1716). Bereits 1924 wurde der Asteroid "Thomana" mit der internationalen Kennung 1023, der gerade erst vor wenigen Monaten entdeckt worden war, den Leipzigern zuerkannt. Grund war die Begeisterung der Mitglieder der Astronomischen Gesellschaft, die im gleichen Jahr in Leipzig tagten und vom Thomanerchor begeistert waren.

Größte Flugzeuge der Welt

Seit 2007 haben Antonow-Frachtflugzeuge vom Typ AN-124 der russischen "Volga-Dnepr-Airlines" und der ukrainischen "Antonow Airlines" auf dem Flugfeld des Flughafens Leipzig-Halle ihre Wartungsbasis. Die AN-225, von der weltweit nur ein Exemplar existiert und die AN-124 sind die größten Frachtflugzeuge der Welt. Sieben "Antonows" am Standort Leipzig-Halle sind weltweit einmalig.

Weltweit größte Luftschiffhalle

Die größte Luftschiffhalle der Welt stand in Leipzig-Mockau und wies folgende Maße auf: Länge: 193 Meter, Breite: 77 Meter; Höhe: 32 Meter. Damit hatte die Halle Platz für drei parallel liegende Zeppeline oder 20 Flugzeuge. Der "Leipziger Luftschiffhafen" und der "Flugplatz Leipzig-Mockau" wurden am 22. Juni 1913 unter Teilnahme des Luftschiff-Pioniers Graf Ferdinand von Zeppelin eingeweiht. Bei 568 Fahrten im Jahre 1913 waren 12.482 Personen befördert worden. Am 8. Februar 1917 brach die Luftschiffhalle unter den gewaltigen Eis- und Schneemassen zusammen. Nur der unter Denkmalschutz stehende Tower erinnert noch heute an die großen Zeiten der Leipziger Luftfahrtgeschichte.

Größter Hangar – größte Fußbodenheizung

Der DHL-Hangar in Leipzig/Schkeuditz ist mit einer Fläche von 23.000 m^2 die aktuell größte Flugzeugwartungshalle Europas. Die Halle ist 420 Meter lang, 100 Meter breit und 30 Meter hoch. 700.000 Ersatzteile werden hier gelagert. In der Halle können zwei Airbus 380 und fünf Boeing 757 gleichzeitig stehen. Die Flugzeugwartungshalle besitzt zudem die größte Fußbodenheizung weltweit. 50 Kilometer Heizschlauch waren notwendig, um den Flugzeugbauern, vor allem aber den Monteuren, warme Füße und vor allem warme Hände zu garantieren.

Eröffnung des zivilen Luftverkehrs

Anlässlich der Eröffnung der Nationalversammlung in Weimar am 5. Februar 1919 wurde mit dem Erstflug auf der Strecke Berlin-Leipzig-Weimar der zivile Luftverkehr in Deutschland durch die "Luftreederei" aufgenommen. Im selben Jahr, am 25. Juni 1919, folgte der Erstflug der Junkers F 13 in Dessau. Auch die weltweit erste Messefluglinie zwischen Leipzig und Berlin wurde eröffnet. Messeflughafen war zu dieser Zeit noch der Flughafen Leipzig-Mockau, der Jahre zuvor auch der Flughafen der legendären deutschen Zeppeline war. Am 25. April 1927 landete die erste Maschine auf dem neuen "Mitteldeutschen Zentralflughafen Halle/Leipzig". 1937 ist der Flughafen Halle/Leipzig bei der Zahl der Flugbewegungen der viertgrößte Flughafen Deutschlands.1938 gab es den ersten deutschen Linienflug Leipzig-Budapest-Athen-Bagdad-Kalkutta-Bangkok-Singapur.

Höhen- und Dauerflugrekorde

Heinrich Oelerich (1877-1953) war Chefpilot der Deutschen Flugzeugwerke (DFW) in Leipzig-Lindenthal. Nachdem er sich in verschiedenen europäischen Ländern an Schauflügen beteiligte, erzielte er mehrere Flugrekorde. So stellte er den Dauerflugrekord in 6 Stunden, 8 Minuten auf. Am 14. Juli 1914 gelang es Heinrich Oelerich, ebenfalls in Leipzig/Lindenthal, den Höhenweltrekord auf über 8.000 m aufzustellen. 1918 stürzte er bei der Erprobung einer viermotorigen RXV ab und war seitdem gelähmt.

4. Aktien, Banken und Versicherungen

Die teuerste Aktie der Welt

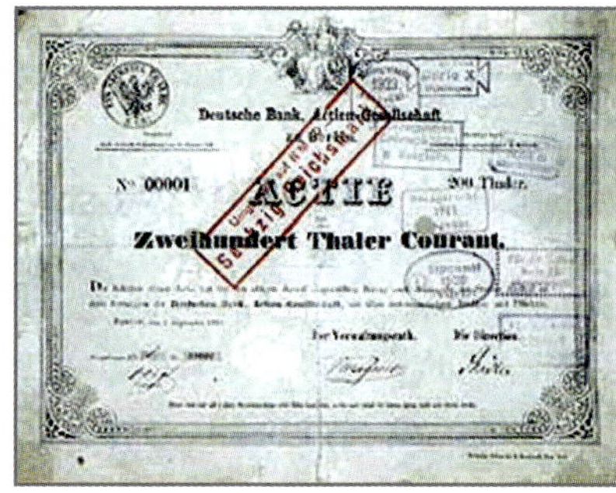

Für die Aktie mit der Nummer 001 der Deutschen Bank zahlte ein Sammler bei einer Sothebys-Auktion 2004 in London 72.000 britische Pfund. Damit ist sie die teuerste Aktie der Welt. Die Aktie wurde gemeinsam mit Gemälden aus der wieder entdeckten Sammlung Max Steinthals (1853-1905 Vorstandsmitglied, 1923-32 Aufsichtsratsmitglied der Deutschen Bank) gefunden. Sie wurde 1871 im Leipziger Unternehmen "Giesecke & Devrient" gedruckt. G & D druckte seit 1854 Banknoten und Wertpapiere für verschiedene deutsche und internationale Staaten. Im Zuge der Industrialisierung kam es zu einem erhöhten Kapitalbedarf, sodass der Wertpapierdruck an Bedeutung gewann. In den Jahren bis zur Reichsgründung 1871 und dem Bankgesetz von 1875 lassen sich mindestens 32 Emittenten (Ausgeber von Wertpapieren) nachweisen, die ihre Banknoten bei Giesecke&Devrient in Leipzig drucken ließen. Der Stellenwert dieses Unternehmens wird deutlich, wenn man weiß, das zu dieser Zeit in den einzelnen deutschen Staaten 33 Privatbanken und 21 staatliche Institute existierten.

Im Banknotendruck die Nr. 1

Hermann Giesecke (1831-1900) und Alphons Devrient (1821-1878) hatten am 1. Juni 1852 den Traditionskonzern Giesecke&Devrient in Leipzig gegründet. Es hieß offiziell "Typographisches Kunst-Institut Giesecke & Devrient". Das Unternehmen war gleichzeitig Buch- und Kunstdruckerei, Stereotypen-Gießerei, Kupfer- und Stahldruckerei, Lithographie- und Steindruckerei sowie Gravier-Guillochir-Anstalt. 1854 begann auch eine eigene Verlagstätigkeit, vor allem für bibliophile Ausgaben und Kunstdrucke. Für seine hervorragenden Leistungen erhielt das Unternehmen schon frühzeitig hohe Auszeichnungen, so 1854 in München und 1855 in Paris. In Würdigung seiner Leistungen erhielt Giesecke&Devrient den wichtigen Auftrag, die Originalseiten des "Codes Sinaiticus" von Konstantin Tischendorf (vgl. Kap. Bücher, Verlage, Druckereinen) zu drucken. Heute hat das Unternehmen sein Stammhaus in München und zählt zu den weltweiten Markt- und Innovationsführern bei der Herstellung und Bearbeitung von Banknoten. Darüber hinaus bieten sie Komplettpakete (Hardware, Software) für mobile Sicherheitsanwendungen, speziell für Telekommunikation und elektronischen Zahlungsverkehr. In Leipzig befindet sich nach wie vor der hochspezialisierte Bereich des Banknotendrucks.

Erste Staatsbank im deutschen Reich

Die erste Staatsbank im deutschen Reich wurde von Kurfürst Friedrich August I, König von Sachsen und Polen (August der Starke) 1697 in Leipzig gegründet. Es war die "Banco di

Depositi", eine Depositenbank, die sich in den unterirdischen Gewölben der Alten Börse, dem ältesten Versammlungsraum der Leipziger Kaufmannschaft, am Naschmarkt befand. Geistiger Vater war der Italiener Theodor Franciscus Reyna. August der Starke (1670-1733) betrachtete die Bank als eine Möglichkeit, seine Einkünfte zu mehren. Im weltweit ältesten Adressbuch, das 1701/02 in Leipzig erschien, sind die Mitarbeiter dieser Bank namentlich aufgeführt und heute noch nachlesbar. Die Alte Handelsbörse, eines der ältesten Barockgebäude Leipzigs, ist aktuell ein Ort für festliche Veranstaltungen.

Einzige private Münzprägestelle

"GEIGER Edelmetalle" fertigt und verkauft Edelmetalle als hochwertige Kapitalanlage. Die Zentralbank der Republik Armenien hat Geiger Edelmetalle das Prägerecht für die Anlagemünze ARCHE NOAH verliehen. Die Münze ist gesetzliches Zahlungsmittel in der Republik Armenien. Der Nominalwert der 1-Unzen-Münze beträgt 500 Armenische Dram, das entspricht ca. 1 Euro. Die Münze wird im Auftrag der Zentralbank in der Nähe Leipzigs gefertigt.

Ältester Silberhandel

1218 wurden erstmals Leipziger Kaufleute urkundlich erwähnt. Sie bezogen Silber aus dem ebenfalls sächsischen Freiberg. Leipzig hat damit den ältesten Silberhandel Deutschlands. Das Silber des Erzgebirges legte den Grundstein für die Entwicklung Leipzigs als Messestadt. "GEIGER Edelmetalle" führt heute die Tradition des Silberhandels fort.

Gründung der Allgemeinen Deutschen Credit-Anstalt

Die heutige "Rabobank Deutschland AG" mit Sitz in Frankfurt/Main hat ihren Ursprung in Leipzig. Es begann mit der Gründung der Allgemeinen Deutschen Credit-Anstalt am 26. März 1856 in Leipzig und Bankgeschäften aller Art. 1958 erfolgte eine treuhändlerische Verwaltung der Westvermögen. 1964 wurde die Bank von Leipzig nach Berlin-West verlagert und eine Wertpapierbereinigung vorgenommen. 1969 wurde ein 2. Sitz in Frankfurt/ Main eröffnet und elf Jahre später die Umfirmierung in ADCA-Bank AG. 1992 folgte die endgültige Umbenennung in die "Robobank Deutschland AG".

Europas führende Energiebörse

Die Leipziger Strombörse ist die größte ihrer Art in Europa. Die European Energy Exchange (EEX) ist die führende europäische Energiebörse. Sie entwickelt, betreibt und vernetzt sichere, liquide und transparente Märkte. Zur EEX-Gruppe gehören mit der European Commodity Clearing AG (ECC) das zentrale Clearinghaus für Energie und energienahe Produkte in Europa. Weitere Niederlassungen hat sie u.a. in London und Paris.

Erste Lebensversicherung

1830 erfolgte die Gründung der Lebensversicherung zu Leipzig, die sich ab 1907 "Alte Leipziger" nannte. Zuvor war die Leipziger Lebensversicherungsgesellschaft, eine Kooperation mit der bereits seit 1819 existierenden Leipziger Feuer-Versicherungs-Anstalt, eingegangen. Nach dem 2. Weltkrieg ging die Gesellschaft nach Westdeutschland und hat seitdem ihren Hauptsitz in Oberursel bei Frankfurt/Main. Sie ist seit 1990 wieder in Leipzig präsent.

Vorbild und einflussreichste Krankenkasse

Im November 1884 wurden AOKs der verschiedenen Gewerke in Leipzig gegründet. Am 1. Januar 1887 schlossen sich 18 branchenspezifische AOKs zur "Ortskrankenkasse für Leipzig und Umgebung" zusammen. Kurze Zeit später folgten Dresden und Chemnitz. Dem sächsischen Beispiel folgten Frankfurt/Main und andere Kassen. Von Anfang an nahm die AOK Leipzig eine Vorreiterrolle ein und garantierte ihren Mitgliedern wesentlich mehr Leistungen als es das Gesetz vorschrieb. So wurden z.B. lt. Gesetz 13 Wochen Krankengeld vorgeschrieben. Die Leipziger gewährten das Doppelte, 26 Wochen!! Bis zum 2. Weltkrieg war die AOK Leipzig das Vorbild aller gesetzlichen Krankenkassen in ganz Europa. Sie wurde für ihr hervorragendes Leistungsangebot geradezu überhäuft mit Preisen und Auszeichnungen bei nationalen und internationalen Ausstellungen und Messen. So wurde die AOK auf Welt- und Europa-, auf Industrie- und Gewerbeausstellungen ob ihres Gesundheits- und Arbeitsschutzes sowie der Arbeiterversicherung hoch dekoriert (Paris 1900, St. Louis 1904, Turin 1911, Dresden 1911). Als mitgliederstärkste, bestorganisierte und einflussreichste gesetzliche Kasse im deutschen Reich hatte sie gleichzeitig die Stellung der geschäftsführenden Kasse der gesamten deutschen Ortskrankenkassen inne. Der Vorstand der Leipziger AOK war gleichzeitig Vorstand aller Ortskrankenkassen in ganz Deutschland. Daraus erwuchs auch der nachweislich enorme Einfluss der AOK Leipzig auf das deutsche Kaiserreich in Gesundheitsfragen.

5. Architektur, Häuser und Passagen

Jahrhundertelange Messegeschichte

Viele Metropolen in Deutschland und Europa können auf Passagen verweisen. Doch nirgends gibt es eine derartige Vielzahl und ein in sich geschlossenes System von Passagen wie in Leipzig. Vor dem 2. Weltkrieg besaß Leipzig 42 Passagen, heute sind es wieder 30 und das in der unmittelbaren City. Das Passagensystem ist ein einzigartiges Alleinstellungsmerkmal der Stadt in Deutschland. Es verbindet Kunst, Kultur und Musik mit rund 300 Geschäften auf ca. 70.000 m^2 Verkaufsfläche. Die Passagen sind das Ergebnis einer jahrhundertlangen Leipziger Messegeschichte.

Berühmteste, architektonisch bedeutendste Passage

Die "Mädler-Passage" hat mit dem berühmten "Auerbachs Keller" eine Länge von 140 Metern. Ihre Bekanntheit geht u.a. auf die Erwähnung des historischen Weinkellers "Auerbachs Keller" in Goethes "Faust" zurück. Zwei Bronzeplastiken am Eingang zum Kellergewölbe "Mephisto mit Faust" und "Drei lustige Gesellen", 1913 vom Leipziger Bildhauer M. Molitor geschaffen, künden davon, dass der Teufel Mephisto dort Studenten verzaubert haben soll. Die Mädler-Passage löste (1912-14 erbaut) den von H. Stromer errichteten legendären "Auerbachs Hof" (1538) ab.

Älteste, schönste erhaltene Passage und erster Messebau

Während ein Vorläufer der heutigen Theaterpassage die wohl älteste war, zählt "Specks Hof" zu den schönsten Passagen. "Specks Hof" war nicht nur der erste Messebau, sondern galt seinerzeit deutschlandweit als Musterbau für Messehäuser. Nach umfangreicher Sanierung wurde er im November 1995 wiedereröffnet. Als Attraktion gelten die drei Lichthöfe. Beachtenswert sind die restaurierten Kupferpassagen und die Art-deco-Leuchter mit ihrer Verbindung von Altem und Neuem. "Specks Hof" zählt zu den glanzvollsten seiner Art in Deutschland.

Einzigartiger Klangbrunnen

Neben den drei Lichthöfen ist der Klangbrunnen ein weiteres Highlight dieser Passage. Er ist einzigartig in Deutschland und stellt eine Nachbildung einer chinesischen Klangschale aus der Zeit der Ming-Dynastie dar, die 1.500 Jahre nach Christi regierte. Wenn der Brunnen mit Wasser gefüllt ist und man gleichmäßig mit feuchten Händen die Griffe der Klangschale reibt, entstehen an der Wasseroberfläche Schwingungen, die sich zu sphärischen Klängen entwickeln. Gleichzeitig wird die Zeit per Laserstrahl auf einem am Boden befindlichem Zifferblatt, ähnlich einer Sonnenuhr, angezeigt. Klang, Licht, Zeit und Erde vereinen sich so zu einem harmonischem Ganzen. 1996 wurde das Haus zur weltgrößten Immobilienmesse "MIPIM" in Cannes als "Schönstes Haus des Jahres" ausgezeichnet.

Größte begehbare Bodenuhr

Der Name "Strohsack-Passage" erinnert zwar zuerst an eine traditionelle Schlafstelle für Studenten im Mittelalter, ist aber heute eine Passage mit Geschäfts- und Dienstleistungsunternehmen. Anziehungspunkt für Besucher der "Strohsack-Passage" ist u. a. heute Europas größte begehbare Bodenuhr mit einem Durchmesser von 3,60 Meter. Sie wurde in den Hallenboden eingelassen und mit Plexiglas überzogen. Stunden- und Minutenzeiger sind als männliche und weibliche Figur dargestellt. Erbauer ist die Leipziger Traditionsfirma "Zachariä-Turmuhren."

Größte Anzahl denkmalgeschützter Häuser

Die historische Bausubstanz in Leipzig ist einzigartig und gilt als wichtiger Standortfaktor. So besitzt Leipzig über 15.000 denkmalgeschützte Häuser. Das sind mehr als jede andere Stadt in Deutschland aufweisen kann. Das beweist den städtebaulich-architektonischen Reichtum Leipzigs aus neun Jahrhunderten. In allen Baustilen findet man herausragende und beispielgebende Bauwerke.

Größte Dichte an Gründerzeithäusern

Das Waldstraßenviertel in Leipzig, das wesentlich zwischen 1885 und 1905 entstand, besitzt weltweit die größte Dichte an Gründerzeithäusern. Es ist ein einmaliges Gründerzeitquartier. Die 11.021 Häuser aus der Gründerzeit umfassen rund 20% des Gebäudebestandes der Stadt Leipzig. Das Waldstraßenviertel ist gleichzeitig das größte Architektur-Flächendenkmal Deutschlands. Auch die Schillerstraße u. a. sind Paradebeispiele der Gründerzeitarchitektur. Weder Wiesbaden, Bonn, noch andere deutsche Städte können sich in diesem Punkt mit dem Leipziger Potential messen.

Höchster Bestand an Jugendstilhäusern

Leipzig besitzt über 100 Jugendstilhäuser, vorwiegend in den Stadtteilen Gohlis, Leutzsch, Plagwitz, im Waldstraßenviertel und im Zentrum. Der Leipziger Jugendstilarchitekt Paul

Möbius (1868-1907) schuf allein 40 Villen, Mehrfamilien- sowie Geschäftshäuser und Fabrikgebäude in Leipzig.

Erstes städtebauliche Gemeinschaftswohnwesen

Der Leipziger Verlagsbuchhändler Hermann Julius Meyer (Meyers Lexikon) gründete 1900 eine "Stiftung für die Erbauung billiger Wohnungen in Leipzig" mit dem Ziel, städtebauliche Prinzipien zum Gemeinschaftswohnwesen zu entwickeln und als Experiment unmittelbar in die Realität umzusetzen. Die "Meyerschen Häuser" sind heute noch eine beliebte, weil preisgünstige, mit großzügigen Innenhöfen, mit viel Grün, Kinderspielplätzen und Gemeinschaftseinrichtungen ausgestattete Wohnanlage.

Größtes Volks- und Gewerkschaftshaus

Das größte Volks- und Gewerkschaftshaus Europas wurde 1905 in Leipzig, in der heutigen Karl-Liebknecht-Straße, errichtet. In eigener Regie und ganz aus eigener Tasche hatten Leipziger Arbeiter den riesigen Bau bezahlt. Nach dem Wunsch der Erbauer sollte es ein "Haus der Aufklärung und Ermunterung sowie eine Stätte der Geselligkeit und Erholung" sein. Der Architekt war Oskar Schade. Das Haus durchlebte eine wechselvolle Geschichte. 1920 beschossen es die Kapp-Putschisten und die Reichswehr; 1933 verwüsteten die SA das Haus und zerstörten eine der wertvollsten Bibliotheken der Arbeiterbewegung. Kurz vor Ende des 2. Weltkrieges wurde es erneut zerstört und später in "Ernst-Thälmann-Haus" umbenannt. Ab 1990 trug es wieder seinen alten Namen "Volkshaus". Heute dient es der "Vereinten Dienstleistungsgewerkschaft ver.di" als Gewerkschaftshaus. Im Erdgeschoss befinden sich ein Restaurant und verschiedene Geschäfte.

Längster Wohnblock

Der längste Wohnblock Deutschlands befindet sich in der Leipziger Lene-Voigt-Straße, im Stadtteil Probstheida. Der Wohnblock wurde 1968 errichtet, hat eine Gesamtlänge von 336 Metern und verfügt über 800 Wohnungen für insgesamt 1.500 Bewohner. Im Gegensatz zu großen Wohnbauten anderer Städte in Deutschland, ist der in Leipzig durchgängig von einer zur anderen Seite begehbar.

Bestes Wohnungsangebot

Das europaweit beste Wohnungsangebot hat Leipzig. Das stellte eine EU-Kommission im Ergebnis einer Umfrage im Jahre 2007 fest, an der 75 Städte in den 27 EU-Staaten, Kroatien und die Türkei beteiligt waren. 72% der befragten Leipziger befanden, dass es in der Stadt einfach und unkompliziert sei, guten Wohnraum bei vernünftigen Preisen zu bekommen.

Meiste Balkon-Wohnungen

Leipzig bietet bundesweit die meisten Balkon-Wohnungen an. Fast jede dritte Wohnung (32%), die gegenwärtig auf dem Markt angeboten wird, ob bei Verkauf oder Miete, ist mit einem Balkon oder einer Terrasse ausgestattet. Grundlage dieser Bemessung ist eine Analyse von über 340.000 Wohnungsangeboten, die bei ImmobilienScout24 inseriert werden.

Höchste Auszeichnung: "Oscar für Architektur-Design"

Bei den "Brit Insurance Design Awards" errang das Leipziger Architekturbüro Karo 2011 mit ihrem "Lesezeichen für Salbke", einer Freiluftbibliothek in Magdeburg, den "Oscar der Design-Welt" in der Kategorie Architektur. In dieser Kategorie befanden sich als Mitbewerber u. a. das bis dahin höchste Haus der Erde der "Burj Khalifa" in Dubai und der englische Ausstellungspavillon zur Expo Shanghai. Nach Angaben der Jury werde mit dem Preis die "innovativsten und zukunftsorientiertesten Designs aus der ganzen Welt" ausgezeichnet.

Meiste Mieter

Von allen deutschen Großstädten hat Leipzig die meisten Mieter (88%). An zweiter Stelle kommt Berlin (86%). Dann folgen Dresden mit ebenfalls 86%, Frankfurt/Main (80%), sowie München und Stuttgart mit je 79%.

Musterbeispiel für Wohnungsbau

1929 entstand mit dem "Rundling" im Leipziger Süden ein weltweites Musterbeispiel für den sozialen Wohnungsbau. "Der Rundling", heute frisch saniert, bietet ein angenehmes und bezahlbares Wohnen in einer grünen Umgebung.

Ältestes Passivhaus

Das weltweit älteste Passivhaus ist das 1888 gebaute Bürgerhaus in der Leipziger Windorfer Straße 106. Es wurde im Jahre 2004 saniert. Die Messungen ergaben, dass die oberen Stockwerke seit der Fertigstellung die Kriterien für ein qualitätsgeprüftes Passivhaus kontinuierlich erfüllen und unter 15 Kilowattstunden pro Quadratmeter im Jahresdurchschnitt liegen.

Längste Kaserne

Leipzig besaß mit einer Frontlänge von 345 Metern das längste Kasernengebäude Europas. Es wurde 1875 bis 1877 in Leipzig-Möckern gebaut. Sie war nicht nur die längste, sondern auch eine der ältesten und schönsten Kasernen Deutschlands. Fast 2.000 Soldaten, Unteroffiziere und Offiziere, alle zum Infanterieregiment 106 gehörend, waren in einem einzigen Gebäude untergebracht. Heute befindet sich in dem Gebäude die Rentenversicherungsanstalt Mitteldeutschlands.

Größtes Industriedenkmal

Europas größtes Industriedenkmal aus der Gründerzeit steht in Leipzig. Es ist ein mehrgeschossiger Industriebau, der in den Jahren 1879-1888 als Sächsische Wollgarnfabrik "Tittel & Krüger AG" in der Nonnenstraße entstand. Die Industrie-Architektur mit ihren 100.000 m^2

Geschossfläche liegt direkt an der Weißen Elster und beherbergt heute luxuriöse Lofts in unterschiedlichen Größen. Im Jahre 2000 präsentierte sich die Anlage als Teil des Themenparks der Weltausstellung in Hannover.

Erste Internationale Baufachausstellung

Die erste Internationale Baufachausstellung Deutschlands fand 1913 in Leipzig statt. An ihr nahmen 23 Staaten aus aller Welt, von New York bis Shanghai und von Stockholm bis Sidney teil. Im Rahmen dieser Internationalen Baumesse sind in Leipzig ganze Stadtteile. u.a. Marienbrunn als Gartenvorstadt, errichtet worden. Diese Wohnungen, die mit Zentralheizung, fließend Warmwasser, umfangreichen Bepflanzungen im Innenraum, Grünanlagen, Spiel- und Sportplätzen ausgestattet waren, standen später ganz normalen Bürgern zur Verfügung.

Ältester Stahlbetonbau

Der älteste Stahlbetonbau Europas befindet sich im Gerichtsweg in Leipzig. Der Architekt und Bauunternehmer Max Pommer hat den Erweiterungsbau der Notendruckerei C. G. Röder nach der "Hennebique-Stahlbeton-Bauweise" geplant und durchgeführt. Nach seiner Fertigstellung 1898 wurde im Januar 1899 die Produktion in dem Druckereibetrieb aufgenommen. Im Areal zwischen Gerichtsweg, Dresdner- und Perthesstraße wurden Jahrzehntelang Buchklassiker wie Meyers Lexikon, der Duden und Brehms Tierleben, alles Produkte traditionsreicher Leipziger Verlage, gedruckt. Zu den ältesten in Deutschland mit Stahlbeton gebauten Immobilien gehören eine Reihe von Villen im Musikviertel, die Baumwollspinnerei, der Querbahnsteig des Hauptbahnhofes, die Mädlerpassage und die ehemalige Universitätsfrauenklinik. Nach Verstaatlichung und Reprivatisierung im Jahre 1990 existiert das Bauunternehmen heute in fünfter Generation in Leipzig.

Steilstes Kirchendach

Das steilste Kirchendach Deutschlands mit einem Neigungswinkel von 63 Grad besitzt die Thomaskirche. Es ist die Heimstätte Johann Sebastian Bachs und des Thomaner Chores, der 2012 seinen 200. Geburtstag feierte. Die Thomaskirche zählt zu den bedeutendsten spätgotischen Hallenkirchen in Deutschland.

6. Atome, Merkel, Reaktoren

Im Süden baute man Kuckucksuhren, in Leipzig den ersten Atomreaktor

Nobelpreisträger Werner Heisenberg (1901-1976) und Robert Döpel (1895-1982) machten in den vierziger Jahren des 20. Jahrhunderts Leipzig zum weltweiten Zentrum der theoretischen Physik. Beide legten mit ihren Arbeiten den Grundstein für den Bau des weltweit ersten Uranreaktors. Seit 1939 erarbeitete Robert Döpel im Auftrag des sogenannten Uranvereins die Grundlagen der Reaktortheorie. Im Jahre 1939/40 schafften die beiden Wissenschaftler W. Heisenberg und R. Döpel den Durchbruch mit der Leipziger Schichtenkugel zur "Uranmaschine". Mit ihr wiesen die Physiker nach, dass man Kernspaltung in Form einer Kettenreaktion nutzen kann. Im April 1942 gelang Robert Döpel die erste im Labor nachgewiesene Kettenreaktion. Dieser und andere internationale Erfolge hoben Leipzig damals zum Wissenschaftszentrum der theoretischen Physik in Deutschland.

Erster Reaktorunfall weltweit

Den weltweit ersten Reaktorunfall in der Geschichte der Atomphysik gab es ebenfalls in Leipzig. Bei einem Experiment der in Deutschland führenden Atomphysiker Werner Heisenberg und Robert Döpel kam es am 23. Juni 1942 zu einem Unfall an der kugelrunden Uran-Maschine. Historisch verbirgt sind die Löscheinsätze mehrerer Feuerwehren, da auf Grund chemischer Reaktionen es zu Verformungen und Feuer in der Uran-Maschine kam. Eine Gefahr einer Atomstrahlung bestand bei diesem Brand aber nicht.

Weltweite Spitzen-Wissenschaftler

Zu den Schülern des Physikers der Leipziger Uni und Nobelpreisträgers Werner Heisenberg gehörten u. a. Carl Friedrich von Weizsäcker (Physiker, Philosoph, Friedensforscher), einer der letzten Universalgelehrten und älterer Bruder des ehemaligen Bundespräsidenten; der Japaner Schinitschiro Tomonaga, später sechs Jahre Präsident der Tokio University of Education, ab 1963 Vorsitzender des japanischen Wissenschaftsrates, 1965 Nobelpreis für Physik; Ernst Bloch, marxistischer Philosoph, Hauptwerk: "Das Prinzip Hoffnung", mehrere Ehrendoktorwürden u.a. Pariser Sorbonne, Vorbild der Studentenbewegung 1968; Edward Teller, Physiker, Vater der Wasserstoffbombe; Lew Dawidowitsch Landau, sowjetischer Physiker, Nobelpreisträger und Viktor Weisskopf, österreichisch-amerikanischer Kernphysiker, Direktor des europäischen Forschungszentrums Cern in Genf.

Nobelpreisträger Gustav Herz

1925 hatte Gustav Hertz (1887-1975) gemeinsam mit seinem Forscherkollegen Frank den

Nobelpreis für Physik erhalten. Gemeinsam mit James Frank wies er nach, dass Atome nur direkte Energiebeträge absorbieren können. Damit gaben beide in ihren Arbeiten entscheidende Impulse für die Anwendung der Quantentheorie. Während deutsche Raketenspezialisten am Ende des 2. Weltkrieges und nach ihrer Internierung in die USA verpflichtet wurden, arbeitete ein anderer Teil von hervorragenden Leipziger Wissenschaftlern im Dienste der Sowjetunion. Zu ihnen gehörte Gustav Hertz. Gemeinsam mit deutschen und russischen Physikern arbeitete Hertz auf dem Gebiet der Trennung von Uran-Isotopen. Nach seiner Rückkehr 1954 entschied sich Hertz für das weltweit führende Physikinstitut in Leipzig. Unter seiner Leitung wurde das im 2. Weltkrieg total zerstörte Institut wieder aufgebaut. Er widmete sich ab dann der Festkörperphysik. Gustav Hertz blieb der Uni Leipzig bis zu seiner Emeritierung treu. In seiner Leipziger Zeit veröffentlichte er ein international viel beachtetes dreibändiges Lehrbuch zur Kernphysik.

Erfinder der Wasserstoffbombe promovierte

Der heute fast 100 jährige Edward Teller (1908-2003), Erfinder der Wasserstoffbombe, promovierte 1930 bei Werner Heisenberg in Leipzig. Teller erwarb hier die Grundlagen für den Bau einer derartigen Waffe. Später unterstützte er Robert Oppenheimer beim Bau der Atombombe in New Mexiko. 1951 fand Teller die Formel für die Wasserstoffbombe, die ein Jahr später auf den Marshall-Inseln zwar erfolgreich getestet, aber nie angewendet wurde.

Leipzig mit größter Tradition in der Experimentalphysik

Bis zur Mitte des 16. Jahrhunderts war es an deutschen Universitäten durchaus üblich, dass Themen und Lehrgebiete den vorhandenen Professoren zugelost wurden, um Eintönigkeit und Langeweile der Dozenten zu verhindern. Fächerkombinationen der Professoren von Geschichte, Logik, Physik, Mathe und Poesie waren nichts Außergewöhnliches. Später erfolgte die Zuordnung der Fächer durch Wahl. 1710 übernahm mit Johann Christian Lehmann (1675-1739) zum ersten Male ein Naturforscher und "echter" Physiker den Leipziger Lehrstuhl für Physik und begründete, erstmalig für Deutschland, die Experimentalphysik. Seit dieser Zeit und bis heute kann dieser Leipziger Lehrstuhl auf die traditionsreichste Geschichte der Experimentalphysik in Deutschland zurück blicken. Lehmann konnte als erster Physikprofessor auf eine Apparatesammlung verweisen. Er wurde von keinem Geringeren als August dem Starken in seinen Bemühungen unterstützt und gefördert.

Angela Merkel studierte am weltberühmten Physikinstitut

Dr. Angela Merkel (geb. 17. Juli 1954), deutsche Bundeskanzlerin seit 2006, ist Absolventin jenes berühmten Physikinstitutes der Universität Leipzig, bei der sich in früheren Zeiten die Nobelpreisträger und führenden Physiker der Welt "die Klinke in die Hand gaben" (Heisenberg, Döpel, Tomonago, Teller, Hertz u.a.). Sie studierte von 1973 bis 1978 zehn Semester Physik, absolvierte ihre Praktika an Spitzen-Universitäten mit entsprechenden Instituten in Moskau und Prag und schloss ihre Diplomarbeit im Juni 1978 mit dem Prädikat "summa cum laude" ab.

7. Ausstellungen, Denkmale & Museen

Deutschlands Denkmal-Hauptstadt
Leipzig ist mit mehr als 15.700 Kulturdenkmalen mit Abstand die Nr. 1 in Deutschland und damit ein einzigartiges "Freilicht-Museum". Mit dem Richard-Wagner-Denkmal auf dem Richard-Wagner-Platz und dem Freiheits- und Einheitsdenkmal auf dem Bruno-Leuschner-Platz sind weitere Denkmale zeitnah im Entstehen.

Europas größtes Denkmal
Das größte Denkmal Europas ist das Völkerschlachtdenkmal in Leipzig. Architekt war einer der renommiertesten Denkmalarchitekten Europas, Bruno Schmitz (1858-1916). Schmitz hatte bereits das Kyffhäuser-Denkmal, das Denkmal am Deutschen Eck in Koblenz und das Denkmal an der Porta Westfalica als Kaiser-Wilhelm-Denkmale entworfen. In Leipzig wurde er von Clemens Thieme, dem Gründer des "Deutschen Patriotenbundes zur Errichtung des Denkmals" und Freimaurer, in seinen Ausführungen beeinflusst. Nach dem Willen des Leipzigers Clemens Thieme, sollte es das deutsche Denkmal schlechthin sein. Heute ist es das Wahrzeichen Nr. 1 der Stadt. Es ist 91 Meter hoch, wiegt 300.000 Tonnen und 364 Stufen führen zur Aussichtsplattform. Die Erbauer verwendeten Granitporphyr aus Beucha, einem ganz in der Nähe liegenden Steinbruch. Die Bauzeit betrug 15 Jahre (1898-1913). Interessant ist wohl auch die Tatsache, dass Freimaurer Logen offensichtlich Einfluss auf die Gestaltung des Denkmals nahmen. In Vorbereitung des 200. Jahrestages der Völkerschlacht bei Leipzig und des 100. Jahrestages seiner Einweihung im Jahre 2013, wurde das Denkmal in den letzten Jahren umfassend restauriert.

Ein Ereignis – 120 Mahnmale
Einzigartig ist die vielfältige Erinnerung an die Völkerschlacht bei Leipzig, die zu einer politischen Veränderung der Machtverhältnisse und zur erheblichen Verschiebung der Ländergrenzen in Europa führten (Sachsen war in besonderem Maße betroffen). Der Napoleon-Stein an der Tabaksmühle im Süden Leipzigs ist das älteste Denkmal, das an die Völkerschlacht überhaupt erinnert. Neben dem Völkerschlachtdenkmal, dem Napoleon-Stein und der ebenfalls 1913 errichteten und geweihten Russische Kirche, gibt es in der Stadt und im Leipziger Raum weitere 120 Mahnmale (Kleindenkmale und Gedenktafeln). Dazu zählen u.a. die Marksteine des Dr. Guido Theodor Apel (Apel-Steine), errichtet von 1861-1864), die Jahrhundert-Steine (1913), sowie die Österreicher Denkmale (1913) und der Südfriedhof.

Größtes Architektur-Flächendenkmal Europas
Das Waldstraßen-Viertel in Leipzig ist das größte Flächendenkmal für Historismus-Bauten und weist weltweit die größte Dichte an Gründerzeithäusern auf. Charakteristisch für das Wohngebiet war die Ansiedlung des Leipziger Bildungsbürgertums wie Professoren,

Bankiers, Makler, Rechtsanwälte, Ärzte, Komponisten, Schriftsteller und Künstler. In der Zeit der Weimarer Republik war es mit 2.500 Menschen auch ein bevorzugtes Wohngebiet für Bürger jüdischen Glaubens. Nach 1990 wurde das gesamte Gebiet umfassend saniert und qualitativ aufgewertet, sodass der Wohnwert erhalten blieb.

Komponisten auf dem Sockel

Leipzig besitzt die mit Abstand meisten Denkmäler großer deutscher Komponisten. Alle hier verewigten Komponisten und Musiker standen in enger Beziehung zu Leipzig und hatten in dieser Stadt ihre Hauptschaffenszeit. Im Kapitel 18 "Wagner und das Bayreuther Festspielhaus..." werden sie im Einzelnen genannt.

Einziges Goethedenkmal mit seinen Jugendlieben

Unmittelbar vor der Alten Handelsbörse (Frühbarock) befindet sich das von Carl Seffner (1861-1932) geschaffene Goethe-Denkmal, das den Dichter als Studenten mit seinen Jugendlieben, die er während seiner Studienzeit in Leipzig kennengelernt hatte, zeigt.
Das Standbild aus Bronze ist 2,65 m hoch und steht auf einem 2,50 m hohen Sockel aus rotem Meißner Granit. Auf den Medaillons an zwei Seiten des Denkmals sind Anna Katharina (Käthchen) Schönkopf und Friederike Oeser zu sehen. Käthchen, die Tochter eines Wirtes, bei dem er sein Mittagessen einnahm, war seine erste große Liebe. Zwei Jahre dauerte die leidenschaftliche Liebe, die sich im Gedichtband "Anette" wiederfindet. Friederike Oeser, war die Tochter seines Zeichenlehrers, die ihn während seiner schweren Krankheit pflegte. Sie ist in Leipzig auf dem Alten Johannesfriedhof begraben. Das Goethedenkmal, das am 28. Juni 1903 enthüllt wurde und mitten in der Stadt steht, ist eine Leipziger Sehenswürdigkeit.

Größte europäische Messe für Denkmale

Die Messe "Denkmal Leipzig" ist die europäische Leitmesse für Restauration, Denkmalpflege und Altbausanierung. Sie wird seit Oktober 1994 aller zwei Jahre ausschließlich in Leipzig veranstaltet. Entsprechend einer Partnerland-Konzeption wird zu jeder Messe einem ausgewähltem Partnerland besondere Aufmerksamkeit zuteil. 2012 war die Russische Föderation bereits das fünfte Partnerland der "Denkmal Leipzig". Die Messe 2012 stand unter dem Leitthema "Holz in der Denkmalpflege". Etwa 500 Unternehmen aus 20 Ländern präsentierten sich in den Messehallen. Die "Denkmal Leipzig" steht unter Schirmherrschaft der UNESCO. Sie ist einzigartig in der Welt und unterstreicht damit den besonderen Stellenwert der Messe und ihre Internationalität.

Das Beste seiner Art

"Der Tagesspiegel" im September 2010: "Das Leipziger Grassimuseum ist konkurrenzlos das Schönste seiner Art in Deutschland". Der Leipziger OB spricht von Weltspitzen-Liga. Der Vergleich mit dem MoMA (Museum of Modern Art) in New York scheuen Direktorin und Kuratorin nicht. Zudem ist die Ausstellungsfläche in Leipzig dreimal größer. Bis 1945 war das Grassi-Museum eine Marke wie MoMA. Jetzt will man dort wieder hin (E.M. Hoyer, Direktorin). Farbenfroh, modern, multimedial und mit fast 100.000 Unikaten von der Antike bis zur Gegenwart. Zudem ist das von 1925-1929 errichtete Grassimuseum im Art-deco-Stil

eines der größten Museumskomplexe Deutschlands. Es besteht aus drei Museen, so aus dem "Museum für Angewandte Kunst", dem "Musikinstrumenten-Museum" und dem "Völkerkunde-Museum". Der gesamte Museumskomplex wurde über viele Jahre saniert. Mit der Eröffnung der Ausstellung "Vom Jugendstil bis zur Gegenwart" des "Museums für Angewandte Kunst" am 4. März 2012 steht der einmalige Museumskomplex den Besuchern wieder offen.

Paradebeispiel moderner Innenarchitektur

Die 1927 erbaute Pfeilerhalle im Grassi-Museum ist ein in Europa einmaliger Raum des Art déco-Stils, in dem 12 dreieckige Pfeiler mit einem sowohl in den Boden als auch zur Decke wiederkehrendes Rautenmuster versehen sind. Die Pfeiler sind in prachtvollem Rot, die Brüstung in Gold und Blau gehalten und die schlanken Stützen der Stirnseiten tragen die Farbe ultramarin. Die äußeren Ränder der Decken und Wände sind hellblau. Die Leuchten und Geländer sind im Goldton gehalten. Farbgebung: Otto Fischer-Trachau; Architekt: Stadtbaurat Hubert Ritter.

Größte Flachglasarbeit

Im Grassi-Museum befinden sich die sogenannten Josef Albers Fenster. Es ist die größte Flachglasarbeit eines Künstlers der Dessauer Bauhauszeit. Josef Albers (1888-1976) hatte 1926 die 18 mundgeblasenen und mit einem besonderen Schliff versehenen Fenster des Treppenhauses des Grassi-Museums entworfen. Die Herstellung der Fenster übernahm damals die Berliner Glasmalereifirma Puhl & Wagner, die auch nach Jahrzehnten über die Zeichnungen verfügte, sodass sie 2011 originalgetreu wieder hergestellt und im gleichen Jahr im Grassi-Museum installiert werden konnten.

Älteste und bedeutendste Bürgersammlung

Das Museum der bildenden Künste in Leipzig, nach mehreren Interims, 2004 neu eröffnet, gehört zu den ältesten und bedeutendsten Bürgersammlungen Deutschlands. Die Ausstellungsfläche beträgt, neben den Wechselausstellungen (Neo Rauch, Matthias Weischer, Max Beckmann, Alte Holländer u. a.), über 7.000 Quadratmeter. Im Mittelpunkt stehen die Meisterwerke des Spätmittelalters, die holländischen Maler des 17. Jahrhunderts, Max Klinger sowie die Werke der Alten und Neuen Leipziger Schule.

Größte Sammlung des bedeutendsten Malers des Jugendstils

Max Klinger (1857-1920) gehört zu den größten deutschen Künstlerpersönlichkeiten und bedeutendsten Malern des Jugendstils in Deutschland. Er trug wesentlich dazu bei, der modernen Kunst in Deutschland zum Durchbruch zu verhelfen. Die größte Sammlung mit Klinger-Werken befindet sich in der Leipziger Gemäldegallerie, u. a. "Der pinkelnde Tod".

Weltweit größte Sammlung eines Tierbildners

Das Naturkundemuseum Leipzig besitzt die weltgrößte Sammlung des berühmten Tierbildners Hermann ter Meer, der die von ihm erfundene Präparationsmethode etablierte. Dass Leipzig nach wie vor über internationale hervorragende Tierpräparatoren verfügt, zeigen die Ergebnisse von Weltmeisterschaften auf diesem Gebiet. Der Tierpräparator des Leipziger Naturkundemuseums René Diebitz erzielte bei der Weltmeisterschaft 2012 in Salzburg sechs Goldmedaillen. Zu seinen Präparaten zählen Kormoran, Schleiereule und spielende Füchse. Uwe Bauch, ein weiterer Tierpräparator aus dem Leipziger Umland war in den zurückliegenden Titelkämpfen ebenfalls sehr erfolgreich und brachte fünf Goldmedaillen mit nach Hause. Zu seinen Präparaten, inzwischen über 1000, gehören Maus, Feldsperling, aber auch Elch und Wisent. An den Weltmeisterschaften nehmen rund 150 Präparatoren mit über 400 Präparaten aus über 25 Ländern teil. Die erfolgreichen Präparationen von R. Diebitz sind in Ausstellungen des Naturkundemuseums zu sehen.

Das Reichsgerichtsmuseum

Das Gebäude des Bundesverwaltungsgerichts in Leipzig beherbergt auch das einmalige Reichsgerichtsmuseum. Das Museum ist nach vier Schwerpunkten geordnet. Es enthält die Geschichte des Hauses selbst, die Tätigkeit des Reichsgerichts, die Verwendung des Gebäudes nach 1945 als "Dimitroff-" und als "Bildermuseum" und die Tätigkeit des heutigen Bundesverwaltungsgerichtes.

Erstes und einziges Reprografiemuseum

Das erste und einzige Reprografiemuseum in Deutschland steht in Leipzig, in der Prager Straße. Hier können Besucher eine der ersten Lichtpausmaschinen aus dem Jahre 1923 bestaunen, bei der Kopien noch mithilfe von Kohlenbogenlampen auf ein lichtempfindliches Papier gebracht wurden. Alle Ausstellungsstücke sind Originale und noch funktionstüchtig.

Ein Museum für den Clown

Das erste deutsche Clownmuseum steht in Leipzig. Hier hat der Verein "Dipetos Welt der Clowns e.V." Clowns in allen Größen, Farben und Formen zusammengetragen, die stehen, liegen, sitzen, weinen, lachen, musizieren, turnen und jonglieren. Das Clowns-Museum steht nicht zufällig in Leipzig, denn 1737 wurde der "Hanswurst" in Leipzig als erster Stadt in Deutschland, symbolisch durch den Dramaturgen Johann Christoph Gottsched und die Neuberin von der Theaterbühne verbannt. Das Museum enthält über 2.000 Exponate wie Bücher, Plakate, Marionetten, Figuren und Zeitungsausschnitte. Alle modernen Clowns dieser Tage waren hier und haben es besichtigt.

Kriminelles aus dem Mittelalters

In einem traditionellen Museum gibt es jede Menge Verbotsschilder wie "Nichts anfassen". Dass es auch anders geht, zeigt das weltweit erste Kriminal-Museum des Mittelalters in der Leipziger Nikolaistraße 59. Die Besucher werden mit der Rechtsgeschichte des Mittelalters bekannt gemacht und lernen eine große Zahl für diese Zeit typische originalen Folterinstrumente und Methoden kennen. Dazu gehören zum Beispiel: die berühmte Guillotine, Dornenstuhl, Daumenschrauben, Säge, Schandmaske, Räder, Zwangsgürtel, Judaswiege, Sägen, Streckbank, Streckleiter, Sieden, Einmauern, Vierteilen, Steinigen, Verbrennen, Kopfpresse, Feuertod und Mundsperre, Katzenpfote, glühende Zangen,lebendiges Begraben, Brust abschneiden, Haut in Streifen abziehen und vier verschiedene Formen der Kreuzigung. Übrigens: Das originale Schwert des Henkers, der in Leipzig über 200 Hinrichtungen auf dem Marktplatz vollzog, ist in der stadtgeschichtlichen Ausstellung im Alten Rathaus zu sehen.

Weltweit größte private Computerspiele-Sammlung

Die weltweit größte private Computerspiele und Konsolen-Sammlung, die "Telespiel 1972-2007" besitzt der Leipziger Journalist und Buchautor Rene Meyer. Vertreter des Guinness World Record Verlages übergaben im Rahmen der Games Convention 2007 in Leipzig die offizielle Urkunde.

Erstes Sportmuseum

Am 23. Juli 1977 wurde in Leipzig das erste Sportmuseum in Deutschland eingeweiht. Mit über 90.000 Sachzeugen ist es die bedeutendste sporthistorische Dokumentationsstätte des Sports in Deutschland. Es befindet sich auf dem Gelände des Sportclubs DHfK in der Friedrich-Ebert-Straße. Der Förderverein des Museums bemüht sich seit Jahren um ein entsprechendes Domizil für Dauer- und themengebundene Ausstellungen.

8. Autos, Autobahnen und Verkehr

Sachsen, das Land der Autobauer

Audi/Horch, der Hersteller von Luxusautomarken, baute weltweit die besten und schönsten Autos. In den 30iger Jahren hatte Audi einen Marktanteil in Deutschland von über 50 % (!!!) Mit dieser Automarke sind wichtige Innovationen eng mit Sachsen verbunden, so die Verwendung von Leichtmetall im Motorenbau, die Anordnung der Lenkung links, die Platzierung von Schaltung und Getriebe in der Mitte, der Frontantrieb und andere automobilen Fortschritte. Am 1. November 1931 erfolgte der Zusammenschluss von Horch, Audi, DKW und Wanderer zur Autounion mit dem Signet der vier Ringe. Die vier Marken wurden als Konzernmarken weitergeführt. A. Horch: "Das Entscheidende in dieser Leipziger Zeit war für mich, dass ich zum ersten Male in die Geheimnisse des Explosionsmotors eingeführt wurde, der meines Lebens Schicksal werden sollte."(Autobiografie 2002) Der Horch 8 Zylinder war dabei anerkanntermaßen das schönste deutsche Auto. Ähnlich wie bei Mercedes ist der Namensgeber für "Audi" ein junger Sachse. Nach dem verlorenen Markenstreit von August Horch vor dem Leipziger Reichsgericht war es ein Zwickauer Gymnasiast der befreundeten Familie Fikentscher, der auf die Idee der lateinischen Übersetzung des Imperativs von Horch, Höre, Audi kam.

Adrienne Manuela Ramana Jellinek, genannt Mercedes

Die moderne und reiche Stadt Leipzig war um 1900 eine autobegeisterte Stadt. Die Autodichte war in Leipzig um 1920 bedeutend höher als die in der damaligen Reichshauptstadt Berlin und ganz zu schweigen von München. Mit 604.000 Einwohnern im Jahre 1920 war Leipzig die viertgrößte Stadt Deutschlands. Den weltberühmten Namen hat die Automarke mit dem Stern dem Leipziger Geschäftsmann Emil Jellinek (1853-1918) zu verdanken. Jellinek hatte mehrere Daimler-Kraftwagen erworben und versuchte mit besonderen Werbemaßnahmen den Verkauf weiter anzukurbeln. Jellinek gab einem seiner Daimler Touren-Wagen den Namen seiner erst einjährigen Tochter Adrienne Manuela Ramana Jellinek, genannt "Mercedes". 1902 wurde der Name "Mercedes" als Warenzeichen und Markenname eingetragen, der seine weltweite Gültigkeit und Anerkennung bis zum heutigen Tage erhalten hat.

Mit 550.000 Mark (heute 3 Mill. Euro) Mercedes gerettet

Das 35 PS starke Fahrzeug von DMG-Chefkonstrukteur Wilhelm Maybach gilt als das erste moderne Automobil. Dabei nahm der Leipziger Geschäftsmann und Rennfahrer Emil Jellinek selbst maßgeblichen Einfluss auf die Fahrzeugentwicklung. Er forderte schnellere und stärkere Autos. Sein Wort hatte im Vorstand des Autobauers Gewicht. Und noch mehr. In einer krisenhaften Situation von Mercedes bestellte Jellinek 36 Autos für 550.000 Mark (heute: 3 Millionen Euro). Damit förderte der Leipziger Jellinek maßgeblich den stagnierenden Mercedesabsatz und garantierte vor allem die Fortsetzung der Mercedes-Forschung.

Erstes Autobahn-Kleeblatt Europas, erste Autobahn-Meisterei

Das älteste Autobahn-Kleeblatt Europas, das "Schkeuditzer Kreuz" wurde am 21. November 1936 als erster Autobahnknoten Europas eingeweiht. Zuvor waren bereits die heutige Autobahn A 14 zwischen Leipzig und Halle im April 1936 und die A 9 in Richtung Süden Leipzigs im November 1936 eröffnet worden. 1928 war das "Schkeuditzer Kreuz" in Deutschland als "Kreuzungsfreie Kreuzung" als Patent eingetragen worden. Das "Schkeuditzer Kreuz" war zudem auch das erste tempolimitfreie Autobahnkreuz Deutschlands. Im Gegensatz zum Frankfurter und dem Kamener Autobahnkreuz, lief am Schkeuditzer Kreuz bereits 1938 der Verkehr in alle vier Richtungen. Das Kamener Kreuz wurde erst 1956 endgültig fertig gestellt und das Frankfurter wurde zwar 1933 begonnen, aber erst 1956 offiziell für den Verkehr frei gegeben. Auch die erste Autobahnmeisterei Europas existierte am Schkeuditzer Kreuz.

Von der Droschke zum Taxi

Die inzwischen 136-jährige (2012) Taxigenossenschaft Leipzig e.G. "Löwen-Taxi" wurde am 14. September 1876 in Leipzig gegründet. Sie ist Rechtsnachfolgerin des "Droschken-Besitzer-Vereins zu Leipzig j. P. (DVL)". "Löwen-Taxi" ist Leipzigs größte und Deutschlands älteste Taxivereinigung, die ununterbrochen ihre Dienstleistungen in dieser Form anbietet.
Die Taxi-Genossenschaft verfügt zurzeit über etwa 140 Mitglieder mit rund 220 Fahrzeugen.

7 von 10 Porsche kommen aus Leipzig

Leipzig hat nach offiziellen Firmenaussagen (2011) sowohl der Marke Porsche als auch der Marke BMW das jeweils modernste Autowerk der Welt innerhalb ihres Konzerns (Porsche Sprecher Heiner von der Laden; BMW-Chef Reithofer). Porsche baut im kompletten Automobilwerk die Premienfahrzeuge "Cayenne", "Panamera" und "Macan". Das weltweit begehrteste Modell dieser Marke ist das in Leipzig gebaute Modell "Cayenne" (2012). Das Porsche-Werk in Leipzig ist europaweit das einzige mit einer eigenen Rennstrecke, auf der Interessenten und Käufer ihre Autos sofort testen können.

BMW-Fahrgastzelle aus leichten Karbonfasern

Am 5. November 2010 gab BMW in Leipzig den Startschuss für das Megacity Vehicle (MCV), als dem weltweit ersten Großserienfahrzeug mit einer Fahrgastzelle aus leichten Karbonfasern. Gleichzeitig erklärte Werkleiter Erbacher, das Leipziger BMW-Werk zum weltweiten Vorreiter in der Elektromobilität und im innovativen Leichtbau.

Größte Automobilmesse

Die "Auto Mobil International (AMI)" in Leipzig ist die einzige internationale PKW-Messe in Deutschland und wichtigste Branchenmesse in Mitteleuropa in den geraden Jahren. Die AMI wechselt sich mit der IFA in Frankfurt/Main im Zweijahresrhythmus ab. Die "AutoMobil International" (AMI) Leipzig findet gemeinsam mit der AMI-COM, der europaweit führenden

Branchenmesse für Unterhaltung, Kommunikation und Navigation und der AMI-TEC, der Fachmesse für Fahrzeugteile, Werkstatt und Service jeweils im Juni statt. 2012 wurden 80 Welt- und Deutschlandpremieren auf der AMI präsentiert.

Beste Parkplatzverhältnisse

Leipzig kann mit über 8.000 offiziellen Parkplätzen in der unmittelbaren City die meisten Parkflächen nachweisen. Für Anlieger gibt es weitere 3.000 Parkplatzangebote. Das sind für die Autofahrer einer Halbmillionenstadt hervorragende Bedingungen und die Nr. 1 im bundesdeutschen Vergleich.

Längste Straßenbahn Deutschlands

Deutschlands längste Straßenbahn ist der Typ "Classic XXL" mit einer Länge von 45,09 Metern und verkehrt in Leipzig als Linie 15. Zu den Superlativen gehört auch die Tatsache, dass Leipzig nach Berlin das längste Straßenbahnnetz Deutschlands mit insgesamt 150 km besitzt. 400 Straßenbahnen verkehren auf 13 Strecken und legen täglich 40.000 Km zurück. Nachdem zuvor die Pferdebahn in Leipzig verkehrte, wurde im April 1896 die erste elektrifizierte Strecke vom Stadtteil Connewitz nach Möckern eingeweiht. Das wiederum haben die Leipziger einem ihrer Landsleute zu verdanken, denn Emil Stöhrer hatte Jahre zuvor den weltweit ersten Generator gebaut, der später auch für die Elektrifizierung der Straßenbahnen genutzt wurde.

9. Bahnhöfe, Brücken, Eisenbahnen

Mehr Brücken als Venedig

Leipzig besitzt mehr Brücken als Venedig. Die Stadt besaß schon in ihrer Frühzeit, bedingt durch ihren flussreichen und sumpfigen Untergrund, ungewöhnlich viele Brücken. Weitgereiste sprachen von "Leipzig als dem Klein-Venedig". Es gibt in Leipzig zwar keine Seufzer-Brücke und keinen "Canale Grande", aber: Leipzig hat mit 457 Brücken tatsächlich 57 Brücken mehr als die Traumstadt der Hochzeitswilligen. Die Stadt an der Pleiße hat 180 Eisenbahn- und 277 Straßenbrücken. Der Bau der ersten Ferneisenbahn Leipzig-Dresden und die dafür notwendige Überwindung der Leipziger Flusslandschaften forderten schon im 19. Jahrhundert einen umfangreichen Brückenbau.

Mit der Eisenbahn in die Ferne

Die weltweit erste Ferneisenbahn führte von Leipzig nach Dresden. Die erste deutsche Eisenbahnstrecke Nürnberg-Fürth war eine Nahverkehrsstrecke, eine Versuchsanlage von lediglich 6,1 Kilometer, die weder Brücken noch Tunnel zu überwinden hatte. Die wahrhaft historische Eisenbahnstrecke von Leipzig nach Dresden wurde am 7. April 1839 in voller Länge von 115 Km in Betrieb genommen. Sie verband 44 Städte und Gemeinden. 11 Landstraßen mussten überbrückt, 167 Wege durchschnitten, ein 513 Meter langer Tunnel bei Oberau gebaut, sowie Elbe und Mulde überquert werden. Die Fahrzeit betrug zweieinhalb Stunden. Die Teilnehmer an der ersten Fahrt der Ferneisenbahn trugen Schutzbrillen, um sich vor dem Asche- und Funkenflug zu schützen.

Ältester Kopfbahnhof, erster Staatsbahnhof

Der Bayerische Bahnhof in Leipzig, 1842-1844 erbaut, ist der älteste noch erhaltene Kopfbahnhof Deutschlands und ein Kulturdenkmal von europäischem Rang. Es ist ein beeindruckendes Beispiel klassizistischer Architektur. Im Juli 1851 fuhr der erste durchgehende Personenzug von Leipzig nach Nürnberg über Hof. 1890 zählte man bereits 1,5 Millionen Fahrgäste pro Jahr. Gleichzeitig war der erste große Staatsbahnhof in Deutschland und bediente die Sächsisch-Bayerische Staatseisenbahn. Am 1. Oktober 1889 erfolgte, geradezu als Sensation, die Aufnahme einer Schnellzug-Direktverbindung mit Berlin. Sämtliche Personenzüge aus Richtung Berlin machten am Bayerischen Bahnhof Station. Ab 1897 fuhr täglich der legendäre Brenner-Express, der von Kopenhagen über Berlin, Leipzig, München und Innsbruck bis Rom verkehrte. Mit der Eröffnung des Leipziger City-Tunnels wird die Stellung des Bayerischen Bahnhofs ab 2014 wieder stark aufgewertet.

Deutsche Eisenbahngeschichte

Das Prunkstück des Bayerischen Bahnhofes ist der "Portikus". Er gehört zu den ältesten Zeugnissen der deutschen Eisenbahngeschichte. Er ist 95 Meter lang und zwölf Meter hoch. Für den Bau des neuen City-Tunnels musste der 2.800 Tonnen schwere Portikus von einer Spezialfirma mit Hydraulikpumpen und 12 Pressenpaaren jeweils 30 Meter seitlich verschoben und dann wieder in seine alte Ausgangsposition gebracht werden. Der Portikus des Bayerischen Bahnhofes in Leipzig steht seit 1975 unter Denkmalschutz.

Eisenbahnknotenpunkt von europäischem Rang

Mit der Ferneisenbahn von Leipzig nach Dresden, gebaut 1835 bis 1839, entwickelte sich Leipzig zu einem Eisenbahnknotenpunkt von europäischem Rang. "Als Universitätsstadt, Gelehrtenstadt, Buch- und Warenhandelsstadt und als Zentralpunkt deutscher Eisenbahnen sieht Leipzig seine anwachsende Blüthe sich entfalten, und so ist es, ohne Residenz zu sein, eine deutsche Hauptstadt ersten Ranges" (L. Bechstein, 1845).

Erster beheizter Personenzug

1875 wurde auf der Strecke Leipzig-Hof die erste Dampfheizung in Personenzügen innerhalb Deutschlands eingeführt.

Erster größter Industriebahnhof Europas

Europas erster großer Industriebahnhof entstand 1873 in Leipzig-Plagwitz. Er ist eng mit der Industrialisierung Leipzigs, dem Industriepionier Dr. Karl Heine, der Stadtteilentwicklung und der Förderung des Eisenbahnwesens in Leipzig verbunden. Mit der ersten Ferneisenbahnstrecke Leipzig-Dresden ab 1839 entwickelte sich Leipzig auch zu einem Eisenbahn-Knotenpunkt in Deutschland. Der Industriebahnhof ist heute noch erhalten, hat aber wirtschaftlich keine Bedeutung mehr.

Größtes Bahnhofsvorfeld

Das Bahnhofsvorfeld ist in seinen Maßen deutschlandweit nicht zu übertreffen. Hier steht das derzeit modernste elektronische Stellwerk, das den Fern- und Nahverkehr auf einem über 6.000 Kilometer langen Gleisnetz für Sachsen, Sachsen-Anhalt und Thüringen gleichzeitig überwacht und steuert.

Weltweit größter Postbahnhof

Die einst größte Postbahnhofanlage der Welt mit 29 Bahnsteigen wurde am 1. Februar 1912 in Leipzig in Betrieb genommen. Mehr als 1,3 Millionen Pakete wurden schon im Jahre 1913 umgeschlagen. Hinzu kamen 36 Millionen Pakete im Durchgangsverkehr. Hamburg hatte gerademal die Hälfte des Paketaufkommens. Das Hauptgebäude mit einer Größe von 1,6

Hektar war überdacht. Durch die Umwandlung der Bundespost 1994 in eine Aktiengesellschaft stellte diese die Bahnpost im gesamten Bundesgebiet ein. 2008 erwarb der US-Fonds Lone Star diese einmalige, historische, denkmalgeschützte und weltgrößte Bahnpostanlage.

Größter und schönster Kopfbahnhof

Als "Kathedrale des Fortschritts" bezeichnete man den Leipziger Hauptbahnhof, den größten Kopfbahnhof Europas, bei seiner Eröffnung am 1. Oktober 1915. Der Hauptbahnhof hat 26 überdachte und acht Außenbahnsteige mit einer Gesamtfläche von 83.640 m^2. Sein symmetrischer Aufbau mit zwei Bahnhofshälften entsprach der Teilung des Bahnhofes in eine Königlich Preußische Eisenbahnverwaltung und in die Königlich-Sächsische Staatseisenbahn. Der Leipziger Hauptbahnhof belegt seit mehr als 10 Jahren den ersten Platz in der Kundenzufriedenheit.

Schöpfer/Erbauer der legendären Bagdad-Bahn

Der Leipziger Heinrich August Meißner (1862-1940) ist einer der größten deutschen Eisenbahnpioniere. Nach dem Studium für Bauingenieurwesen mit einer Spezialisierung für Eisenbahnbau an der TH Dresden und anschließender Assistententätigkeit in Prag, kam er 1887 nach Konstantinopel (danach Stambul, heute Istanbul). Nur wenig später, 1900, berief ihn der türkische Sultan Abdülhamid II. zum leitenden Ingenieur der 1.300 Km langen "Pilgerbahn" von Damaskus über Medina nach Mekka. Für seine dortigen Leistungen wurde er 1904 mit dem Titel eines osmanischen Paschas geadelt. 1910 übernahm Meißner die Gesamtleitung des Baus der ingenieurtechnisch höchst anspruchsvollen, politisch brisanten und legendären Bagdad-Bahn. Die Strecke, an der zeitweise bis zu 35.000 Arbeiter beschäftigt waren, führt über 1.600 Kilometer von Konstantinopel nach Bagdad. 1924 erhielt er die Ehrendoktorwürde der TH Dresden, wurde im selben Jahr Berater der türkischen Regierung und gleichzeitig Professor für Eisenbahnbau an der Technischen Hochschule in Istanbul. Heinrich August Meißner, der 1940 starb, ist auf einem protestantischen Friedhof in Istanbul begraben.

10. Bücher, Verlage, Druckereien

Ganz vorn beim Drucken, Handeln und Verlegen

Im Jahre 1466 lässt sich der erste Buchbinder in Leipzig nachweisen und das erste in Leipzig gedruckte Buch erschien 1481. Die ersten Leipziger Buchmessen in Leipzig gibt es seit 1493. Die erste dauerhaft betriebene Druckerei ist die von Konrad Kachelofen (1450-1529) aus dem Jahre 1485. Zu Beginn des 17. Jahrhunderts übernahm Leipzig endgültig die Führerschaft im deutschen Buchhandel im Buchdruck und im Verlagswesen. Das untermauert zum Beispiel ein Vergleich zwischen Leipzig und Frankfurt/Main hinsichtlich der Anzahl der herausgegebenen Titel in den damals erschienenen Messekatalogen für die Jahre 1610-1619. Während Leipzig 2.296 Buchtitel präsentieren konnte, waren es in Frankfurt/Main lediglich 1.799. Von 1800 bis 1945 war Leipzig mit Abstand die erste Stadt, gewissermaßen das Zentrum und die Drehscheibe des deutschen Buchhandels. Leipzig war weltweit der größte Verlagsstandort. So beherbergte Leipzig Anfang des 20. Jahrhunderts 2.200 Unternehmen im Leipziger Buchgewerbe, darunter 900 Verlage und Sortimentsbuchhandlungen, 113 Musikalienbuchhandlungen, 44 Antiquariate, 300 Buchbindereien sowie über 200 Druckereien. Bedeutende Leipziger Verlage in ihrer Geschichte waren: der Brockhaus-Verlag mit seinen Lexika und erstem Conversations-Lexikon von 1811, das bereits zu dieser Zeit erstaunliche acht Bände umfasste; der Reclam-Verlag, der für 500 Jahre Buchdruck und Buchhandel in Leipzig steht; der Insel-Verlag mit seinem Buchangebot für alle sozialen Schichten, der Verlag Breitkopf & Härtel, als weltweit führender Musikverlag, der E. A. Seemann Verlag, ältester Kunstbuchverlag, der C. F. Peters Musikverlag, der B.G. Teubner Verlag, weltweit führender Verlag für Wissenschaft und Lehrbücher, der Baedecker Verlag, die Nr. 1 in der Reiseliteratur, u.v.a.m. Bis zum 2. Weltkrieg gab es in Leipzig noch immer 360 Verlagshäuser; die größte Zahl an Medienbetrieben, die je eine Stadt in sich vereinte. Am 4. Dezember 1943, in einer einzigen Nacht, wurde das gesamte "Grafische Viertel Leipzig" durch anglo-amerikanische Bomber vernichtet. Durch die Teilung bedingt, gab es über mehrere Jahrzehnte in beiden Hälften Deutschlands alles doppelt: den Börsenverein, die Buchmesse, den Brockhaus-Verlag etc. Heute gibt es wieder 100, meist kleinere Verlage in Leipzig. Nicht ein einziger westdeutscher Großverlag kehrte nach der Wiedervereinigung an seinen Gründungsort Leipzig zurück. Im Gegenteil, der noch bis 2004 in Leipzig vergebene "Deutsche Buchpreis" wurde Kraft der politischen und ökonomischen Machtverhältnisse wieder nach Frankfurt/M. zurückgeführt. Im Rahmen der jährlich stattfindenden Buchmesse in Leipzig wird der "Leipziger Buchpreis" vergeben.

Erster Deutscher Börsenverein

Die Gründung des "Börsenvereins der Deutschen Buchhändler zu Leipzig" erfolgte zur Ostermesse am 30. April 1825 in der Ritterstraße. Er war der Interessenvertreter des gesamten deutschen Buchhandels und Ausdruck der Leistungsfähigkeit und Stärke des Leipziger Buchhandels in allen seinen Facetten. Frankfurt/Main war in dieser Zeit absolut kein

Konkurrent für Leipzig. Die Gründung der Deutschen Bücherei 1912 in Leipzig geht auf Initiative des Börsenvereins zurück. Nach 1945, die Teilung Deutschlands war noch nicht einmal entschieden, wurde in Frankfurt/Main ein zweiter Börsenverein, parallel zu Leipzig gegründet. Die bis 1990 parallel existierenden Börsenvereine schlossen sich am 1. Januar 1991 zusammen und wie nicht anders zu erwarten (vgl. Deutsche Bücherei/ Nationalbibliothek, Bundesverfassungsgericht u.a.) entschied man sich für Frankfurt/Main als Sitz des neuen Börsenvereins.

Hauptstadt der Buchdrucker

40. 000 bis 60. 000 Menschen nahmen 1840 am größten bürgerlichen Nationalfest des 19. Jahrhunderts in Leipzig im Rahmen der Gutenbergfeier teil. Gutenberg (1400-1468) gilt als Erfinder der beweglichen Lettern und damit der modernen Buchdruckerkunst. Das Fest ging über drei Tage und dauerte vom 24. bis 26. Juni. Als Hauptstadt der Buchdrucker und Buchhändler fühlte sich Leipzig zur Ausrichtung des Festes berufen. Alles was Rang und Namen in der Buchdruckerbranche hatte, beteiligte sich im Festkomitee zur Vorbereitung des Nationalfestes, u. a. solche hervorragenden Verlegerpersönlichkeiten wie F.G. Baumgärtner, H. Brockhaus, H. Härtel, E. Keil, R. Naumann, A. Phil. Reclam, K. Ph. Tauchnitz, G. Wigand u.a. Über 3.000 Honoratioren nahmen an einem Festessen auf dem Augustusplatz teil. Auch noch nach den drei Tagen feierten die Verlage mit ihren Mitarbeitern das einmalige Ereignis in Deutschland, dass es in dieser Form nie wieder gab.

Weltunternehmen Brockhaus

Der Brockhaus-Verlag war bis 1945 der mit Abstand führende Verlag für Enzyklopädien in Europa. 2005 feierte der Verlag sein 200 jähriges Bestehen und das 125 jährige Jubiläum seines "Duden" in Leipzig. In den 20er Jahren arbeiteten über 1.000 Mitarbeiter in der Leipziger Querstraße, dem Sitz des Unternehmens. Bei der Enzyklopädie mit 300.000 Stichwörtern, 200 Schlüsselbegriffen und über 1.000 Autoren war der "Brockhaus" unangefochten die Nr. 1 in Deutschland. 2008 wurde die Marke "Brockhaus" an den Bertelsmann Verlag verkauft.

Mit Schnellpresse zur Buchfabrik

1825 setzte das Brockhaus-Unternehmen, im traditionsreichen Grafischen Viertel Leipzigs gelegen (Kreuzstraße, Querstraße), als deutschlandweit erste Buchfabrik die Schnellpresse ein. Sie bedeutete gleichzeitig den Beginn der industriellen Revolution im Druckgewerbe in Deutschland.

Ein Lexikon – alphabetisch geordnet

Das erste alphabetisch geordnete Konversationslexikon gab Johann Heinrich Zedler (1706-1751) in Leipzig 1732 heraus. Das "Grosse vollständige Universal-Lexikon aller Wissenschaften und Künste" ist die größte, bis dahin gedruckte Enzyklopädie in den deutschsprachigen Ländern. Es war eines der größten Nachschlagewerke des Jahrhunderts und trug maßgeblich dazu bei, Erkenntnisse der Aufklärung in ganz Europa zu verbreiten. Das Lexikon hatte mehr als 63.000 Seiten.

Der "Urduden"

Am 7. Juni 1880 erschien in Leipzig das "Vollständige Orthographische Wörterbuch der deutschen Sprache", gewissermaßen der "Urduden" von Konrad Duden. Herausgeber war das Bibliografische Institut in Leipzig. Der "Duden" war bald ein Bestseller und Deutschlands wichtigstes Nachschlagewerk. Er war die Grundlage dafür, dass 1901 die erste amtlich geregelte Rechtschreibung für Deutschland beschlossen wurde.

Ein Lexikon für Damen und für's Theater

Karl Herloßsohn (1804-1849) gab gemeinsam mit dem Verleger von der Lühe ab 1834 in Leipzig das erste Damen-Conversations-Lexikon in 10 Bänden heraus. Ab 1839 veröffentlichte Herloßsohn gemeinsam mit Robert Blum (1807-1848) und Hermann Marggraf (1809-1864) das erste Theaterlexikon in Deutschland (7 Bände). Das Theaterlexikon verstand sich auch als Enzyklopädie für Bühnenkünstler und Theaterfreunde. An diesem Werk arbeiteten viele sachkundige deutsche Schriftsteller mit. Herloßsohns Grab befindet sich auf dem Alten Johannesfriedhof in Leipzig.

Weltältester Musikverlag

Der älteste Musikverlag der Welt, der Buch- und Musikverlag Breitkopf & Härtel, wurde 1719 in Leipzig gegründet. Mit dem Druck von Texten und Gesangsbüchern gehörte der Verlag Breitkopf & Härtel zu den ersten Originalverlegern von J. S. Bach, F. M. Bartholdy, Telemann u.v.a. ihrer Zeit. Auch in späteren Jahrzehnten zählte der Verlag zu den bedeutendsten. So veröffentlichte u.a. Albert Schweizer seine Bücher hier, so wie die Biografie über "Johann Sebastian Bach", "Die Religionsphilosophie Kants", "Deutsche und Französische Orgelbaukunst und Orgelkunst" oder seine Autobiografie "Aus meinem Leben und Denken".

Erster Kunstbuchverlag

Deutschlands ältester Kunstbuchverlag, E. A. Seemann, existiert seit mehr als 150 Jahren in Leipzig. In Essen 1858 gestartet, verlegte Ernst Arthur Heinrich Seemann (1829-1904) drei Jahre später seinen Verlag nach Leipzig, dem Zentrum des deutschen Buchhandels und des Verlagswesens. Der Verlag konzentrierte sich als erster ausschließlich auf Kunstliteratur und die Reproduktion von Gemälden. 2009 trafen sich 80 Nachkommen aus aller Welt in Leipzig, um den 180. Geburtstag des Gründers zu feiern. E.A. Seemann hatte neun Kinder, von denen Arthur Seemann, Mitbegründer der Deutschen Bücherei (heute Nationalbibliothek), der Verlagserbe wurde.

Bücher aus dem Automaten

Die älteste Taschenbuchreihe, die "Reclam Universal-Bibliothek" (RUB) startete am 10. November 1867 in Leipzig mit Faust I und II von Johann Wolfgang von Goethe. Nummer drei war Lessings "Nathan der Weise". Philipp Reclam jun. ist damit auch der Erfinder des

Massendrucks von Büchern. Die Buchreihe zeichnete sich durch einen niedrigen Preis aus (2 Silbergroschen pro Buch), sodass sie für jedermann, vor allem für Studenten und sozial Schwache erschwinglich und damit ein echter Gewinn für die Leselust darstellt. 1912 wurden Deutschlands erste Bücher-Automaten (Reclam-Automaten) in Leipzig aufgestellt. Einer dieser Reclam-Automaten steht noch heute in der Inselstraße 22-24, dem ehemaligen Stammhaus des Reclam-Verlages.

Eine Halle rund ums Buch

Das ehemalige Musterhaus der deutschen Armee in Leipzig-Gohlis wurde zur Städtischen Bücherhalle umgebaut und am 17. Dezember 1925 unter großer internationaler Anteilnahme eingeweiht. Die Bücherhalle in Leipzig war damit die erste "Deutsche Zentralstelle für volkstümliches Bücherwesen". Neben der Direktion des Hauses gehörten die Abteilungen Büchereischule, Einkaufs- und Beratungshaus zur Bücherhalle. Es war damit das erste europaweit agierende Dienstleistungsunternehmen in Sachen Bücherwesen.

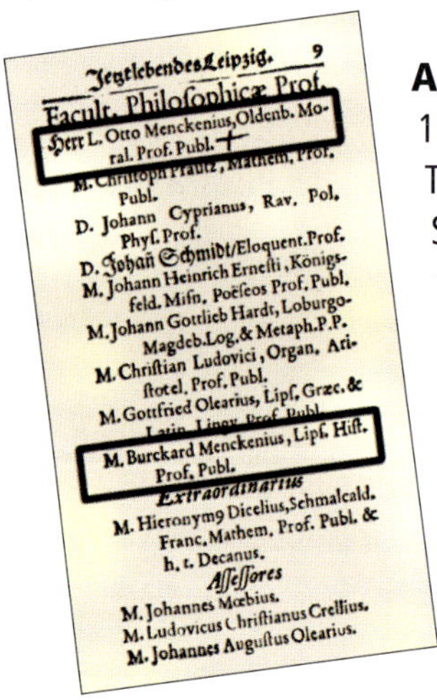

Jetztlebendes Leipzig. 9

Facult. Philosophicæ Prof.

Herr L. Otto Menckenius, Oldenb. Moral. Prof. Publ.

M. Christoph Pfautz, Mathem. Prof. Publ.

D. Johann Cyprianus, Rav. Pol. Phys. Prof.

D. Johan Schmidt/Eloquent. Prof.

M. Johann Heinrich Ernesti, Königsfeld. Misn. Poëseos Prof. Publ.

M. Johann Gottlieb Hardt, Loburgo-Magdeb. Log. & Metaph. P. P.

M. Christian Ludovici, Organ. Aristotel. Prof. Publ.

M. Gottfried Olearius, Lips. Græc. & Latin. Lingv. Prof. Publ.

M. Burckard Menckenius, Lips. Hist. Prof. Publ.

Extraordinarius

M. Hieronymus Dicelius, Schmalcald. Franc. Mathem. Prof. Publ. & h. t. Decanus.

Assessores

M. Johannes Mœbius.

M. Ludovicus Christianus Crellius.

M. Johannes Augustus Olearius.

Adressbuch für den Hausgebrauch

1701 erschien in Leipzig das weltweit erste Adressbuch mit dem Titel "Das jetztlebende Leipzig". Es war nach Einrichtungen der Stadt, wie der Uni, dem Leipziger Rat, Kirchen, Gerichte, Hospitäler etc. geordnet und die Namen entsprechend ihrer Stellung hierarchisch zugeordnet. Für die "Nikolaischule" sind zuerst namentlich der Vorsteher und dann die Schul-Collegen aufgeführt. Bei der Alma mater Lipsiensis wurde auch angemerkt, das "Rector Magnificus und Assessores" werden alle halbe Jahre verändert". Das heißt, dass der Uni-Rektor jeweils nur für ein Semester gewählt wurde. Das aktuelle Leipziger Adressbuch mit mehr als 1.000 Seiten erscheint aller zwei Jahre.

Verlag von Weltruf

Der "B. G. Teubner Verlag" war weltweit der führende Wissenschafts- und Lehrbuch-Verlag. Einen besonderen Stellenwert genoss er unter den Philologen. Die Geschichte dieses Verlages steht heute auf dem Lehrplan der Masterstudenten der Universität Leipzig. Im Herbst 2011 war ihm eine Ausstellung im Haus des Buches in Leipzig gewidmet.

Erster Lektor

Johann Gottfried Seume (1763-1810), besuchte in Leipzig die Nikolaischule und studierte an der Uni Leipzig Theologie. Er hatte als erster Deutscher eine Anstellung in einem Verlag als Lektor. Seume arbeitete für die "Verlagsbuchhandlung Göschen" in Grimma. Es ist jener Verlag, der das Gesamtwerk Johann Wolfgang von Goethes herausgab.

Originalblätter des ältesten Buches der Welt

Die Bibliothek Albertina, die Universitätsbibliothek besitzt seit dem Jahre 1844 dreiundvierzig Originalblätter des ältesten Buches der Welt. Die Originalblätter stammen aus dem bedeutendsten Bibelmanuskript der Welt – dem Codex Sinaiticus und sind in griechischer Handschrift verfasst. Sie ist mit einem Alter von über 1.500 Jahren nicht nur die älteste Bibel der Welt, sondern stellt auch das erste Buch der Welt überhaupt dar. Die Universitätsbibliothek Leipzig, das Katharinen-Kloster Sinai, die Russische Nationalbibliothek St. Petersburg und die British Library London vereinbarten, die weltweit verstreuten Seiten der Handschrift mit modernster Digitaltechnik aufzubereiten.

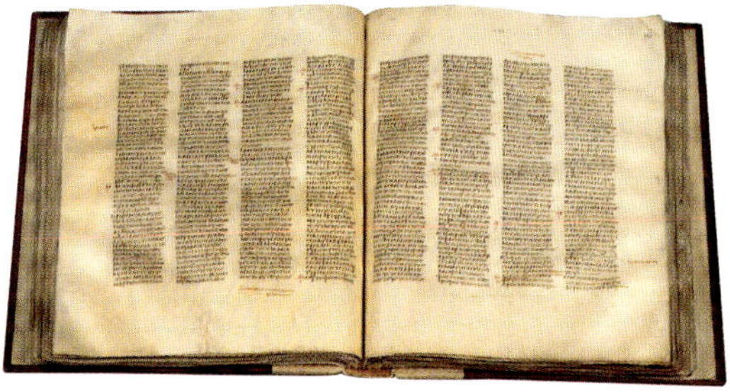

Entdecker der ältesten Bibelblätter

Entdecker der historisch einmaligen Bibelblätter ist der Leipziger Theologe, Philosoph und Bibelforscher Konstantin von Tischendorf (1815-1874). Er hatte in Leipzig Theologie studiert, promoviert und habilitiert. Tischendorf war sechs Jahre auf der Suche, reiste von Kairo durch die Nitrische Wüste in den Sinai und dann ins orthodoxe Katharinen-Kloster. Von den dort gefundenen 129 Pergamentblättern durfte er nach eigenen Angaben 43 behalten. Bis dahin hatte der Leipziger Wissenschaftler sein ganzes Leben der Suche nach der ältesten Fassung der Bibel untergeordnet. Er wohnte später in der Inselstraße 14 in Leipzig als Nachbar von Robert und Clara Schumann. Er hatte mit seiner Frau acht Kinder und arbeitete dann als ordentlicher Professor an der Leipziger Universität.

Wichtigstes Latein-Wörterbuch

1897 gab der Leipziger Teubner-Verlag den "Thesaurus lingua Latinae", das größte deutsche Wörterbuch in lateinischer Sprache heraus.

Der erste Bestseller

Am 28. September 1481 erschien das erste in Leipzig gedruckte Buch als Inkunabel mit dem Titel: "Die künftigen Siege der Christen über die Türken und Sarazenen." Als Inkunabel bezeichnete man alle seit der Erfindung des Buchdrucks von Gutenberg bis 1500 gedruckten Bücher. Da das Buch zur Michaelismesse vorlag, konnten es die Fernhandelsleute in alle Welt mitnehmen. Nach heutigem Sprachgebrauch wurde dieses Buch ein Bestseller. 1481 gilt damit als das Datum für die erste in Leipzig existierende Druckerpresse. Marcus Brandis war der erste Buchdrucker in Leipzig und begründete damit die Buchstadt Leipzig. Brandis gehörte zu den wenigen Druckern, die seinerzeit die komplizierte Technik des Druckens in zwei Farben beherrschte.

Weltberühmtes "Thierleben"

In Leipzig schrieb der Zoologe und Schriftsteller Alfred Brehm (1829-1884) ein Buch von Weltruhm "Brehms Thierleben". Zuvor hatte er in der ebenfalls in Leipzig erscheinenden Unterhaltungszeitung "Die Gartenlaube", Keil-Verlag, populärwissenschaftliche Beiträge aus dem Tierleben und zoologische Abhandlungen geschrieben. Grundlage seiner Abhandlungen bildeten seine jahrelangen Reisen nach Afrika, Abessinien, Skandinavien und

Sibirien. Bereits mit 20 Jahren wurde Alfred Brehm Mitglied der Akademie der Naturforscher in Deutschland.

Weltausstellung für Buchgewerbe

Die erste Weltausstellung für Buchgewerbe und Grafik, kurz "Bugra" genannt, fand im Mai 1914 in Leipzig statt. Die Stadt untermauerte damit ihre hervorragende Position als Weltstadt des Buches. Ausrichter war der Deutsche Buchgewerbeverein. In zahlreichen Hallen und Pavillons zeigten die Aussteller Produkte aus allen Bereichen des Buch- und Verlagswesens, der Druck- und Papierindustrie

Buchgewerbehaus

und des grafischen Kunstgewerbes. Erst ein halbes Jahrhundert später trat Frankfurt/Main als deutsche Buchmesse in Erscheinung. Die Leipziger "Messe für Buchgewerbe und Grafik" war in der DDR ein fester Bestandteil des Leipziger Messewesens.

Europas größtes Lesefest

Die politische Situation nach dem 2. Weltkrieg führte zu grundlegenden Veränderungen, auch im Buchhandel und Verlagswesen. Leipzigs Buchmesse ist heute wieder, neben der Buchmesse in Frankfurt/Main, die größte ihrer Art in Deutschland. Zur Leipziger Buchmesse 2012 kamen u. a. 2017 Verlage aus 44 Ländern mit 2.780 Autoren. In den Regalen von 1.000 Einzelständen befanden sich mehr als 100.000 Bücher, davon 20.000 Neuerscheinungen. Die Leipziger Messe ist eng verknüpft mit dem Lesefest "Leipzig liest". Beim größten europäischen Buchevent treten jährlich im Frühjahr ca. 2.800 Autoren vor ihr Publikum. In über 2.600 Veranstaltungen an 400 Orten der Stadt, so in Buchhandlungen, Kneipen, in Cafés, auf dem Friedhof, in Kirchen, in Fitness-Studios, im Zoo usw. stehen Autoren und Leser in engem Kontakt. Beide Messen sind damit kaum miteinander zu vergleichen. Die Frankfurter Messe ist eine reine Verkaufsmesse. Leipzig bietet eine Buchmesse mit internationalem Lesefest.

Minibücher ganz groß

Die Stadtbibliothek Leipzig hat mit 2.230 verschiedenen Titeln die größte Miniaturbuchsammlung Deutschlands. Dazu zählen vor allem Bücher der Weltliteratur, Erotika, Bücher über Städte und Institutionen. Die Produktion von Mini-Büchern zielt vor allem auf nationale und internationale Sammler. Ein Mini-Buch ist ein kleines Buch mit einer maximalen Größe von 100 mm mal 100mm, wobei Ausstattung und Typografie der Buchgröße angepasst sind.

Weltweit größtes Buch

Das Unternehmen "Müller Buch Manufaktur Leipzig" hat im August 2011 das weltweit größte Buch herausgebracht und verlegt. Es war ein Auftragswerk des FC Bayern München. Das Exemplar 0001 erhielt Bayerns Ehrenpräsident Franz Beckenbauer. Das Buch umfasst 556 Seiten, ist 28 Kilo schwer, 70 cm hoch, 50 cm breit und kostet pro Stück 2.999 Euro. Die Auflage ist auf 4.111 Exemplare limitiert (4 steht für 4 Sterne, 111 für 111-jähriges Vereinsjubiläum). In der Herstellerfirma musste auf Grund der Größe des Buches jeder Schritt per Hand erledigt werden. Das heißt, die riesigen Blätter (Lagen) wurden per Hand zusammengefügt. Das Cover besteht aus mehrlagigem in Mahagoni gebeiztem Echtholz. Gehalten wird das ganze mit einem Ledereinband. Die Beschläge sind aus poliertem Messing gefertigt. Die "Müller Buch Manufaktur Leipzig" hatte sich durch eine beispielhaft gebundene historische Bibel empfohlen.

Erste deutsche Verlagslogos

Leipziger Verlage wie Brockhaus, Breitkopf, Insel, Reclam u.a. wiesen in ihren Büchern als erste ein einheitliches Verlagslogo nach und schufen so in der Verlagswelt einen Wiedererkennungswert, der noch nach Jahrhunderten Bestand hat. Beispiel: Der älteste Musikverlag der Welt, der Verlag Breitkopf (ab 1795 Breitkopf & Härtel) trug seit 1719 auf dem Cover einen "Bären" als Signet. Es ist auch jener Musikverlag, der im Jahre 1807 die erste Leipziger Pianofabrik gründete und damit den Startschuss für die Gründung später weltbekannter Klavierfabriken gab.

Zentrum der Buchherstellung in hebräischer Sprache

Leipzig war vom Ende des 19. Jahrhunderts bis in die 1920er Jahre das Zentrum der Buchherstellung in hebräischer Sprache. An der Uni Leipzig gab es eine große Zahl jüdischer Studenten und herausragender jüdischen Dozenten, die diese Arbeit möglich machten. 500 anerkannte internationale Wissenschaftler arbeiten gegenwärtig an der "Enzyklopädie jüdischer Geschichte und Kultur (EJGK). Diese Enzyklopädie soll sieben Bände umfassen. Der erste Band wurde in einem feierlichen Rahmen im Juni 2011 in Leipzig übergeben. Herausgeber der Enzyklopädie und Projektleiter ist Dan Diner, Direktor des Simon-Dubnow-Institutes für jüdische Geschichte und Kultur an der Universität Leipzig. Er ist gleichzeitig Professor für Moderne Geschichte an der Hebräischen Universität in Jerusalem. Die Forschungsarbeit erfolgt in enger Zusammenarbeit mit der "Sächsischen Akademie der Wissenschaften".

Weltweit erste Buchhändler- und Buchdrucker Lehranstalt

Die weltweit erste und damit älteste Buchhändler-Lehranstalt wurde 1853 in Leipzig gegründet. Sie hatte ihren Sitz in der alten Buchhändlerbörse in der Leipziger Ritterstraße. Der Buchstadt Leipzig angemessen, gab es hier auch die ersten Schulen und Lehranstalten im Verlags- und Buchwesen. So folgten 1869 die erste Buchdrucker-Lehranstalt, 1914 die Fachschule für Bibliothekstechnik- und -verwaltung, 1946 die selbstständigen Fachschulen für Bibliothekare und Buchhändler, die sich später zur Fachschule für Bibliothekare und Buchhändler vereinigte. 1955 gründete sich die "Fachschule für Bibliothekare an wissenschaftlichen Bibliotheken". 1992 wurden die branchenrelevanten Studiengänge in der Hochschule für Technik, Wissenschaft und Kultur zusammengefasst. Weitere Hochschulabsolventen kommen von der Universität Leipzig, der Hochschule für Grafik und Buchkunst, der Buchhändlerschule und dem Literaturinstitut. An der traditionsreichen "Gutenbergschule", 1886 in Leipzig als "Meisterschule für das graphische Gewerbe" gegründet, wurden und werden Schriftsetzer, Druckvorlagenhersteller, Druckformenhersteller, Drucker, Buchbinder, Reprographen, Verlagskaufleute, Mediengestalter, Medien- und Werbekaufleute sowie Fachleute für Information und Dokumentation ausgebildet. Mehr als 40.000 Auszubildende haben in den zurückliegenden Jahrzehnten allein die Gutenbergschule in Leipzig als Buchdrucker absolviert. Das sind mehr als jede andere deutsche Medienstadt heute nachweisen kann.

Die "Schwarze Zunft" hat ein Museum

1994 wurde in der Leipziger Nonnenstraße das Museum für Druckkunst eröffnet. Es ist das einzige seiner Art in Deutschland. Viele der einmaligen, heute noch funktionierenden Druckmaschinen können in ihrer Funktiosweise bestaunt werden. Der Besucher erhält auch einen Einblick in die Vielfalt der einstmals um die "Schwarze Zunft" existierenden Berufe, die über Jahrhunderte das Handwerksbild Leipzigs sehr stark prägten.

Eine Platte für die Rotationsmaschine

Carl Christoph Traugott (1761-1836), ein Buchdrucker und Verlagsbuchhändler aus Leipzig, setzte als erster in Deutschland die sogenannte Stereotypie, die Herstellung von Druckplatten zur Buchproduktion, ein. Oskar Brandstetter (1846-1915), ein Leipziger Verleger, verwendete 1897 zum ersten Male eine Rotationsmaschine für den Druck von Illustrationen.

Erstmals Plus- und Minuszeichen im Druck

1489 wurde in Leipzig Johannes Widmanns Rechenbuch "Behende und hübsche Rechnung auf allen Kaufmannschaft" in der Druckerei von Kurt Kachelofen gedruckt. Zum ersten Mal enthielt ein Buch die gedruckten Plus- und Minuszeichen. Von da an trat es seinen Siegeszug in alle Mathematikbücher dieser Welt an.

Begründer des modernen Bibliothekswesens

Der Leipziger Friedrich Adolf Ebert (1791-1834) gilt gemeinsam mit Martin Schrettinger als Begründer der modernen Bibliothekswissenschaft. Ebert studierte an der Uni Leipzig Theologie/Philosophie und promovierte in Wittenberg. Er kämpfte für die Anerkennung eines eigenständigen Berufs als Bibliothekar und entwickelte dafür auch ein entsprechendes Profil. Er starb nach einem Sturz von der Bücherleiter.

Erster Lichtdruck

Der Lichtdruck hat in Leipzig eine große Tradition. Das weltweit führende Leipziger Unternehmen im Notendruck C. G. Röder (1812-1883), wendete 1890 zum ersten Male den Lichtdruck bei der Herstellung von Postkarten an. Früher gab es nur mehr als 2.000 Lichtdruckereien. Heute sind es weltweit nur noch drei, davon eine in Leipzig. Der "Lichtdruck-Kunst Leipzig e.V." verfolgt das Ziel, Technik, Technologie und die Fertigkeiten dieses Handwerkes zu bewahren und weiter zu tragen.

Zentrum des Übersetzerwesens, erster Darwin-Übersetzer

Leipzig galt um die Mitte des 19. Jahrhunderts als das Zentrum des Übersetzerwesens. Das hing sehr stark mit dem Verlagswesen in Leipzig insgesamt zusammen. Das Übersetzen von Schriftgut sowohl in alle europäischen Hauptsprachen als auch in antike Sprachen wurde in Leipzig fabrikmäßig betrieben. Grundlage dafür war das unerschöpfliche Reservoir an Professoren, Dozenten, Studenten der Uni Leipzig und solchen, die keine Anstellung hatten und deshalb ihr Geld als Autoren, Übersetzer, Herausgeber, Redakteure und Korrektoren verdienten. Julius Victor Carus, ein Verwandter des großen Mediziners Carl Gustav Carus, ebenfalls ein Leipziger, war u.a. Deutschlands erster Darwin-Übersetzer.

Bücher für die Nachwelt retten

Jahrzehntelange Erfahrungen in der Restauration von Büchern an der Deutschen Bücherei in Leipzig nutzte ein 1998 neu etabliertes eigenständiges Unternehmen. Mit dem "Zentrum für die Bucherhaltung (ZFB)" wurde in Leipzig ein weltweit einzigartiges, weil auch industrielles Verfahren entwickelt, um den bedrohten Verfall von alten Büchern zu verhindern. Im Mittel- punkt steht ein neuartiges technisches Verfahren, um automatisch eine Papierspaltung der betroffenen Blätter vorzunehmen und damit effektiver zu machen. Im ZFB werden Buchbe- stände aus der ganzen Welt restauriert.

Architektonisch schönste Universitätsbibliothek

Die Bibliotheca Albertina ist die zweitälteste und gleichzeitig architektonisch schönste Universitätsbibliothek Deutschlands. Sie wurde 1543 in der Beethovenstraße gegründet. Architekt war Arwed Rossbach (1844-1902). Haupttreppenhaus und der dahinter liegende Hauptlesesaal fielen im 2. Weltkrieg den Bomben zum Opfer. Heute existiert sie wieder im alten Glanz und umfasst über 5,5 Medieneinheiten und rund 6.500 laufende Zeitschriften.

Die Bulle vom Pabst und das Uni-Archiv

Das Universitätsarchiv der Stadt Leipzig gehört zu den ältesten und gleichzeitig modernsten Archiven in Europa. Die Bulle von Papst Alexander V., ausgestellt am 19. Dezember 1409 in Pistoja, ist das erste Schriftstück der Universitätsgründung, das in das Rektoratsarchiv abgelegt wurde. In dieser, in lateinischer Schrift verfassten Urkunde, beauftragt der Papst den Merseburger Bischof, die Magister, Doktoren und Scholaren der Alma mater Lipsiensis, die Rechte, Einkünfte und Güter zu schützen und Schuldige zu bestrafen.

Bedeutendste kommunale Archive

Das Leipziger Stadtarchiv gehört ohne Zweifel zu den bedeutendsten kommunalen Archiven in Deutschland. So umfassen die Bestände des Archivs über 4.000 Urkunden, 11.000 laufende Meter Akten, 85.000 Karten und Pläne, 345.000 Fotos und Postkarten. Darüber hinaus sind hier Leipziger Zeitungen, anderes Sammelgut und Quellen hinterlegt, die die Geschichte Leipzigs von der Stadtrechtsverleihung um Jahre 1165 bis zur aktuellen Gegenwart reichen. So schildert Bischof Thietmar von Merseburg in seiner nachlesbaren Chronik, dass Bischof Eid von Meißen auf seiner Rückreise aus Polen im Jahre 1015 "in urbe Libzi" verstorben sei. Dieser Eintrag in die Chronik ist die erste schriftliche Erwähnung Leipzigs.

Weltweit meiste deutschsprachigen Bücher gesammelt

Der Börsenverein des deutschen Buchhandels (Sitz in Leipzig), die Stadt Leipzig und das Königreich Sachsen gründeten 1912 in Leipzig die Deutsche Bücherei. Seit 1913 werden hier weltweit alle deutschsprachigen Bücher gesammelt. Es ist eine Präsenzbücherei, das heißt, dass die Bücher nur vor Ort gelesen werden können. Erst ab 1947 sammelte Frankfurt/Main parallel bis 1990. Beide Häuser plus das Deutsche Musikarchiv, inzwischen in Leipzig ansässig, bilden seit 2005 die Deutsche Nationalbibliothek mit Sitz in Leipzig und Frankfurt/M. Die Deutsche Nationalbibliothek stellt insgesamt 25 Millionen Medieneinheiten, davon 16 in Leipzig und 9 in Frankfurt/Main bereit. 2011 wurde der vierte Erweiterungsbau in Leipzig übergeben.

Größte Museums-Bibliothek

Die kunstwissenschaftliche Präsenzbibliothek im "Museum der bildenden Künste" zu Leipzig gehört mit über 100.000 Bänden zu den größten Museumsbibliotheken in Deutschland. Der Schwerpunkt des Bestandes ist die Kunst-und Kulturgeschichte des 17. bis 19. Jahrhunderts. Sie ist für jedermann nutzbar. Die ersten Sammlungen gehen auf das Jahr 1837 zurück. Leipzigs Bürger übergaben ihre wertvollsten Bestände an den damals bereits ansässigen Kunstverein, aus dem sich später auch das Leipziger Bildermuseum gründete.

Einzigartige Sammlung zur Geografie-Geschichte

Das Leibniz-Institut für Länderkunde (IfL) ist das Zentrum der Geografie-Historischen Forschung in Deutschland. Mit mehr als 10.000 Bänden ist die Alexander-von-Humboldt-Sammlung innerhalb der Geografie-Bibliothek der wertvollste und wissenschaftlich bedeutendste Bestand. Alle wichtigen Werke des großen Naturforschers sind in ihrer Vollständigkeit vorhanden, viele davon als Erstausgaben. Im Sommer 2012 feirete die Geographische Gesellschaft ihr 150-jähriges Bestehen.

Größte Sammlung von Exilliteratur

Die Deutsche Nationalbibliothek, Standort Leipzig, besitzt deutschlandweit die größte Sammlung von Dokumenten der deutschsprachigen Emigration und des Exils der Jahre 1933 bis 1945. Sie umfasst zurzeit Tausende Schriften von Exilanten aus den Jahren 1933-1945. Ebenso viele Zeitungen und Zeitschriften des Exils, Flugblätter, Tarnschriften Publikationen deutscher Kriegsgefangener des 2. Weltkrieges im Ausland. Die Handbibliothek umfasst ca. 3.300 Bände. Im speziellen Shoah-Lesesaal kann die Sammlung genutzt werden. Das deutsche Exilarchiv der Jahre 1933-1945 befindet sich am Standort Frankfurt/Main.

Von der Keilschrift bis zum Binär-Code

Leipzig besitzt mit dem Deutschen Buch- und Schriftmuseum die bedeutendste Sammlung auf dem Gebiet der Buchkultur. Am 29. Oktober 1884 als Deutsches Buchgewerbe-Museum gegründet, fand es nach mehreren Umzügen 1925 seinen Platz in der Deutschen Bücherei in Leipzig. Am 13. März 2012 wurde eine neue Dauerausstellung im vierten Erweiterungsbau der Deutschen Nationalbibliothek (bisher Deutsche Bücherei) unter dem Titel "Zeichen-Bücher-Netze: Von der Keilschrift zum Binärcode" eröffnet. Das Buch- und Schriftmuseum ist nicht nur das älteste in Deutschland, sondern durch Umfang, Qualität und Wert der Bestände begründet, ist es eines der bedeutendsten Archive auf dem Gebiet der Buchkultur überhaupt.

Ein Wasserzeichen für die Echtheit

Das deutsche Buch- und Schriftmuseum in Leipzig besitzt die weltweit größte, nach wissenschaftlichen Gesichtspunkten gegliederte und systematisierte Sammlung von Wasserzeichen. Diese Sammlung wurde von Dr. Karl Theodor Weiß (1872-1945) im Jahre 1897 begonnen. Wasserzeichen, dienen als Hilfsmittel zur Echtheitsprüfung seit dem 13. Jahrhundert. Damit wird das Sammel- und Arbeitsgebiet Wasserzeichen einmalig seit über 100 Jahren gepflegt. Die Sammlungen umfassen einmal alle Wasserzeichen, deren Herkunft nicht bekannt sind, nach dem Bildinhalt (Wasserzeichenmotive) und zweitens alle Wasserzeichen, deren Herkunft bekannt sind (Region, Ort, Papiermühle, Papiermacher). Allein die Wasserzeichenmotive haben eine Größenordnung von über 40.000 Katalogzettel).

"Bibliophilen-Abend", einzigartig in der Welt

Der Leipziger "Bibliophilen-Abend" ist über 100 Jahre alt. Er wurde am 2. Februar 1904 auf Initiative des Germanisten und Professors für Deutsche Sprache und Literatur der Universität Leipzig Georg Witkowski (1863-1939) und Johannes Baesch-Drugulin (1858-1945) gegründet und war wohl einzigartig in der Welt. Er beschäftigt sich mit Vorträgen, Ausstellungen, Exkursionen und der Herausgabe von bibliophilen Drucken. Es sind gute Drucke in kleiner Stückzahl für relativ viel Geld, die sich aber durch einen hervorragenden künstlerischen Einband, besonderer Typographie und Papierauswahl auszeichnen. Der Verein, der bis 1933 bestand, gründete sich 1991 wieder. Im Mittelpunkt stehen, damals wie heute, die Unterstützung und Pflege der Buchkultur. Die herausragende Stellung Leipzigs in diesem Metier wird durch die vor Ort existierende älteste Kunsthochschule Deutschlands, der Hochschule für Grafik und Buchkunst, befördert.

11. Drei Pfennig rot...

Berühmteste deutsche Briefmarke

Die berühmteste deutsche Briefmarke wurde in der Leipziger Druckerei J. B. Hirschfeld im Buchdruckverfahren in einer Gesamtauflage von 500.000 Stück hergestellt. Deren Banknotenstecher, jener, der den Stempel herstellte, hieß Scheele. Die korrekte Bezeichnung der Briefmarke heißt: "Sachsen, Drei Pfenning rot". Auf der Briefmarke sind ca. 70 winzige Dreien, die nur mit der Lupe zu erkennen sind, in die Zahl 3 eingraviert. Sie wurde am 29. Juni 1850 vom Königreich Sachsen in Leipzig herausgegeben. Der Nominalwert betrug damals 3 Pfennig. Nach dem aktuellen Michel-Katalog hat sie heute, je nach Farbnuance und Zustand, einen Wert zwischen 3.000 und 4.000.- Euro. Im Einzelfall werden auch erheblich höhere Preise erzielt.

Ältestes deutsches Briefmarken-Album

Leipzig hat einen entscheidenden Anteil an der Entwicklung der Philatelie in Deutschland. Kurios, aber wahr: Noch vor dem Erscheinen der weltweit ersten Briefmarke, hatte der Leipziger Buchhändler Gustav Wuttig am 1. Juli 1837 das "Litterarische Museum" von Philipp Reclam jr. erworben. Es stand zunächst in der Nähe des Naschmarktes und zog später in die Petersstraße um. Das "Litterarische Museum" war ein Lesekabinett, in dem Zeitungen und Zeitschriften aller Art, vor allem aber aus der ganzen Welt, gelesen werden konnten. Diese Lesestube wurde auch gern von den internationalen Messebesuchern zu den jährlich stattfindenden drei Messen aufgesucht. Damit erhöhten sich die umfangreichen Kontakte des Buchhändlers Wuttig mit den vielen Ausländern. So lernte er auch die seit 1840 weltweit erstmals in London erschienenen Briefmarken schnell kennen und begann als Erster mit dem Sammeln von Briefmarken. Wuttig war es auch, der als Erster eine Briefmarkenbörse organisierte und diese jeden Sonntagvormittag in seinem Geschäft abhielt. 1862 brachte Wuttig das erste deutsche "Album für Briefmarken" heraus. Gustav Bauschke, zunächst Mitarbeiter bei Wuttig, der sich im "Litterarischen Museum" um den Briefmarkenvertrieb kümmerte, kaufte 1864 die Verlagsrechte von Wuttig und gab im November desselben Jahres die neunte Auflage des Albums herausgab. Sieben Jahre später (1871) veröffentlichte G. Bauschke unter dem Anagramm "Schaubeck" das erste Schaubeck-Album. Ähnlich wie bei Wuttig und Bauschke, musste auch der Nachfolger J. Kümmel aus Krankheitsgründen verkaufen, sodass ab September 1878 der Leipziger Louis Senf den Verlag übernahm. 1870 erschien Gustav Bauschke erneut auf der "Briefmarken-Bühne" und gab im selben Jahr ein Album heraus, das aus den Buchstaben seines Namens gebildeten Anagramms bestand und nun "Schaubke, B." hieß. Bei der 1. Auflage des "Schaubek-Album" wurden 10.000 Exem-

plare, bei der 2. Auflage 8.000 und bei der dritten Auflage nochmals 10.000 Exemplare verkauft. Nach dem Tod von G. Bauschke, nach 1879, Ort und Datum sind nicht bekannt, folgten die Gebrüder Senf, C. F. Lücke, Familie Junck und Kurt Reinold. 1972 wurde der Verlag verstaatlicht und 1990 unter dem Namen "Schaubek-Verlag" reprivatisiert.
Er ist heute im Besitz der Familie Junck bzw. deren Nachkommen. 2011 feierte Schaubek "140 Jahre Schaubek Briefmarkenalbum". Er ist damit der älteste deutsche, heute noch existierende Verlag für Briefmarken-Alben und hat seinen Sitz in Markranstädt/Großlena bei Leipzig. Schaubek exportiert seine Produkte in über 20 Länder der Welt.

Postkarten und ihre Geschichten

Die 1. Internationale Ausstellung zu illustrierten Postkarten fand in Leipzig am 1. Mai 1898 statt. Ausstellungsort war das Grassimuseum am Königsplatz (heute Wilhelm-Leuschner-Platz).
Die Stadt Leipzig als Heimstatt für Musik, Kunst und Bildung spiegelte sich auch auf den Postkarten des beginnenden 20. Jahrhunderts, u.a. mit dem Bachdenkmal, der Thomaskirche, den Wohnhäusern von Albert Lorzing, Robert und Clara Wieck/Schumann, Felix Mendelssohn Bartholdy, Richard Wagner sowie Goethes Studienzeit, den Leipziger Konzerthäusern und Theatern, Schillers Aufenthalt in Leipzig umfassend wider.
Leipzig war von 1880 bis 1914 die Nr. 1 in der Herstellung von Ansichtskarten. Dies ist u.a. in Leipzig als damalige Metropole des polygrafischen Gewerbes und des Buchhandels begründet. In der Hochzeit der Postkartenherstellung und des Versandes gab es auch vielerlei Kuriositäten. So gab es Postkarten aus Metall, Sperrholz, handgefertigter Birkenrinde und Schweinshaut.

12. Fallbeil, Festung und Schafott

Woyzeck war der Berühmteste

Dort, wo heute das Stadtwappen Leipzigs auf dem Marktplatz zu sehen ist, war einst der Richtplatz mit dem Schafott. 211 Mal wurden hier Menschen hingerichtet, der letzte im

August 1824. Es war Johann Christian Woyzeck (1821-1824), der zuvor seine Geliebte mit sieben Degenstichen getötet hatte. Traditionell auf einem Stuhl sitzend (Schwarzer Stuhl) wurde ihm durch den Scharfrichter der Kopf abgeschlagen. Tausende Schaulustige verfolgten die Enthauptung. Der Prozess der Hinrichtung wurde protokollarisch minutiös festgehalten und ist in Dokumenten des stadtgeschichtlichen Leipziger Museums nachlesbar. Das dabei benutzte Schwert des Scharfrichters Körzinger ist heute ebenfalls noch im Stadtmuseum des Alten Rathauses zu besichtigen. Woyzeck war der Letzte, der in dieser Form hingerichtet wurde. Nach der Vollstreckung am 27. August 1824 wurde das Schafott endgültig und für immer abgebrochen. Der Fall Woyzeck bewegte die ganze Nation. Es gab mehrere medizinische Gutachten über Woyzecks Zurechnungsfähigkeit. Selbst der sächsische König hatte sich für ihn eingesetzt. Georg Büchner, Dramatiker und Dichter schrieb Jahre später ein Drama und nahm u. a. diesen Fall zum Anlass. Auf Grund des frühen Todes Büchners (1813-1837) blieb es ein Fragment, dessen handschriftliche Niederschrift heute im Weimarer Goethe-Schiller-Archiv aufbewahrt wird. Büchners Fragment "Woyzeck" wurde in viele Sprachen übersetzt, verfilmt und am 8. November 1913 in München uraufgeführt.

Ratsherren ohne Gnade und die längste Festungshaft

In der Geschichte der Menschheit wurden schon viele ob ihrer Hingabe, Lust und Leidenschaft, besonders zum anderen Geschlecht, hart bestraft. Auch der ehemalige, im Bürgertum sehr beliebte Leipziger Bürgermeister Dr. Conrad Romanus (1671-1746) wurde ein Opfer seiner Leidenschaft, aber nicht zu schönen Frauen, sondern zur Baukunst. Romanus, erst 33 jährig, musste dafür unbeschreibliche 41 Jahre in den Kerker auf die Festung Königstein. Erst sein Tod befreite ihn aus der Zelle. Sein Vergehen? Romanus ließ sich ein sehr teures Stadt-Palais bauen, jenes noch heute von Einheimischen und Touristen bewunderte barocke Gebäude in der Katharinenstraße 21. Dass 1701-1704 errichtete Palais kostete 150.000 Taler oder umgerechnet 1,5 Tonnen Gold. Eine Summe, die unter damaligen Verhältnissen alles Bisherige weit übertraf. Da er das Geld selbst nicht aufbringen konnte, fälschte er Schuldscheine zulasten der Stadtkasse. Dafür musste er mit einer bisher unüblichen langjährigen Festungshaft büßen. Politische Intrigen der Ratsherren waren der Grund dafür, dass er trotz vieler Begnadigungsersuche, nicht wieder freigelassen wurde und im Kerker starb. Der Frankfurter Dr. Jürgen Schneider war es, der nach der Wende das Haus umfassend restaurierte, dabei Banken um etwa 1 Milliarde DM täuschte, um Kredite zu erhalten. Dafür musste Dr. Schneider ebenfalls hinter Gitter, allerdings nur für wenige Jahre und nicht ein Leben lang, wie Romanus.

Ein Phantombild stellt den Mörder

1908 wurde in Leipzig das weltweit erste Phantombild angefertigt. Vorangegangen waren in diesem Jahr 17 Morde und Mordversuche sowie vier Kindstötungen. Gesucht wurde der sogenannte "Hammer-Mörder". Dieser Mann wurde mit einem gezeichneten Bild gesucht, das im Ergebnis von Zeugenaussagen in Kombination mit vorliegenden Fotografien aus der Verbrecherkartei, erstellt wurde. Das Phantombild erschien dann in Leipziger Zeitungen und auf Infotafeln im Stadtgebiet. Die Polizei hatte damit tatsächlich Erfolg und konnte den Mörder dingfest machen.

Wenn Leipzig "schwarz" sieht

Das Wave Gotik Treffen (WGT) ist das weltweit größte Treffen der "Schwarz-Bleichen." Jedes Jahr werden während der Pfingstfeiertage bis zu 20.000 Gruftis von allen Kontinenten in Leipzig erwartet. Die schwarz-bleiche Subkultur – ein ausgesprochen friedliches Völkchen trifft sich zu Konzerten, Mittelalter-Märkten, Szene-Gottesdiensten, Orgelkonzerten, Underground-Fashion-Shops u.a. Top-DJs aus der ganzen Welt legen in Leipzigs angesagten Grufti-Clubs auf. Bevorzugte Locations sind die AGRA in Markkleeberg, die Szene-Kneipe "Sixtina" in der Katharinenstraße, die Moritzbastei und die Parkbühne am Clara-Zetkin-Park. 2012 fand das 21. Treffen, der in schwarz gekleideten Gruftis, statt. Leipzig zeichnet sich auch durch eine Reihe von Spezialläden für mittelalterliche Kleidung, Accessoires und ein umfangreiches Literaturangebot aus.

"Oberster Gerichtshof"

Der erste Oberste Gerichtshof des Deutschen Reiches hatte nach Beschluss des deutschen Reichstages seinen Sitz in Leipzig. In einer Kampfabstimmung siegte Leipzig mit 213 Stimmen vor Berlin mit 142. Bismarck hatte sich für Berlin ausgesprochen. Am 1. Oktober 1879 wurde das Reichsgereicht als oberstes Gericht des Deutschen Reiches für Zivil- und Strafrechtssachen in Leipzig gegründet. Bis dahin besaß Leipzig das Reichsoberhandelsgericht.

Vorreiter des deutschen Strafrechts

Der Leipziger Benedict Carpzov (1595-1666) war der eigentliche Vorreiter des deutschen Strafrechts. Mit der "Practica nova" schuf Carpzov die erste systematische Darstellung des Strafrechts in Deutschland. Sie basierte auf der Grundlage der Spruchpraxis des Leipziger Schöppenstuhls. Er schuf die deutsche gemeinrechtliche Strafrechtswissenschaft. Das Werk Carpzovs erlangte gesetzliche Autorität, die bis ins 18. Jahrhundert währte.

Strafrecht ohne Folter

Die Abschaffung der Folter, die Einführung der Zuchthausstrafe statt Landesverweis, die Übersetzung und Nutzung solcher Begriffe wie "Berufung" für "Appellation" oder "Haft" für "Arrest" u. a. führte zur Einführung deutscher Begriffe in das Gerichtswesen. Sie sind dem Leipziger Karl Ferdinand Hommel (1722-1781), dem bedeutendsten Juristen der Aufklärung, zu verdanken.

Begründer des Institutes für Rechtsgeschichte

1870 nahm die Leipziger Juristische Fakultät die Spitzenposition unter den juristischen Fakultäten im Deutschen Kaiserreich ein. Mit Adolf Wach (1843-1926) an der Spitze besaß Leipzig den einflussreichsten und auch bedeutendsten akademischen Lehrer und Forscher für Zivilprozessrecht des ausgehenden 19. und des beginnenden 20. Jahrhunderts. Adolf Wach ist Begründer des Instituts für Rechtsgeschichte. In aktuellen rechtswissenschaftlichen Veröffentlichungen wird Adolf Wach durch die Bezeichnung "Prozessrechtspapst" eine besondere Ehre erwiesen.

Hülfskasse der Deutschen Rechtsanwälte gegründet

Die "Hülfskasse Deutscher Rechtsanwälte" feierte 2010 ihr 125-jähriges Bestehen. Sie wurde 1885 in Leipzig gegründet und durch Beiträge und Spenden der Rechtsanwaltskammern beim Bundesgericht, in Braunschweig, Hamburg, Köln, Oldenburg und Schleswig-Holstein finanziert. Sie unterstützt die in Not geratenen Rechtsanwälte und deren Angehörige.

13. Frauen, Frauen, Frauen...

Der Beiname "Leipzig – die Wiege der deutschen Frauenbewegung", ergibt sich aus dem von Louise Otto-Peters, Auguste Schmidt, Ottilie von Steyber, Henriette Goldschmidt und anderen Frauen gegründeten 1. Allgemeinen Deutschen Frauenverein im Jahre 1865 und den vielen politischen Aktivitäten, die von Leipzig für Deutschland ausgingen. Es ging um mehr Anerkennung und Gleichberechtigung.

Führende Frau der deutschen Frauenbewegung

Louise Otto-Peters (1819-1895) war nicht nur die erste Frau in Deutschland, die auch nach der Hochzeit ihren Mädchennamen behielt, sondern war auch die führende Frau in der deutschen Frauenbewegung. Sie war Schriftstellerin, Journalistin und Rezensentin und die erste Vorsitzende des Allgemeinen Deutschen Frauenvereins. Sie setzte sich besonders für das Recht der Frauen auf Bildung und Erwerbsarbeit ein. Ihr zu Ehren wurde in Leipzig eine Straße benannt. Im Rosenthal befindet sich ein Denkmal, das an die Wegbereiterin der deutschen Frauenbewegung erinnert. An ihrem Wohnhaus in der Kreuzstraße 3 befindet sich eine Gedenktafel. Der Grabstein der Eheleute befindet sich auf dem Alten Johannesfriedhof. Die Louise-Otto-Peters-Gesellschaft in Leipzig kümmert sich um das Erbe, organisiert regelmäßig Veranstaltungen, führt ein entsprechendes Archiv und sammelt alle Veröffentlichungen von ihr und über sie.

Gründung des Allgemeinen Deutschen Frauenvereins

Im Anschluss an den 1. Deutschen Frauenkongress am 16. Oktober 1865 wurde in Leipzig der Allgemeine Deutsche Frauenverein (ADF) gegründet. Tagungsort war zunächst die Buchhändlerbörse in der Ritterstraße und danach das Schützenhaus. Am Kongress nahmen über 300 Frauen aus ganz Deutschland teil. Bereits 1870 hatte der Frauenverein eine Mitgliederstärke von 10.000 Frauen.

Gründung des ersten Deutschen Frauen-Bildungsvereins

Nur kurz nach der Gründung des Allgemeinen Deutschen Frauenvereins wurde in Leipzig auch der erste deutsche Bildungsverein für Frauen gegründet. Die erste Zusammenkunft fand am 24. Oktober 1865 in der Wohnung Professor Emil Adolf Roßmäßlers und seiner Frau am Königsplatz 9, heute Stadtbibliothek, statt. Gründungsmitglieder waren engagierte Frauen um Louise Otto-Peters. Ziel des Vereins war es, Mädchen und Frauen gleiche Bildungschancen einzuräumen und sie gleichberechtigt am öffentlichen Leben teilhaben zu lassen.

Vorträge, musikalische und rezitatorische Darbietungen sowie die Gründung von Sonntags- und Fortbildungsschulen waren Gegenstand des Vereins.

Die "Grande Dame" der deutschen Schauspielkunst

Friederike Caroline Neuber (1697-1760) gilt als die "Mutter der deutschen Schauspielkunst" und Begründerin eines modernen deutschsprachigen Theaters. Sie war ihrer Zeit voraus. Gemeinsam mit dem großen deutschen Aufklärer Johann Christoph Gottsched (1700-1766) etablierte sie in Leipzig erstmalig ein feststehendes Theaterhaus (Großer Blumberg), führte moderne Formen des Theaters ein, bildete Schauspieler aus, schulte sie künstlerisch, moralisch und verbannte den Hanswurst bzw. Harlekin aus der Theaterszene. Sie führte eine feste Bezahlung ein und kämpfte für die Anerkennung des Schauspielberufes als seriöse Tätigkeit sowie eine bessere Stellung in der Gesellschaft. Während der Inhalt bisher nahezu unwichtig war, ging es ihr nun um Inhalte, die die Zuschauer verstanden. Deshalb führte sie die deutsche Sprache als Theatersprache, anstelle der bisher üblichen französischen, ein. Gemeinsam mit Johann Christian Gottsched machte sie Leipzig zu einem theaterhistorisch bedeutsamen Ort in Deutschland. Ein besonderes Verdienst der Neuberin bestand in der Förderung und Unterstützung junger Autoren, so auch von Gotthold Ephraim Lessing (1729-1781). C. Neuber starb 1760 einsam und verarmt in Laubegast bei Dresden.

Begründerin des historischen Romans

Die Leipzigerin Christiane Benedikte Naubert (1752-1819) ist die Begründerin des historischen Romans in Deutschland. Der älteste historische Roman Europas "Geschichte der Gräfin Thekla von Thurn oder Szenen aus dem Dreißigjährigen Krieg" ist einer von 50 Romanen, die die Autorin schrieb. Auch Leipzig spielt in ihren Romanen eine Rolle. So berichtet sie über die Sage von Tilly im Totengräberhaus zu Leipzig. Der damaligen gesellschaftlichen Rolle angepasst, schrieb Naubert anonym.

Berühmteste sächsische Mundartdichterin

Lene Voigt (1891-1962), Schriftstellerin, ist die deutschlandweit berühmteste Mundartdichterin mit Prosa und Poesie im schönsten Sächsisch. Sie veröffentlichte eine Vielzahl von Artikeln in Zeitungen und Zeitschriften und gab eine Reihe von Büchern zum sächsischen Dialekt, u.a. "Säk`sche Glassigger und Säk´sche Balladen" heraus.

Zunächst im Leipziger Verlag, später im Rowohlt Verlag, wurden und werden Bücher von Lene Voigt veröffentlicht. Regelmäßig werden "Lene-Voigt-Programme" von Leipziger Kabaretts angeboten. Eine Straße und ein spezieller Raum im Leipziger Ratskeller erinnern an die Sächsin, die in Leipzig starb. Seit 1995 gibt es in Leipzig eine "Lene-Voigt-Gesellschaft e.V.", die sich dem Leben und dem Umkreis der Dichterin verpflichtet fühlt. Dazu gibt es jährlich auch einen Vortragswettbewerb für Laien um den Preis "de Gaffeeganne".

Erfolgreichste deutsche Olympionikin bei den Paralympics

Nach einer missglückten Operation an den Bandscheiben war Kay Espenhayn an den Rollstuhl gebunden. Dennoch sah sie das Leben stets positiv und im Schwimmsport eine Möglichkeit, sich selbst zu verwirklichen. Dies änderte sich auch nicht, als sie 1995 durch einen Autounfall weitere Einschränkungen hinnehmen musste. Ihr Lebensmut ist heute Vorbild für viele behinderte Menschen. Unter Anleitung ihres Leipziger Trainers Hanno Mertens (SC DHfK) wurde sie 10-fache Deutsche Meisterin, gewann 6 Titel bei den Europameisterschaften, errang bei den Paralympics 1996 in Atlanta und 2000 in Sydney insgesamt 11 Medaillen, davon dreimal Gold, siebenmal Silber und eine Bronzemedaille. Sie war mehrfache Weltrekordlerin im Sportschwimmen. 1996 wurde sie Sportlerin des Jahres in Sachsen und 2001 als Botschafterin für das Kinderhilfswerk UNICEF gewählt. 2012 erschien ein Buch über die erfolgreiche Sportlerin, die 2002 verstorben ist.

Erfolgreichste Frauen bei Olympia

Leipzigs Frauen sind die erfolgreichsten Sportlerinnen in ganz Deutschland. Sie errangen bei den Olympischen Spielen insgesamt 25 Goldmedaillen. Damit sind sie mit Abstand die Besten im Vergleich deutscher Städte. Zu den "Goldfrauen" zählen Karin Balzer, Dr. Margitta Gummel, Kerstin Müller, Kristina Mundt-Richter, Kay Espenhayn, Anett Schuck, Catherine Bader-Bille, Angelika Bahmann, Bärbel Eckert-Wöckel, Silvia Fröhlich, Ramona Kapheim, Cornelia Klier, Kersten Neisser, Angelika Noack, Romy Saalfeld, Ute Steinhof, Kristin Otto und Silke Hörner-Schuck.

Weltbeste Marathonläuferin aller Zeiten

Die weltweit erfolgreichste Marathonläuferin aller Zeiten ist die Leipzigerin Katrin Dörre (SC DHfK). Sie nahm dreimal an Olympischen Spielen teil und gewann alle großen Marathons dieser Welt. So gewann sie viermal den Lauf von Osaka/Japan, dreimal den Marathon in London und Hamburg, sowie die Läufe in Tokio, New York, Rom, Berlin, Frankfurt/Main, Hiroshima und Atlanta. Das ist einmalig in dieser Disziplin und konnte weltweit von keiner Athletin bisher wiederholt werden.

Olympische Krone für sechs Goldmedaillen

Die Leipzigerin Kristin Otto (SC DHfK) war die erfolgreichste deutsche Olympionikin bei den Olympischen Spielen 1988 in Seoul/Südkorea. Sie errang sechs Goldmedaillen im Schwimmsport. Das IOC zeichnete sie mit der "Olympischen Krone" aus. Weiteres Edelmetall errang sie bei Welt- und Europameisterschaften. Kristin Otto ist seit vielen Jahren als Sportmoderatorin beim ZDF tätig.

Siegreicher Handball

Mit 21 gewonnenen Meisterschaften, siebenfachen Pokalsieger, viermaligem Europacup-Sieger und Supercup-Sieger (2008) ist der Handballclub Leipzig (HCL) mit Abstand der erfolgreichste Frauenhandballverein in Deutschland. Hannelore Zober war 168-fache Nationalspielerin, errang drei Weltmeistertitel (1971, 1975 und 1978), erkämpfte bei Olympia zwei olympische Medaillen (Silber 1976, Bronze 1980) und wurde zweimal Europacupsiegerin im Cup der Landesmeister (1966, 1974). Sie war seinerzeit die mit Abstand weltbeste Torhüterin. Mit ihrer Mannschaft, dem SC Leipzig, erkämpfte sie 10 Titel.

Bestnote für Liebe und Familie

Mit großem Abstand wurde Leipzig (7,1) vor Köln (5,7) und München (5,5) als die Stadt der Liebe ermittelt. Nirgends ist die Sexzufriedenheit größer als in Leipzig. Einer Studie der Zeitschrift "Mens Health" (2011) zufolge, wurden 1.954 Frauen zwischen 18 und 39 Jahren nach ihrer Zufriedenheit mit ihrem Sexleben befragt. Die Frauen konnten sich entscheiden zwischen 1 (überhaupt nicht) bis 10 (absolut zufrieden). Gleiche positive Ergebnisse ergab eine Onlinebefragung der Lego GmbH unter den zwölf größten deutschen Städten. Leipzig gewann mit einer Gesamtnote von 2,7 vor Dresden, Düsseldorf und Bremen, jeweils mit einem Mittelwert von 2,8.

14. Herrscher, Diplomaten und Parteien

Symbolfigur der deutschen Freiheits- und Einheitsbewegung

Robert Blum (1807-1848) war der Abgesandte der Arbeiter des gesamten deutschen Vaterlandes. Von 5.000 Leipzigern war R. Blum auf dem Markt für die Frankfurter Nationalversammlung gewählt worden. Er war überaus populär und ein begnadeter Redner. Er war der Wortführer der deutschen Linken in der Frankfurter Nationalversammlung und Symbolfigur der deutschen Freiheitsgeschichte. In den stürmischen Märztagen von 1848 setzte sich kein Abgeordneter so vehement für die deutsche Einheit ein, wie Robert Blum. Vom Balkon des Alten Rathauses in Leipzig forderte er die Einheit des zerrissenen Vaterlandes. Am 9. November 1848 wurde er in der Brigittenau bei Wien, unter Missachtung seiner Immunität als Mitglied der Deutschen Nationalversammlung, erschossen. Am Leipziger Alten Rathaus erinnert eine Gedenktafel an Robert Blum.

Napoleon und Europas Herrscher auf dem Marktplatz

Das Königshaus am Marktplatz, das den Eingang zur gleichnamigen Passage bildet, wurde 1560 im Renaissancestil (ab 1707 im Barockstil) errichtet und diente von Beginn an als Gästehaus des Leipziger Rates. Jahrhunderte war es das Absteigequartier sächsischer Herrscher und Schauplatz kurfürstlicher Hochzeiten und Feiern. Hier logierten die größten Herrscher der damaligen Zeit, so der russische Zar Peter der Große, der Kurfürst von Sachsen und König von Polen (August der Starke), der Preußenkönig Friedrich II, Schwedens König Karl XII, der französische Kaiser Napoleon Bonaparte u.a. Sie alle standen auf dem Erker des Hauses, wurden mit Salutschüssen und von Menschenmassen auf dem Rathausplatz begrüßt und bejubelt. Überliefert sind die Worte Napoleons bei seiner Verabschiedung vom sächsischen König Friedrich August III, nach seiner Niederlage am 18. Oktober 1813, "Adieu, braves Saxons". Sachsen stand bekanntermaßen auf der Seite Napoleons.

Massenschlacht von welthistorischem Rang

Vom 16. bis zum 19. Oktober 1813 fand die Entscheidungsschlacht zwischen der durch Rheinbundkontingente (polnische, sächsische, badische, württembergische und französische) verstärkten französischen Armee unter Führung Napoleons (210.000 Soldaten) und den verbündeten russischen, preußischen, österreichischen und schwedischen Truppen (310.000 Soldaten) statt. Über eine halbe Millionen Kontrahenten standen sich gegenüber. Es war die bis dahin größte Kriegsschlacht mit tausenden Toten. Für die Befreiung Deutschlands ließen 22.000 Russen, 16.000 Preußen, 14.000 Österreicher und 300 Schweden ihr Leben. Sachsen, das nicht am Wiener Kongress 1815 teilnehmen durfte, sollte völlig ausgelöscht und aufgeteilt werden. Dass es nicht so kam, verdanken die Sachsen Fürst Metternich und dem russischen Vermittler Zar Alexander I. So raubten die Preußen 60 % des sächsischen Territoriums für alle Zeiten. 50% der sächsischen Bevölkerung wurde preußisch. Die Preußen plünderten die Stadtkassen, nahmen Kunst- und Kulturgüter und machten sich durch ihre Brutalität besonders gegenüber den einfachen Menschen unbeliebt. Zum Gedenken an die Opfer der Völkerschlacht werden jedes Jahr Gedenkveranstaltungen, historische Schlachtendarstellungen und Biwaks mit den ehemals beteiligten Nationen durchgeführt. Das Völkerschlachtdenkmal erinnert an die erste große internationale Massenschlacht in der Geschichte der Menschheit. 2013 jährt sich die Völkerschlacht bei Leipzig zum 200. Mal.

Älteste Partei Deutschlands

Keine deutsche Stadt ist so eng mit der freiheitlichen sozialdemokratischen Arbeiterbewegung verbunden wie Leipzig. So hat die älteste Partei Deutschlands, die SPD, ihre Wurzeln in Leipzig. In der Zeit nach der bürgerlich-demokratischen Revolution von 1848 hatte sich Leipzig zum Zentrum der deutschen Arbeiterbewegung entwickelt. Folgerichtig gründete sich in dieser Stadt im Jahre 1863 der "Allgemeine Deutsche Arbeiter-Verein" (ADAV), aus dem später die älteste Partei Deutschlands, die Sozialdemokratische Partei Deutschlands (SPD), hervorging.

Legendäre Sozialdemokraten

August Bebel (1840-1918) und Wilhelm Liebknecht (1826-1900) gehörten zu den legendären Sozialdemokraten, die in Leipzig wirkten. Bebel hatte hier den Arbeiterbildungsverein zum "Leitverein der deutschen Arbeiterbewegung" entwickelt. Anlässlich des 14. Stiftungsfestes des Gewerblichen Bildungsvereins im Jahre 1875 hatte der Festredner Wilhelm Liebknecht den Gästen zugerufen "die Leipziger seien der Bewegung voranmarschiert". Das das in der Historie Leipzigs nicht das letzte Mal war, zeigt die neuere Geschichte.

Der erste Präsident

Ferdinand Lassalle (1825-1864), als erster Präsident des Allgemeinen Deutschen Arbeitervereins in Leipzig gewählt, plädierte für den solidarischen Sozialstaat. Seiner Meinung nach könne nur der garantieren, dass Freiheit nicht allein Freiheit der Mächtigen ist, sondern Freiheit für alle bedeutet. Er gehörte zu den Gründervätern der deutschen Sozialdemokratie, war über viele Jahre Wortführer der Arbeiterbewegung und pflegte enge Kontakte zu Karl Marx und Friedrich Engels. Philosophisch blieb er dem Hegelianismus verbunden. Da er zum Zeitpunkt der 48er Revolution in Haft war, konnte er nicht aktiv daran teilnehmen. Er starb an den Folgen eines privaten Duells.

Erster deutscher Arbeiterbildungsverein

Am 19. Februar 1861 wurde der erste deutsche Arbeiterbildungsverein in Leipzig, in der Lortzingstraße am Rosenthal, gegründet. Aus diesem Verein gingen später hervorragende Persönlichkeiten der frühen Arbeiterbewegung hervor. Zu nennen wären F. Wilhelm Fritzsche, Otto Dammer, Julius Vahlteich und August Bebel. Der Bildungsverein hatte ca. 600 Mitglieder. Dem Verein ging es um die Vermittlung von natur- und gesellschaftswissenschaftlichem Wissen, aber auch um "sittliche Bildung". Daraus entwickelten sich dann später die Arbeiter-Turn-Abteilungen, die Arbeiterchöre und nicht zuletzt die Volkshochschulen.

Verwaltungseliten und Kommunisten gegen Hitler

Carl Goerdeler (1884-1945) Leipzigs Oberbürgermeister bis 1937 und der Wehrmachtsgeneral Friedrich Olbricht (1888-1944) gehörten zur "Gruppe 20. Juli 1944", die das Attentat gegen Hitler geplant hatte und dann scheiterten. Bei einem Erfolg war der Leipziger Goerdeler als deutscher Reichskanzler vorgesehen. Goerdeler wurde am 2. Februar 1945 in Berlin-Plötzensee ermordet und Olbricht gemeinsam mit Oberst Claus Graf von Stauffenberg noch in der Nacht zum 21. Juli im Bendlerblock in Berlin standrechtlich erschossen. Der Leipziger OB war einer der ganz wenigen Vertreter der deutschen Verwaltungseliten, die sich gegen Hitler stellten und mit dem Leben bezahlten. Wesentlichen Anteil am Leipziger Widerstandskampf gegen Hitler hatte auch der Kommunist Georg Schumann (1886-1945), der ebenfalls kurz vor Kriegsende von den Nazis hingerichtet wurde.

Von wahren Helden...

Zwei bürgerliche Revolutionen (1848 und 1918) waren in Deutschland zuvor gescheitert. Mit den fried- lichen Demonstrationen vor und am 9. Oktober 1989 in Leipzig fiel die Entscheidung über das Ende der DDR. Leipzig wurde weltweit als "Heldenstadt" gefeiert. Erst als die politischen Entscheidungen gefallen waren, erschienen die Berliner offen auf der politischen Bühne. Diese Tatsache wird vom letzten amerikanische Botschafter in der DDR, Richard C. Barkley bestätigt, indem er äußerte: "Das, was in Berlin geschah, war nicht so wichtig. Denn die wahre Revolution fand in Leipzig und in Plauen statt."

Katharina II gründete erstes russisches Generalkonsulat

Leipzig hatte in seiner langjährigen Geschichte viele Konsulate und Generalkonsulate in seinen Mauern. Das älteste in Leipzig vertretene Generalkonsulat ist das russische. Es wurde am 30. März 1783 von Katharina II gegründet und währte 225 Jahre.

Russlands Elite studierte in Leipzig

Keine andere deutsche Stadt kann auf eine über Jahrhunderte währende Wirtschafts- und Hochschulbeziehung zu Russland verweisen, wie Leipzig. In der russischen Buch-Neuerscheinung "Russische Welt Leipzigs" wird Leipzig als Kaderschmiede Russlands in den Mittelpunkt gerückt.

Intellektuelle aus nahezu allen akademischen Bereichen, insbesondere der Philosophie, Medizin, Psychologie und Musik besuchten vorzugsweise die Leipziger Universität und die anderen hier ansässigen Hochschulen. Der erste russische Student begann bereits 1531 ein Studium in Leipzig. Alexander Radistschew, ein russischer Aufklärer und Philosoph, kam 1767 an die Leipziger Uni und saß mit Goethe auf einer Bank. Iwan Setschenow, der Begründer der russischen Physiologie, der Neurologe Wladimir Bechterew, der Nobelpreisträger Iwan Pawlow (Theorie für bedingte Reflexe) und der Ethnograph Nikolai Miklucho-Maklaj; sie alle und Hunderte andere folgten dem Ruf der Welt-Universität zur damaligen Zeit. An der Musikhochschule hatten sich die später weltweit berühmten Komponisten Anton Rubinstein, Pjotr Tschaikowsky und Alexandr Skrjabin eingeschrieben. An der ältesten betriebswirtschaftlichen Hochschule der Welt, der Handelshochschule (HHL), lag der Anteil der russischen Studenten am Gesamtkontingent der ausländischen Studenten in den Jahren 1905-1914 bei über 50%. Aber nicht nur die russische Elite traf sich hier. Leipzigs Aufstieg als Weltstadt der Rauchwarenwirtschaft im 19. Jahrhundert war im Wesentlichen mit den engen Handelsbeziehungen zu Russland verbunden. Die edelsten und teuersten Felle kamen aus Sibirien. Mehr als zwei Drittel der russischen Rauchwaren gingen über Leipzig. Systembedingt entwickelten sich die Beziehungen nach 1945 besonders intensiv. Maßgeblich dafür war die Leipziger Messe, der Bau der Erdöltrasse und viele arbeitsteiligen Prozesse in der Wirtschaft. Neben den Wirtschaftsbeziehungen pflegten auch die Leipziger Hochschulen enge Kooperationsbeziehungen mit sowjetischen Universitäten und Hochschulen. Dabei spielte auch der organisierte Studentenaustausch und das Auslandsstudium, besonders mit der damaligen Sowjetunion, eine große Rolle. Hunderte Leipziger absolvierten ein vier bis fünfjähriges Vollstudium in Moskau, Leningrad, Wolgograd, Minsk, Kiew und anderen russischen Universitätsstädten. Erinnert sei daran, dass auch die Bundeskanzlerin ein mehrmonatiges Physik-Praktikum in Moskau absolvierte. Historisch verbürgt ist, dass Zar Alexander I. der mit Fürst Metternich im Rücken, die politische und ökonomische Zerschlagung Sachsens 1815 verhinderte.

Von 100 Studierenden waren 75 Ausländer

Aus dem "Meißner Tageblatt" vom Januar 1904: "Jedem, der einmal zufällig in der Schulstraße vorüberging, als der große Zeiger auf 12 stand, wird es ohne Zweifel aufgefallen sein, wie wenig einheimische Gesichter man unter den Studierenden dieser Hochschule erblickt. Und tatsächlich! Von 100 Studierenden sind 75 Ausländer. Also dreiviertel der Besucher einer deutschen Hochschule stammen aus einem anderen Land! Sieht man von den paar Norwegern, Dänen, Schweden, Rumänen, Österreichern, Tschechen ab, so wird man finden, dass unter den Ausländern wiederum dreiviertel Russen und sogenannte Polen sind. Hat man die Türen von innen geschlossen, so glaubt man sich wie im Zauberschlag in den fernen Osten versetzt. Ein deutsches Wort ist hier ein seltener Laut, und selbst in Warschau hört man mehr deutsch sprechen" (Göschel, Geschichte der HHL).

Zentrum der emigrierten Griechen

Am Ende des 18. Jahrhunderts war Leipzig eine bedeutende Handelsmetropole und gleichzeitig ein Zentrum der nach Deutschland emigrierten Griechen. Die Griechen organisierten sich in dieser Zeit in einer speziellen "Griechischen Gesellschaft". Das im 2. Weltkrieg zerstörte Griechenhaus in der Katharinenstraße war ein Handelshof griechischer Kaufleute, in dem auch griechisch-orthodoxe Gottesdienste stattfanden. Viele Griechen studierten zudem an der Leipziger Universität. Eine Tafel am Haus in der Katharinenstraße 4 erinnert an diese Zeit. Bis 2009 gab es in Leipzig ein griechisches Generalkonsulat.

1875 lebten bereits Menschen aus 54 Ländern in Leipzig

In Leipzig waren Ausländer stets willkommen. Im Jahre 1900 war Leipzig eine der größten deutschen Städte und zählte bereits 456.126 Einwohner. Zu dieser Zeit lebten über 5.000 Ausländer ständig in Leipzig. Chinesen, Russen und Engländer waren meist an der Universität eingeschrieben. Tschechen, Polen und französisch Sprechende arbeiteten in der Industrie, im Handel oder waren als Freiberuflicher tätig. Während der DDR-Zeit lernten, wohnten und arbeiteten Zehntausende Vietnamesen in Leipzig. An der Deutschen Hochschule für Körperkultur studierten Sportler aus 94 Ländern und am Herder-Institut hatten sich bis zur Wende mehr als 10.000 ausländische Studenten eingeschrieben. Im 18. und 19. Jahrhundert studierte die spätere russische Elite nicht in Hamburg oder München, sondern an der Uni Leipzig und in großer Zahlan der ältesten betriebswirtschaftlichen Hochschule Deutschlands, der Handelshochschule Leipzig. Heute kommen an dieser Spezialhochschule für Management rund 60 % aller Studenten aus dem Ausland. Das sind mehr als jede andere Hochschule in Deutschland aufweisen kann.

Hochburg der Freimaurer

Leipzig gilt seit Anfang des 18. Jahrhunderts als Hochburg der Freimaurer-Logen. Sie traten gegen Fanatismus, Kastengeist und Chauvinismus ein und schrieben Freiheit, Gleichheit, Brüderlichkeit, Toleranz und Harmonie auf ihre Fahnen. Sie distanzierten sich sowohl vom Adel als auch vom Klerus. Zur Einweihung des Logenhauses in der Leipziger Elsterstraße 2 trafen sich 800 Freimaurer, davon 200 Auswärtige. Die Abgesandten kamen aus 40 verschiedenen Logen. Viele herausragende Persönlichkeiten Leipzigs gehörten den verschiedenen Logen an. Ohne Freimaurer wäre die Entwicklung Leipzigs zur Kulturstadt kaum möglich gewesen. Die großen Projekte, wie z.B. der Bau der ersten deutschen Ferneisenbahn von Leipzig nach Dresden, wurden maßgeblich von Freimaurern unterstützt. 75 % der Vorstandsmitglieder waren Freimaurer. Eine der größten Freimaurer-Logen Deutschlands war die 1741 in Leipzig gegründete "Minerva zu den drei Palmen", die noch heute in Leipzig aktiv ist. Weitere, in Leipzig ansässige Logen waren "Apollo zu den drei Akazien", "Balduin zur Linde" und "Humboldt". Die Freimaurer sahen in den mittelalterlichen Dombauhütten und deren engem Gemeinschaftsleben eine enge Verbindung. Die Mitglieder der Freimaurer-Logen wurden in symbolischen Zeremonien aufgenommen, wobei ein hoher schwarzer Hut, weiße Handschuhe, Zirkel, Winkelmaß, Kelle und Schurz typische äußere Zeichen waren. Während der NS-Zeit waren die Logen verboten. Nach der Wende wurden wieder mehrere Logen in Leipzig aktiv. Interessant ist auch die Tatsache, dass sich in jedem Jahr zur

Buchmesse in Leipzig Hunderte Logen-Brüder aus der ganzen Welt in den Katakomben des Völkerschlachtdenkmals zur Tempelarbeit treffen. Zwischen 1805 und 1930 gehörten 2.700 Mitglieder allein der Apollo-Loge an. Darunter vor allem Mediziner, Hochschullehrer, Industrielle, Musiker, Schriftsteller, Verleger und Drucker. Berühmte Freimaurer waren J. F. Blüthner (Klavierbau), C. R. Bromme (1. Deutscher Flottenadmiral), E. K. Heine (Industrieller), C. E. Mey (Erstes Versandhaus) und C. Thieme (Völkerschlachtdenkmal). Im April 2012 erhielt der Leipziger Gewandhauskapellmeister Kurt Masur den "Kulturpreis der Deutschen Freimaurer". Zu den bisher Ausgezeichneten gehörten u.a. Lew Kopelew, Reiner Kunze und Yehudi Menuhin.

Freimaurer und die "48er Revolution"

Führende Vertreter der bürgerlichen Revolution von 1848 waren Leipziger Freimaurer. Zu ihnen gehörten solche fortschrittlichen Logen-Brüder wie Robert Blum, Johann Gottlieb Fichte, Johann Jacob Weber, Rudolf Richard Fischer, Ernst Keil und Anton Philipp Reclam. Letztere kämpften gemeinsam mit 17 weiteren Buchhändlern für die Pressefreiheit in Deutschland. Nach der verlorenen Revolution wurden sie über Jahrzehnte verfolgt, ins Gefängnis gesteckt oder aus der Uni geworfen.

15. Journalisten, Klatsch und Zeitungen

Printmedien haben ihre wahre Heimat in Leipzig

Wo und was wären deutsche Journalisten von Stern, Spiegel, Focus, Frankfurter Allgemeine, Süddeutsche Zeitung, Bild, Berliner Zeitung, LVZ und anderen, ohne die Erfahrungen und Erkenntnisse der Leipziger Zeitungswissenschaft. Aus Leipzig kamen: die erste Tageszeitung der Welt, das erste Massenblatt der Welt (Gartenlaube), die erste Illustrierte Zeitung, die erste Wissenschaftszeitung, die erste Sportzeitung, die erste Frauenzeitung, die erste Musikzeitung, die erste Kinderzeitschrift, das weltweit erste Institut für Zeitungswissenschaft an einer Universität, die erste Dissertation über Zeitungen und die erste universitäre Ausbildung mit Universitätsdiplom für Journalisten. Mit Felix Melchior Baron von Grimm hatte Leipzig den ersten Journalisten und Kunstkritiker von europäischem Rang. Als Krönung stellte Johann Jacob Weber (1803-1880) das erste wissenschaftlich geordnete Presseverzeichnis für ganz Deutschland zusammen. Die meisten überregionalen Printmedien hatten ihren Gründungs-, Verlags- und Ersterscheinungsort in Leipzig. Einen "Kniefall" jedes deutschen Nachwuchsjournalisten vor Leipzig und seinem Beitrag zum Journalismus in Deutschland wäre eigentlich das Mindeste. Umso respektloser und arroganter erscheint deshalb die Tatsache, dass Leipzigs zugereiste Uni-Professoren der Kommunikations- und Medienwissenschaften im Jahre 2011/12 beabsichtigten, die weltweit einmalige Leipziger Tradition der Zeitungswissenschaft teilweise zu kippen.

Erste Tageszeitung der Welt

Die erste Tageszeitung der Welt erschien am 1. Juli 1650 in Leipzig. Sie hieß "Einkommende Zeitungen" und erschien sechs Mal pro Woche. Der Umfang dieser Tageszeitung betrug 4 Seiten, in einzelnen Fällen auch mehr. Von Leipzig aus eroberte der Zeitungsdruck später die ganze Welt. Erst viele Jahre danach erschienen Tageszeitungen in Paris, London, Berlin, Köln und Kopenhagen. Die Zeitung hatte schon damals Korrespondenten in ganz Europa und versorgte die Leser mit aktuellen Nachrichten. Drucker dieser neuen Zeitung war Timotheus Ritzsch. Die Druckerei des weltweit ersten Blattes befand sich in "Oelsners Hof", im unmittelbaren Zentrum Leipzigs. In diesem riesigen City-Quartier wurde viel später (1748) G.E. Lessings (1729-1781) Erstlingswerk "Der junge Gelehrte" aufgeführt. Ein Original dieser Leipziger Ur-Zeitung befindet sich in der Schwedischen Nationalbibliothek.

Erstes wissenschaftlich geordnetes Presseverzeichnis

Johann Jacob Weber (1803-1880) gab 1841 mit dem "Leipziger Zeitungs-Katalog" das erste wissenschaftlich geordnete Presseverzeichnis in Deutschland für Journalisten heraus.

Darüber hinaus erschienen in den Jahren 1836 bis 1841 zweimal im Jahr Keils "Biographische Jahrbücher". Auch die waren speziell für die Journalisten sehr wertvoll, da die Jahrbücher, bedingt durch katastrophale Zersplitterung Deutschlands in viele Kleinstaaten, einen Überblick für die gesamte deutsche Journalistenschar schufen.

"Die Gartenlaube": Erstes Massenblatt

Deutschlands beliebtestes Familienblatt und erste Zeitschrift mit einer Massenauflage, war die "Gartenlaube". Als Vorläufer aller heutigen "Bunten Blätter" wurde sie 1853 in der Leipziger Königstraße (Goldschmidtstr. 33/Ecke Talstraße) von Ernst Keil (1816-1878) gegründet, gedruckt und herausgegeben. Da sie eine Auflage von ca. 400.000 Exemplaren hatte, davon allein 100. 000 Abonnenten, als gemeinsame Familienlektüre genutzt, in allen Cafés und zahlreichen Leihbibliotheken auslag, kann von einer Leserschaft von über einer Millionen ausgegangen werden. Das Verlagshaus von Ernst Keil, im neoklassizistischen Stil errichtet, wurde 2011 in vorbildlicher Weise vom Leipziger Bausanierer KSW denkmalsgerecht restauriert.

Erste deutsche "Illustrierte Zeitung"

Die erste deutsche "Illustrierte Zeitung" Deutschlands erschien am 1. Juli 1843 in Leipzig. Johann Jacob Weber (1803-1880) war der Herausgeber dieser ersten deutschen Wochenzeitschrift, die bereits nach einem Jahr eine Auflage von 12.000 Exemplaren hatte. Damit war Weber der Begründer der illustrierten Presse in Deutschland. Er gab sie als Wochenzeitung mit vielen Bildern heraus. Zu den Autoren zählte auch Richard Wagner. Wie viele aufgeklärte Menschen dieser Zeit, war auch Weber ein Freimaurer und gehörte der Leipziger Loge "Minerva zu den drei Palmen" an. Zu weiteren illustrierten Publikationen von Jacob Weber gehörte der "Illustrierte Kalender", und die Reihe der "Illustrierten Katechismen". Hier war man bemüht, viele Wissensgebiete anzusprechen und gleichzeitig in anschaulicher Weise den Lesern zu vermitteln. Gemeinsam mit Friedrich List (1789-1846) gab Weber auch das "Nationalmagazin für Erfindungen, Entdeckungen und Fortschritt in Handel und Gewerbe" heraus.

Freimaurer mit erster Zeitung

Rudolf Richard Fischer (1801-1855), ein Mitglied der Loge "Apollo zu den drei Akazien" gab in Leipzig 1847 die deutschlandweit erste "Freimaurer-Zeitung" heraus. Diese Zeitung existierte über 50 Jahre, bis 1909. Sie war in jener Zeit besonders wichtig, bildete sie doch ein Gegenpol zu den reaktionären Bewegungen innerhalb der katholischen Kirche, die versuchte, alte Herrschaftsverhältnisse wieder herzustellen und die Herrschaft des Papstes und der katholischen Kirche über alles zu stellen. Dies war für Leipzig insbesondere suspekt, da Sachsen das Mutterland der Reformation ist und sie hier in Leipzig ihren Anfang nahm.

Erste deutsche Privatpresse

Wie nicht anders zu erwarten in dieser Zeit, ist es wieder ein Leipziger, Carl Ernst Poeschel (1874-1944), der gemeinsam mit seinem Jugendfreund Walter Tiemann, von 1907-1923 die erste Privatpresse, die "Janus-Presse", in Leipzig betrieb. Ernst Poeschel, Buchdrucker, Typograph und Verleger wurde in Leipzig im Graphischen Viertel geboren, im selben Haus in dem auch der spätere Insel-Verleger Anton Kippenberg (1874-1950) wohnte. Poeschel hatte Jahre in den USA und in England gelebt, um den dortigen Buchdruck, das Verlagswesen und die Geschäftspraktiken kennen zu lernen. 1904 gab er sein Buch "Zeitgemäße Buchdruckerkunst" heraus. Den vom Vater übernommenen Verlag "Offizin Poeschel & Trepte" in Leipzig entwickelte er zu einer der führenden Druckereien Deutschlands.

Größte deutsche Tageszeitung

1892 gründete Edgar Julius Herfurth (1865-1950) in Leipzig die Firma "Edgar Herfurth & Co". Er übernahm mit der Gründung des Verlages die "Leipziger Nachrichten" und benannte sie in "Leipziger Neuste Nachrichten und Handelszeitung" um. Im Jahre 1939 betrug die Auflagenhöhe 200.000 Exemplare. Damit war sie die größte deutsche Tageszeitung außerhalb Berlins. Ab den zwanziger Jahren des 20. Jahrhunderts gab der Verlag weitere Zeitungen, wie die "Leipziger Abendpost", die "Leipziger Weltmesse", den "Schwimmer" und den "Sport-Sonntag" heraus. Nach 1945 wurde die Familie enteignet.

Zeitung der ältesten deutschen Volkspartei

Die Leipziger Volkszeitung war von Anfang an das Organ der deutschen Sozialdemokratie, deren 1. Ausgabe (Probenummer) am 29. September 1894 erschien und ab 1.10. 1894 den Namen "Leipziger Volkszeitung" trug. Erster Chefredakteur war Bruno Schoenlang (1859-1901). Die LVZ gehörte bald zu den führenden und modernsten Tageszeitungen Deutschlands und war über Jahrzehnte das Sprachrohr der deutschen Sozialdemokratie. Zu den späteren Chefredakteuren gehörte auch Franz Mehring (1846-1919). Mit der Machtübernahme der Nationalsozialisten 1933 wurde sie verboten. Von 1946 bis 1990 war die LVZ das Organ der SED für den Bezirk Westsachsen. Seit 1991 ist die LVZ ein Tochterunternehmen der Verlagshäuser Madsack und Axel Springer. Die LVZ mit ihrer langen Tradition zählt nach wie vor zu den großen Tageszeitungen in Deutschland.

Erste proletarische deutsche Zeitung

Der Leipziger Buchdrucker Oskar Skrobek gab am 1. Mai 1848 die erste proletarische Zeitung "Leipziger Abendzeitung" heraus. Gleichzeitig wurde die erste proletarische Vereinsdruckerei durch den Buchdrucker Moritz Kretschmar und den Schriftsetzer Karl Gangloff gegründet.

Für den "Leuchtturm" ins Gefängnis

"Der Leuchtturm" war eine Monatszeitschrift, die ebenfalls vom Leipziger Verleger Ernst Keil (1816-1878) herausgegeben wurde und der Verbreitung der Ideale der Revolution von 1848/49 diente. Sie wurde 1851 verboten und Ernst Keil als Staatsfeind zu neun Jahren Festungshaft verurteilt. Er verbüßte diese Zeit auf der Hubertusburg.

Erste gesamtrussische Zeitung

"Iskra"(Der Funke) war die erste gesamtrussische Zeitung. Sie war das Organ der Sozialdemokratischen Arbeiterpartei Russlands (SDAPR), benannt nach dem Leitspruch der Dekrabisten "Aus dem Funken wird die Flamme schlagen". Sie wurde von W. I. Lenin (1870-1924) gegründet, geleitet und als Mittel zur Verbindung der zersplitterten sozialdemokratischen Organisationen Russlands genutzt. Die "Iskra" erschien erstmals im Dezember 1900 in Leipzig. Später wurde sie in München, London und Genf herausgegeben. Die "Iskra" gab es bis 1905. Bis 1990 existierte die ehemalige "Iskra-Druckerei" als Erinnerungsstätte in Leipzig-Probstheida. Zur Wende wurde sie von "politischen Maschinenstürmern" der Stadt entsorgt.

Erste bulgarische Zeitung

Die erste bulgarische Zeitung erschien am 20. April 1846 enefalls in Leipzig. Der Titel hieß "Bulgarischer Adler" und der Herausgeber war Iwan Bogorow. Der Druck erfolgte im berühmten Leipziger Verlagshaus "Breitkopf & Härtel".

Erste wissenschaftliche Zeitschrift

Die erste wissenschaftliche Zeitschrift Deutschlands, eine Gelehrtenschrift, herausgegeben von Leipziger Uni-Professoren nannte sich "Acta Eruditorum" (lat. Berichte, Taten der Gelehrten). Sie wurde vom Leipziger Gelehrten Otto Mencke (1644-1707) im Jahre 1682 gegründet und als Monatshefte in Latein herausgegeben. Der Schwerpunkt der Veröffentlichungen lag auf den Naturwissenschaften und der Mathematik. Die Zeitschrift erschien 100 Jahre.

Erste wissenschaftliche Zeitschrift in deutscher Sprache

Die erste wissenschaftliche Zeitschrift in Deutschland, die im Gegensatz zur "Acta Eruditorum" in deutscher Sprache und damit für alle sozialen Gruppen lesbar war, hieß "Monatsgespräche" und wurde vom Leipziger Uniprofessor Christian Thomasius (1655-1728) im Jahre 1688 herausgegeben. Pro Jahr erschienen zwölf Ausgaben. Er trat lautstark für die Trennung von Staat und Kirche ein. Damit machte er sich auch am Dresdner Hof Gegner. Nach Lehr- und Publikationsverbot floh er ins benachbarte Halle/Saale und gründete 1694 gemeinsam mit Christian Wolf (1679-1754) und August Hermann Franke (1663-1727) die dortige Alma mater, die sich zu einer fortschrittlichsten Universitäten der damaligen Zeit entwickelte.

Weltweit erste Zeitschrift für Mathematik

Carl Friedrich Hindenburg (1741-1808) war Professor an der Uni Leipzig für Mathematik, Philosophie und Physik. Hindenburg gilt als Erfinder der kombinatorischen Analyse. Gemeinsam mit J. Bernoulli gab er die weltweit erste mathematische Fachzeitschrift "Das Leipziger Magazin für reine und angewandte Mathematik" heraus.

Erste homöopathische Zeitung weltweit

Die erste homöoapathische Zeitung wurde in Leipzig von Willmar Schwabe (1839-1917) herausgegeben. Schwabe hatte an der Universität Leipzig Medizin studiert und wurde während des Studiums mit den Erkenntnissen Hahnemanns (1755-1843) vertraut gemacht. Er besaß ein eigenes homöopathisches Unternehmen, mehrere Apotheken und war gleichzeitig Verleger. Von 1892-1904 war er Vorsitzender der "Ortskrankenkasse für Leipzig und Umgebung". In Würdigung seiner Leistungen wurde in Leipzig eine Straße nach ihm benannt.

Nur für Frauen

Louise Otto-Peters (1819-1895), Schriftstellerin und Frauenrechtlerin, gründete 1849 die deutschlandweit erste Frauenzeitung. Sie trug den Titel: "Die Frauenzeitung. Ein Organ für die höheren weiblichen Interessen." Das Motto der Zeitung lautete: "Dem Reich der Freiheit werb` ich Bürgerinnen." Die Zeitung wurde später verboten und entsprechend einem neuen Pressegesetz nur noch Männern gestattet, eine Redaktion zu leiten. Ab 1866 gab der Allgemeine Deutsche Frauenverein unter Leitung von Auguste Schmidt und Louise Otto-Peters die ADF-Zweiwochenzeitschrift "Neue Bahnen" heraus. Die Zeitung erschien bis zum Tode von Louise Otto-Peters im Jahre 1895. Originalexemplare der ADF-Zeitung "Neue Bahnen" befinden sich im Louise-Otto-Peters-Archiv in Leipzig.

Erste Musikzeitschrift der Welt

Der Musikverlag Breitkopf & Härtel gab in Leipzig 1798 die "Allgemeine Musikalische Zeitung" heraus. Mit dieser Zeitschrift entwickelte sich der Verlag zum größten Musikverlag der Welt. J. Wolfgang von Goethe nannte den Verlag "eine Anstalt, welche den Beifall eines jeden Kunstfreundes verdient. Auch Maria von Weber lobte den Verlag in höchsten Tönen, als er an den Redakteur schrieb: "Ich versichere Sie auf Ehre, dass Sie, nur Sie derjenige sind, um dessen hohen Verdiensten um die Kunst willen kein anderes Blatt erschienen ist."

Weltweit erste "Zeitschrift für Musikinstrumentenbau"

1839 gründete der Instrumenten-Sammler Paul de Witt (1852-1925) die weltweit erste "Zeitschrift für Instrumentenbau" in Leipzig. Die Redaktion hatte ihren Sitz im Bosehaus. Georg Heinrich Bose (1682-1731) war Gold- und Silberwarenhändler und besaß eine bedeutende Kunstsammlung. Bis zu de Witts Tod im Jahre 1925 war das Haus Treffpunkt für Instrumentenbauer, Künstler und Verleger.

"Neue Zeitschrift für Musik"

Der Komponist Robert Schumann (1810-1856) gründete 1834 in Leipzig die "Neue Zeitschrift für Musik". Er arbeitete als Redakteur und Leiter dieser Zeitschrift von 1834 bis 1844 mit großer Leidenschaft für die Musik L.van Beethovens, F. Schuberts, F. Mendelssohn Bartholdys, F. Chopins und H. Berlioz. Beiträge für die Zeitschrift Schumanns lieferte neben vielen anderen auch Richard Wagner.

Begründer der Kinderzeitschrift

Christian Felix Weiße (1726-1804), Aufklärer, Schriftsteller und Pädagoge, der auch von 1745-1750 an der Uni Leipzig studiert hatte, gilt als Begründer der Kinder- und Jugendliteratur in Deutschland. Weiße, der zum engeren Freundeskreis Friedrich Schillers gehörte, gab neben seiner Lyrik und seinen Dramen in Leipzig auch die erste deutsche Kinderzeitschrift "Der Kinderfreund" heraus, die in 24 Bänden von 1775-1782 erschienen. Aus Weißes Gedicht "Der Aufschub" stammt das geflügelte Wort "Morgen, morgen, nur nicht heute".Christian Weißes Grab befindet sich in Leipzig auf dem Alten Johannesfriedhof.

Erste Sportzeitung

1856 erschien in Leipzig die erste bedeutende Zeitung in Deutschland, die sich mit dem Thema Sport in seiner Gesamtheit beschäftigte. Es war die erste Ausgabe der "Deutschen Turn-Zeitung", die sich zum Zentralorgan der deutschen Turnbewegung entwickelte. Herausgeber war der Verleger Ernst Keil, der bereits mit der "Gartenlaube" das erste Massenblatt und die erste spezielle Unterhaltungszeitung (Sonntagszeitung) Deutschlands herausgab.

Erste Schachzeitung

1846 erschien in Leipzig, dem Gründungsort des deutschen Schachverbandes, auch die erste deutsche Schachzeitung. Einen hohen Anteil an der Verbreitung des Schachspiels in Deutschland, speziell unter den Arbeitern, hatte der 1912 gegründete Deutsche Arbeiterschachbund (DAS). Der erste Redakteur war Ludwig Bledow.

Erste deutsche Arbeiter-Turn-Zeitung

1893 wurde in Leipzig der "Arbeiter-Turnerbund" gegründet und parallel dazu die "Arbeiter-Turn-Zeitung" in Leipzig herausgegeben. Die "Arbeiter-Turnzeitung" war ein Organ, das für die Interessen der volkstümlichen Turnerei stand.

Erste illustrierte Zeitschrift für körperliche Erziehung

Die deutschlandweit erste illustrierte Zeitschrift für körperliche Erziehung wurde 1913 in Leipzig herausgegeben. Sie nannte sich "Jugend und Sport" und erschien im Vorfeld des 12. Deutschen Turnfestes, das ebenfalls in Leipzig stattfand.

Erste Kanu-Zeitschrift

Die Zeitschrift "Leipzig. Eine Monatszeitschrift" erschien 1927 als erste Kanu-Zeitschrift in Deutschland und berichtete über die Geschichte und aktuelle Themen des Kanusports.

Erste Golfzeitung

Der Leipziger Bernhard von Limburger gründete 1925 in Leipzig den "Deutscher Golfverlag" und gab im gleichen Jahr auch eine spezielle Golfzeitung mit dem Titel "Golf" heraus. Diese Zeitschrift wurde wenig später das offizielle Organ des Deutschen Golf-Verbandes. Von Limburger veröffentliche darüber hinaus eine Reihe von Golfbüchern sowohl für Anfänger als auch für Fortgeschrittene.

Fußball-Radio geht auf Sendung

Das erste und einzige private Fußballradio mit Namen "90elf", in Anlehnung an die üblichen 90 Minuten Spielzeit und den 11 zu einer Mannschaft gehörenden Spielern existiert seit 2008. "90elf" ist ein privater Hörfunk-Sender und gehört zum Radiounternehmen REGIO-CAST DIGITAL GmbH. "90elf" wurde inzwischen mit dem "New Yorker Radiopreis" und dem "Deutschen Radiopreis" ausgezeichnet. Zu den Angeboten des Fußball-Radios gehören Bundesliga, DFB-Pokal, Champions League, Europa League, Bolzplatz und Fußball-Taktik-Show. Fast zwei Millionen Hörerkontakte pro Woche kann der Sender aufweisen. "90elf" ist das Gegenmodell zum Pay-TV, kostenlos und damit für jedermann hörbar.

Erste Briefmarkenzeitung

Der Leipziger Hugo Krötzsch (1858-1937), ein Verleger philatelistischer Literatur, Briefmarkenprüfer, Briefmarkenhändler, Kenner altdeutscher Marken, war auch Herausgeber der ersten deutschen Briefmarkenzeitung in der Zeit von 1896-1919. Ab 1894 veröffentlichte er auch die "Vierteljahres-Beiträge zum philatelistischen Permanent-Sammelwerk".

Erste akademische Ausbildung für Journalisten

Es gibt keine Universität in Deutschland, die mit einer derart hohen Zahl an Neugründungen wissenschaftlicher Institute aufwarten kann, wie die Uni Leipzig. Das Deutsche Institut für Zeitungskunde wurde am 1. November 1916 an der Universität in Leipzig gegründet. Es war damit das erste Institut für Zeitungskunde in Deutschland. Ihr Gründer hieß Prof. Karl Bücher (1847-1930), ein Nationalökonom und Journalist. Dieses "Institut für Zeitungskunde" bot 1916 als erstes im Deutschen Reich eine akademische Ausbildung für Journalisten an. Das von Karl Blücher im Jahre 1910 aufgestellte Gesetz der Massenproduktion ist auch heute noch von Bedeutung. Aktuell bietet die Universität Leipzig einen praxisorientierten und deutschlandweit einmaligen Studiengang "Master Journalistik mit integriertem Volontariat". Während des Studiums können sich die Studenten dann für Spezialisierungsrichtungen Print, Hörfunk, Fernsehen und Online entscheiden.

Erster deutscher Journalist von europäischem Rang

Friedrich Melchior Grimm (1723-1807), der erste deutsche Journalist und Kunstkritiker von europäischem Rang erhielt seine akademische Journalistenausbildung (1742-1745) an der Alma mater Lipsiensis. Grimm, der zeitweise in Paris lebte, hier Zugang zu berühmten Salons und Zirkeln hatte und mit den führenden Gelehrten seiner Zeit kommunizierte, war auch Herausgeber und Autor der elitären Zeitschrift "Correspondance litteraire", die vor allem in Adelshäusern und Diplomatenkreisen bis zu den europäischen Herrscherhäusern gelesen wurde.

Erste deutsche zeitungswissenschaftliche Dissertation

Die erste zeitungswissenschaftliche Dissertation, De Relationibus Novellius (dt. "Über Zeitungsberichte"), wurde an der Uni Leipzig verteidigt und 1690 veröffentlicht. Einreicher der Promotionsschrift war Tobias Peucer. Er untersuchte in seiner Arbeit den wissenschaftlichen Nutzen der Zeitungslektüre, speziell für Historiker.

16. Kaffee, Huren, Revoluzzer

300 jährige Kaffee-Kultur

Die Sachsen und die Leipziger ganz speziell, haben ein inniges Verhältnis zum Kaffee, zu Kaffeehäusern und Cafés. Sie können auf eine über 300 jährige Kaffee-Kultur zurück blicken. Schon 1670 waren Kaffeebohnen nach Leipzig gekommen. Kursächsische Soldaten, die in Ungarn gegen die Türken gekämpft hatten, brachten gewissermaßen als "Kriegsbeute" Kaffee mit nach Leipzig. Das Bürgertum vor Ort war sofort von dem braunen Muntermacher hellauf begeistert.

Die Huren und die erste deutsche Kaffeehausordnung

1697 verfasste der Leipziger Rat die erste deutsche Kaffeehausordnung. Grund dafür war, dass im letzten Drittel des 17. Jahrhunderts in Leipzig die Kaffeehäuser wie Pilze aus der Erde schossen und man mit dieser Ordnung nicht nur die Qualität des Kaffees ("Bliemchenkaffee") und des Kaffeeausschanks sichern, vor allem aber den unmoralischen Ausschweifungen begegnen wollte. Dazu gehörten Glücksspiele und "Kaffeesatzlesen". Große Sorge bereitete weniger den Wirten als vielmehr den Leipziger Ratsherren die umtriebigen und "liederlichen Weiber", denn seit dem Mittelalter bis zum Ende des 19. Jahrhunderts war Leipzig auch eine Hochburg der Dirnen. Die große Zahl an Prostituierten lockte zwar zum Vergnügen der Wirte das männliche Publikum verstärkt in die Kaffeehäuser, erhöhte damit auch den Umsatz, gleichzeitig störte es aber mehr und mehr den Ehefrieden, sodass sich der Rat der Stadt gezwungen sah, eine derartige "Kaffeehaus-Ordnung" einzuführen.

Deutsche Musiker und Dichter huldigten Leipziger Kaffeehäuser

Leipzig kann sich wie keine andere Stadt in Deutschland rühmen, das die größten Deutschen, Johann Sebastian Bach als Musiker sowie Johann Wolfgang von Goethe und Friedrich Schiller als Poeten, inspiriert von wunderbaren Leipziger Kaffeehäusern, den Kaffee in so gegenständlicher Form huldigten und ihm ein Denkmal setzten. So schrieb Bach in Leipzig seine "Kaffeehaus-Kantate" (Text: Chr. Fr. Henrici) und Goethe veröffentlichte seine "Ode an den Kuchen-Bäcker Händel", der in Leipzig-Reudnitz seine Bäckerei hatte.

Ältestes dauerhaft betriebenes Kaffeehaus

Zu den ältesten dauerhaft betriebenen Kaffeehäusern Europas zählt das Cafe "Zum Arabischen Coffé Baum" in Leipzig. Gemeinsam mit dem Café Procope in Paris ist es gar das älteste in Europa, das bis heute dauerhaft bewirtschaftet wird. Der Originalbau, von Anfang an ein Kaffeehaus, stammt aus dem 18. Jahrhundert. Heute kann man im 2. Stock des Hauses seinen Kaffee entweder in einem "Café francais", einem "Wiener Café" oder einem "Arabischem Café" genießen. Das Gebäude des "Coffé Baum" existiert bereits seit 1556. Als Lehmanns-Kaffeehaus wird es 1694 erstmals erwähnt und 1711 erfolgte die Genehmigung zum Kaffee-Ausschank. In Kombination mit dem weltweit einzigen Kaffeemuseum findet man derartiges nirgendwo auf der Welt. Kaffeekultur und Kaffeehausgeschichte sind hier in besonderem Maße genieß- und erlebbar.

Einzigartige Kaffeehaus-Portalplastik

Es gibt weltweit keine vergleichbare und derart künstlerisch gestaltete Portalplastik, kein so wunderbares Motiv, das auf die Funktion des Hauses aufmerksam macht. Die vergoldete barocke Portalplastik zeigt seit 1719/20 einen prächtig herausgeputzten kleinen Osmanen mit einer großen Kaffeekanne unter einem Kaffeebaum liegend, der einem Putto/Amor einen "Schälchen Heeßen" reicht. Es ist zugleich ein Haus- und Gewerbezeichen, wenn man so will, ein Logo oder Haussignet. Als Dank für erwiesene Liebesdienste soll der Kurfürst von Sachsen und König von Polen, Friedrich August (August der Starke) der Wirtin "Zum Arabischen Coffé Baum" dieses einmalige Geschenk gemacht haben.

Kaffeehaus mit größter Gästeliste berühmter Namen

Es gibt deutschlandweit kein Café, wie das "Zum Arabischen Coffé Baum", das auf seiner Besucherliste eine derartige Konzentration von bekannten Politikern, berühmten Schriftstellern, Wissenschaftlern, Musikern, Künstlern und Sportlern nachweisen kann. Hier kehrten die Bundeskanzler Kohl, Schröder, Merkel sowie Staatspräsident Putin ein. Hier tranken der französische Kaiser Napoleon Bonaparte, der König von Polen und Kurfürst von Sachsen, Friedrich August, der russische Zar Peter I, der Preußenkönig Friedrich II, der Schwedenkönig Karl XII, Gotthold Ephraim Lessing, Christian Gottsched, Georg Büchner, Richard Wagner, Robert Schumann und Clara Wieck-Schumann, Georg Philipp Telemann, Herbert von Karajan, Kurt Masur, Erich Kästner, Werner Heisenberg, Heinz Rühmann, die Davidsbündler, Ernst Bloch, Ernst Meier und Generationen von bedeutenden deutschen Malern der "Alten und Neuen Leipziger Schule" ihren "Schälchen Heeßen". Seit mehreren hundert Jahren verkehren Rektoren, Prorektoren, Professoren und Studenten der Universität Leipzig in ihrem Kaffeehaus, ließen die Seele baumeln und schwadronierten über Gott und die Welt.

Elegantestes Café

Deutschlands elegantestes Café stand am Leipziger Augustusplatz, am Eingang zur Grimmaischen Straße. Besitzer war Wilhelm Felsche (1798-1867), der auch einer Schokoladen-Fabrik vorstand. Felsche hatte sich von Pariser Cafés inspirieren lassen und 1835 dieses prachtvolle Kaffeehaus errichtet. Hier trafen sich nur die Spitzen der Gesellschaft, alles war vom Feinsten, sodass das Haus auch öfters von den weniger Begüterten attackiert wurde. Das Café Felsche hieß bis 1914 "Café Francais". Mit Ausbruch des 1. Weltkrieges musste alles französisch oder englisch Klingende aus dem deutschen Sprachgebrauch verschwinden. Im 2. Weltkrieg wurde es durch anglo-amerikanische Bomben zerstört.

Das "Richtersche Kaffeehaus" und Friedrich Schiller

Ein weiteres, europaweit berühmtes Leipziger Café am Ende des 18. Jahrhunderts war das "Richtersche Kaffeehaus" in der Katharinenstraße/Ecke Brühl. Bis zu 600 Gäste sollen es täglich gewesen sein (H. Stingl). Tausende von Messegästen, darunter Händler aus allen Kontinenten, trugen seinen Ruf hinaus in die Welt. Von Friedrich Schiller, der nicht nur wegen des herrlichen Getränks hier war, ist überliefert: "Meine angenehmste Erholung ist bisher gewesen, Richters Kaffee-Hauß zu besuchen, wo ich immer die halbe Welt beisammen finde, und meine Bekanntschaften mit Einheimischen und Fremden erweitere."

Weltweit erste Kaffeehaus-Musiker

Während Georg Philipp Telemann (1681-1767) und sein Collegium Musicum (1703 in Leipzig gegründet) in den Kaffeehäusern am Markt musizierten, zog es J. S. Bach über nahezu Jahrzehnte in das "Zimmermannsche Kaffeehaus" in die Katharinenstraße (Tafel am Haus). Bach unterhielt die Gäste des Hauses zweimal pro Woche. Nicht nur Bach, auch viele andere Sachsen schrieben unzählige Kaffeelobgesänge in dieser Zeit. Selbst ein Kanon durfte nicht fehlen: "C-A-F-F-E-E, trink nicht so viel Kaffee…" Bachs Kaffeekantate bildete gewissermaßen den Höhepunkt der Leipziger Kaffeehausmusiken im 18. Jahrhundert. Sie gehört heute zum Weltmusikerbe.

Größte Dichte von Cafés

Mit über 40 Cafés (!!!) in einem Umfeld von einem Quadratkilometer umfassenden Zentrum hat Leipzig die größte Kaffeehausdichte Deutschlands. Das sind, gemessen an dieser Fläche, erheblich mehr Cafés als Wien im unmittelbaren Zentrum aufzuweisen hat. Zu den bekanntesten Leipziger Cafés in diesem Quartier gehören: "Zum Arabischen Coffé Baum", "Riquet-Café", "Café Kandler" (Specks Hof und Thomas-Kirchhof), "Café Corso", "Bach-Kaffee", "Café Alte Nikolaischule", "Café Mephisto" "Café Richter" und das "Café Grundmann".

Erstes und einziges Kaffeemuseum

Einzigartig für Deutschland ist das Kaffee-Museum. Es ist Bestandteil des "Coffé Baums" und zeigt die 300 jährige sächsische, speziell die Leipziger Kulturgeschichte des Kaffees. Auf drei Etagen, in 15 Räumen mit etwa 500 Exponaten, wird u.a. an "den Erlass der ersten deutschen Kaffeehaus-Ordnung von 1697 durch den Leipziger Rat" erinnert und Videos zur Kaffeegewinnung gezeigt, auch im Zusammenhang mit dem gerade erfundenen Meißner Porzellan. Bachs Kaffekantate von 1734 "Schweiget stille, plaudert nicht" und "Ey, wie schmeckt der Coffee süsse, lieblicher als tausend Küsse", sind hier in Bild und Ton zu sehen und zu hören. Vom "Kaffee-Mörser" bis zur berühmten "Schoß-Mühle" ist alles vor Ort, selbst die Logen der Freimaurer in den Cafés sind interessant und anschaulich dargestellt.

Einzige hauptberuflich tätige Kaffeehistorikerin

Mit Frau Ulla Heise, Kunsthistorikerin, besitzt Leipzig die bundesweit bekannteste und einzige hauptberuflich tätige Kaffeehistorikerin Europas. Sie hat mehrere Bücher zur Geschichte des Kaffees, zu Kaffeehäusern und zu "Gast im alten Leipzig" geschrieben. Frau Heise lädt zu Kaffee-Seminaren, Kaffee- und Caféhaus-Führungen ein.

Zentrum der Kaffeemühlenherstellung

Um 1650 hatte ein Londoner Mechaniker die erste Kaffeemühle entwickelt. Bis zu diesem Zeitpunkt hatte man die Bohnen mit einem Mörser zerkleinert. Die große Zahl an prominenten und weniger prominenten Kaffehäusern verlangte auch nach entsprechenden Kaffeemühlen. So war Leipzig seit Ende des 17. Jahrhunderts auch das Zentrum der Kaffeemühlenherstellung in Deutschland. Eine moderne Kaffeerösterei mit einem großen Angebot an speziellen Kaffeesorten, Schokoladen- und Kaffeeseminaren bietet Leipzig in der Burgstraße.

Freimaurer-Logen in Cafés

Schon seit Mitte des 18. Jahrhunderts, "Minerva zu den drei Palmen" war 1741 in Leipzig gegründet worden, bevorzugten die verschiedenen Logen in Leipzig separate Räume in speziellen Kaffeehäusern. So trafen sich die Mitglieder der Loge "Minerva zu den drei Palmen" im Caféhaus Vinona, die Loge der "Balduin zur Linde" in Richters Caféhaus in der Katharinenstraße und die Gemeinschaft der "Apollo zur Linde" in Klassigs Kaffeehaus. Selbst "Mittwochs-Kaffee-Klubs" und später "Freitags-Kaffee-Klubs" der Freimauer-Logen gab es in Leipzig.

Weltberühmte Restaurants

Durch Goethes Faust gelangte "Auerbachs Keller" zu Weltruhm. Einer amerikanischen Studie über die weltweit bekanntesten und beliebtesten Gaststätten zufolge, liegt "Auerbachs Keller" an Position fünf. Als Student in Leipzig und nahezu täglicher Besucher seines Freundes Professor Dr. Stromer, Arzt an der Uni Leipzig und gleichzeitig Besitzer und Wirt setzte J. W. von Goethe in seinem weltberühmten "Faust" der Stadt Leipzig und dem "Auerbachs Keller" ein Denkmal, in dem er "Frosch" sagen lässt: "Mein Leipzig lob ich mir! Es ist ein Klein Paris und bildet seine Leute". Auerbachs Keller ist der einzige real existierende Handlungsort in Goethes Hauptwerk. Aus einer ehemaligen Kneipe unter der gegenwärtigen Passage wurde eine internationale Touristenattraktion, die heute in keinem internationalen Reiseführer fehlt.

"Der Verbrechertisch"

Der "Verbrechertisch" stand in der "Guten Quelle", einem Restaurant am Leipziger Brühl Nr. 22. Es war ein Treffpunkt der Demokraten in den 50er und 60er Jahren des 19. Jahrhunderts. Im Ergebnis der verlorenen bürgerlichen Revolution von 1848 mussten viele Demokraten ins Ausland fliehen, andere erhielten drakonische Zuchthausstrafen, wiederum andere wurden aus ihren Ämtern verbannt. Leipziger Professoren durften nicht mehr an der Uni lehren. Am sogenannten Verbrechertisch saßen jene Aufrechten, die ihrer Gesinnung treu geblieben waren. Am Stammtisch war nur Platz für sogenannte "sesshafte" und "zugelassene" Mitglieder. "Sesshafte" waren jene, die tatsächlich ob ihrer Gesinnung im Zuchthaus ihre Strafen abgesessen hatten und Zugelassene waren die, die zwar nicht im Gefängnis gelandet waren, aber dennoch zu den Idealen der Revolution immer standen. Zu den Stammtischlern gehörten: Alfred Brehm (1829-1884), ("Brehms Tierleben"), der Verleger Robert Blum (1807-1848), Ernst Keil (1816-1878 – 9 Jahre Haft), Herausgeber der "Gartenlaube" und der Monatszeitschrift "Der Leuchtturm", der Naturforscher und Gründer des Naturkundemuseums Adolf Roßmäßler (1806-1867), der Buchdrucker Theodor Oelckers und der Uniprofessor Eduard Benseler. Auch Richard Wagner gehörte zu ihnen. Er stand 1848 in Dresden mit auf den Barrikaden. Zu den Gästen am Tisch zählten auch der Pfarrer Friedrich Ludwig Würkert und der spätere Führer der deutschen Sozialdemokratie, August Bebel (1840-1913). Dieser original erhaltene, legendäre "Verbrechertisch", auf dem die Namen, entsprechend ihrer Sitzordnung, eingraviert sind, ist heute Teil einer Dauerausstellung zur Geschichte Leipzigs im Alten Rathaus.

Großstadt ohne Sperrstunde

Zwischen Markt, Barfußgässchen und Thomaskirche liegen Szenetreffs, Traditionskneipen, Restaurants und Caféhäuser dicht beieinander. Bei Musik, Tanz, exklusiven Speisen und erlesenen Weinen empfängt Leipziger und ihre Gäste ein besonderes Flair, das durch Sommertheater auf Innenhöfen und Living Dolls (lebende Figuren) bereichert wird. Gottschedstraße, Münzgasse und Südmeile runden das Bild von Bars, Clubs, Cafés und internationaler Küche ab. Leipzig ist eine Stadt, die für ihre 1.700 Kneipen keine Sperrstunde kennt.

Größter Biergarten

Der größte deutsche Biergarten mit 5.000 Sitzplätzen existierte nach dem ersten Weltkrieg in Leipzig in der Karl-Liebknecht-Straße (Karli) hinter dem Volkshaus, einem Zentrum der deutschen Arbeiterbewegung.

Wenn's um Klaren geht

Europas größte Wodka-Kneipe (russ. Wässerchen, ein Branntwein) befindet sich in der Leipziger Gottschedstraße und trägt völlig überraschend den Namen "Vodka". Mehr als 600 Wodka-Sorten aus aller Welt, also nicht nur russische, befinden sich in Reichweite des Wirtes.

Ganz schön hochprozentig

Mit 110 Absinth-Sorten bietet der "Club Sixtina" die weltweit größte Auswahl. Absinth ist ein alkoholisches Getränk, das sich aus Wermut, Anis, Fenchel und weiteren Kräutern zusammensetzt. Absinth sieht grünlich aus und wurde erstmals in Frankreich ausgeschenkt. Die Leipziger Absinth-Destillerie befindet sich in der City, in einem der ältesten Leipziger Häuser, dem 1545 errichteten Fregehaus in der Katharinenstraße. "Club Sixtina" ist auch Szene-Kneipe der Schwarz-Bleichen und der Gruftis, vor allem während der Pfingstfeiertage.

17. Kinos, Theater, Kabarett

So fing alles an

Vom Anfang des 18. bis zur Mitte des 20. Jahrhunderts war Leipzig das Maß aller Dinge, wenn es um das deutsche Theater ging. Hier wurde wirklich anspruchsvolles Theater geboten. Erinnert sei an die Theaterreform von Caroline Neuber und Christoph Gottsched ab 1730. "Wenn man heute Marcel Reich-Ranicki als Literaturpapst bezeichnet, dann ist Johann Christoph Gottsched im Vergleich dazu, der Prophet"(H. Gemmer, Theater-Wiege Leipzig)

Erstes Stadttheater

Am 10. Oktober 1766 wurde das sogenannte "Alte Theater" auf der Rannischen Bastei, dem heutigen Richard-Wagner-Platz in Leipzig mit der Tragödie "Hermann" eröffnet. Zu danken haben es die Leipziger Bürger dem Theaterförderer G. B. Zemisch (1716-1789) und H. G. Koch (1703-1775), dem Nachfolger der Neuberin, Theaterdichter und Schauspieler, sowie Freund G. E. Lessings. In Weiterführung dieses Hauses und durch großes persönliches Engagement des Ratsherren und Juristen H. Blümner (1765-1839) und des Förderers Theodor Küstner (1784-1864), sowie der Billigung des sächsischen Königs in Leipzig 1816, wurde das erste deutsche Stadttheater eingeweiht. Erster Direktor war Küstner. 1752 führte Gottlieb Koch (1703-1775) in Deutschland die erste komische Operette mit "Die verwandelten Weiber" vor einem begeisterten Publikum auf.

Opernhaus in Europa ganz vorn

Venedig und Hamburg sind zwar etwas älter, aber das Musiktheater Leipzigs ist das drittälteste in Europa und schon deshalb erwähnenswert. 1693 eröffnete das erste Opernhaus – es stand am Brühl. 1766 erfolgte die Einweihung des 2. Opernhauses, zunächst als "Komödienhaus" und später als "Altes Theater" bekannt. Es befand sich an der Rannischen Bastei. 1868 eröffnete das "Neue Theater", direkt am Augustusplatz. Hier fanden sowohl Opern- als auch Schauspielaufführungen statt. Nachdem dieses Haus, wie sehr viele Kulturstätten und fast die gesamte City Leipzigs im Dezember 1943 dem anglo-amerikanischen Bombenhagel zum Opfer fiel, entstand an gleicher Stätte der Wiederaufbau. 1960 erfolgte die Wiedereröffnung des Leipziger Opernhauses am Augustusplatz mit den "Meistersingern von Nürnberg" unter der begeisternden Regie von Joachim Herz. Bereits 1878 war Wagners "Ring" als erster außerhalb Bayreuths in Leipzig aufgeführt worden. Dass dem Leipziger Richard Wagner in den zurückliegenden Jahrhunderten bis zum heutigen Tag viel Aufmerksamkeit geschenkt wurde und wird, liegt nahe. Gleichwohl erfuhren auch zeitgenössische Werke hier ihre Erstaufführung, so u. a. Kurt Weills "Aufstieg und Fall der Stadt Mahagonny".

Erstes Kinder- und Jugendtheater

Das "Theater der Jungen Welt" in Leipzig wurde 1946 als erstes Kinder- und Jugendtheater Deutschlands gegründet. Gründungsort war der Weiße Saal der Kongresshalle am Zoo. Als erstes Stück wurde am 7. November "Emil und die Detektive" von Erich Kästner aufgeführt. Dass die Stücke des "Theater der Jungen Welt" sehr gefragt sind, zeigt die aktuelle, sehr gute Auslastung ihres Repertoires von 85%.

Gründer des deutschen Theater-Pensionsfonds

Karl Theodor Küstner (1784-1864), Direktor des ersten deutschen Stadttheaters ist auch der Gründer des Theater-Pensionsfonds zur Altersabsicherung von Schauspielern. Die Gründung erfolgte 1821 in Leipzig, der Theaterhochburg jener Zeit. Gleichzeitig führte er Tantiemen-Zahlungen für Autoren ein und unterstützte einen nationalen Zusammenschluss zum "Deutschen Bühnen-Cartell-Verein". Küstner gab 1855 das erste "Handbuch für Theater-statistik" heraus.

Deutschlands Kabarett-Hochburg

Leipzig ist die deutsche Hauptstadt, wenn es ums Kabarett geht. In keiner anderen Stadt gibt es, gerechnet pro Einwohner, mehr Kabaretts als in der Pleißestadt. Leipzig kann dabei auf eine über hundertjährige Tradition verweisen. Sieben hauptberuflich arbeitende Kabarett-gruppen versuchen die 1.000 Besucherplätze Abend für Abend zu füllen. Zur aktuellen Kabarettszene gehören die Gruppen "Leipziger Pfeffermühle", "Sanft-Wut", "academixer", "Funzel", "Central Kabarett", "RevueTheater Am Palmengarten", Krystallpalast Variete und "Leipziger Brettl". Hinzu kommen weitere Amateuer Kabaretts. Für die Leipziger und ihre Kabarettgäste ist es besonders bequem, da sich allein sechs Kabaretthäuser in einem Umkreis von 500 Metern direkt in der City befinden.

Ein Festival für den Humor

Leipzig ist auch der Ausrichter der jährlich stattfinden-den Internationalen Lach-Messe. Sie ist Europas größ-tes Humor- und Satirefestival, das 2012 zum 22. Male stattfand. An diesem, über 11 Tage gehenden Kabarett- und Kleinkunstfestival, nehmen jährlich bis zu 200 Künstler teil. Im Rahmen der jährlichen Lachmesse wird der Preis "Leipziger Löwenzahn" vergeben.

Größte Vergnügungsstätte

Mit 15.000 Plätzen bot der Leipziger Krystallpalast in den 20er und 30er Jahren des letzten Jahrhunderts die seinerzeit größte Vergnügungsstätte Deutschlands. Es war eines der berühmtesten Varietés Europas. Mit Unterstützung der Sparkasse konnte sich 1997 ein neues Haus als "Krystallpalast-Varietè" etablieren und an die große Zeit anknüpfen. Ein wunder-barer Rundbau mit Rang, in dem internationale Spitzenartisten, Comediens, erstklassige Musiker und Conférenciers auftreten.

Kino-Original

Das "Union-Theater" bekannt als "UT Connewitz", wurde am 25. Dezember 1912 im Hof der Wolfgang-Heinze-Straße 12 A, im Süden Leipzigs, eröffnet. Der erste dort gezeigte Film war eine Liebesromanze von Viggo Larsen und hieß "Die schwarze Katze". Das "UT Connewitz" ist das älteste Kino in Deutschland und ein weitgehend original erhaltener Kinobau. Absoluter Glanzpunkt des Innenraumes ist die Ädikula, eine Rahmung der ursprünglichen Stummfilmleinwand. Das denkmalgeschützte Haus, das heute dem Förderverein "UT Connewitz" gehört, wurde anlässlich des 100. Jahrestages des Kinostarts mit vielen ehrenamtlichen Kräften und Aktionen, wie dem "Club 100" renoviert. 2012 feierte das Kino seinen 100-jährigen Geburtstag mit einem umfangreichen Jubiläumsprogramm.

Mit Brille zum 3-D

Wilhelm Rollmann (1821-1890) hatte 1853 in Leipzig das Anaglyphenverfahren entwickelt. Es gilt als Voraussetzung für die Farbfilterbrille mit ihren speziellen roten und grünen Gläsern, die als 3-D-Brille bekannt ist und heute in Kinos und beim Fernsehschauen verwendet wird.

Größtes und ältestes Dokumentarfilmfestival

Die DOK Leipzig ist das führende deutsche, größte europäische und älteste Dokumentar- und Animationsfilmfestival der Welt. Es wurde 1955 in Leipzig als erstes unabhängiges Filmfestival der DDR gegründet. Mehr als 2.000 Filme müssen im Vorfeld gesichtet und ausgewählt werden. Über 30.000 Besucher, davon 1.400 nationale und internationale Fachbesucher nehmen jährlich an diesem Filmkunstfestival teil. Im Durchschnitt laufen 350 Produktionen aus über 60 Ländern, darunter nahezu 250 Dokumentarfilme. Es gibt vier Wettbewerbe, eine internationale Filmschau, drei Sonderprogramme, Workshops, Diskussionen, einen Filmmarkt und eine Retrospektive.

Älteste Unterhaltungssendung

"Außenseiter-Spitzenreiter" ist die älteste Unterhaltungssendung im Deutschen Fernsehen. Sie wird seit nunmehr 41 Jahren, ohne Pause, ausgestrahlt. Zunächst vom Fernsehen der DDR und nach 1990 vom Mitteldeutschen Rundfunk mit Hauptsitz in Leipzig. Erfinder und Moderator war Hans-Joachim Wolfram, der mit seiner Sendung Spitzenquoten von 24% erreichte und nach vierzigjähriger Erfolgsgeschichte Ende 2011 als Moderater ausschied. Inhalt der Sendung sind Superlative und Skurriles aus dem Alltagsleben.

Ein Leipziger Filmklassiker

"Die Feuerzangenbowle" ist seit Jahrzehnten ein Kultfilm und ein absoluter Filmklassiker. Der Leipziger Schriftsteller, Kabarettist und Journalist Hans Reimann (1889-1969) hatte mit seinem Freund H. Spoerl das Reclamheft "Besuch im Karzer" gelesen. Hinzu kam, dass Reimann, einst Schüler der berühmten und seit 2012 fünfhundertjährigen Nikolaischule, durch sein rüpelhaftes Benehmen bereits praktische Erfahrungen hatte, von einer Schule geschmissen zu werden. 1933 veröffentlichten Reimann und Spoerl den Roman "Die Feuerzangen-Bowle." Dass im Film nur Spoerl als Autor genannt wird, hängt damit zusammen, dass Reimann bei den Nazis wegen seiner Hitler-Parodie zu "Mein Kampf" in Ungnade gefallen war. Übrigens: Das Leipziger "Hugo Gaudig Gymnasium", berühmt durch seine fortschrittlichen Unterrichtsangebote und seine Unterrichtsmethodik, die europaweit Pädagogen zu Hospitationen und Seminaren anlockte, bildete das Modell für die Filmkulissen des in den UFA-Studios in Babelsberg gedrehten Filmes. Nebenbei: die Frau des Ex-Kanzlers Helmut Kohl, Hannelore, hat im Hugo Gaudig Gymnasium ihre Schulzeit verbracht.

Weiße Kittel und Flimmerkiste

"In aller Freundschaft" ist die erfolgreichste Arztserie im Deutschen Fernsehen und wird seit nunmehr 15 Jahren (1997) im 1. Programm ausgestrahlt. In der "Sachsenklinik" geht es um Ärzte, Patienten, Privatleben und reelle Krankheitsbilder. Im Dezember 2010 lief die 500. Sendung bei durchschnittlich 6 Millionen Zuschauern. Die Produktion liegt in den Händen der Saxonia Media Filmproduktion und des Mitteldeutschen Rundfunks, beide in Leipzig ansässig und der ARD. Aufnahmeorte sind die Media City Leipzig, sowie Orte in und um Leipzig.

Größtes Hörspielfestival

"Leipziger Hörspielsommer" ist das größte Hörspielfestival in Deutschland. Er findet seit 2003 jedes Jahr an 10 Tagen im Juli zwischen Richard-Wagner-Hain und Elsterflutbecken statt und wird vom "Verein Hörspielsommer" ausgerichtet. Ziel ist, eine vielfältige Hörspiellandschaft zu fördern, den Kontakt zu und zwischen den Künstlern zu unterstützen und neue Anregungen aufzunehmen. Die drei besten Beiträge erhalten einen Lizenzvertrag mit einem Übernahmehonorar.

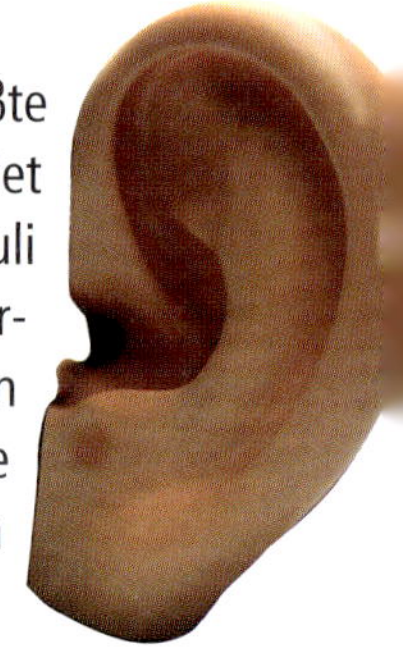

18. Kuppeln, Türme, Pyramiden...

Stadt am Kreuzungspunkt zweier Welthandelsstraßen

Welche Stadt kann das schon für sich in Anspruch nehmen, am Kreuzungspunkt zweier Welthandelsstraßen zu liegen? Der "Brühl" war nicht nur die Welthandelsstraße der Pelzhändler Ende des 19. Jahrhunderts, sondern an dieser Stelle kreuzten sich auch die größten Handelsstraßen des Mittelalters, die Via Imperii (von West nach Ost) und die Via Regia (von Süd nach Nord). Geradezu ein idealer Platz für Märkte und Messen. Nur wenige Meter davon, am heutigen Richard-Wagner-Platz, befand sich im 7. Jahrhundert der erste slawische Markt und die slawische Siedlung Lipsk, der Ort bei den Linden, der späteren Stadt Leipzig.

Einzige Stadt mit zwei Rathäusern

Leipzig ist die einzige Stadt in Deutschland, die zwei Rathäuser besitzt. Auf Grund der rasanten Entwicklung Leipzigs wurde Ende des 19. Jahrhunderts ein neues Rathaus erforderlich. Während Leipzig 1832 noch 43.189 Einwohner hatte, besaß die Stadt im Jahre 1905 bereits 503.637 und 1931 gar 719.00 Einwohner. Sie war damit die viertgrößte Stadt Deutschlands. Das Neue Rathaus (Eklektizismus), das auf den Ruinen der alten Pleißenburg 1905 errichtet wurde, ist mit seinen nahezu 600 Räumen, zwei großen Wandelhallen und einem riesigen Ratskeller, der allein über sieben Räume für 700 Gäste verfügt, eines der größten Rathausbauten der Welt. Baumeister war Hugo Licht. Das Neue Rathaus ist seit der Fertigstellung Sitz des Leipziger Rates und des Oberbürgermeisters. Am Rathaus bzw. an der Rathausuhr sind zwei Sinnsprüche zu lesen "Arx nova surrexit"(Eine neue Burg hat sich erhoben) und "Mors-Certa-Hora-In-Certa" (Der Tod ist gewiss. Ungewiss ist die Stunde).

Weltweit höchster Rathausturm

Laut Guinness-Buch der Rekorde ist der Turm des Neuen Leipziger Rathauses mit 114 Metern der weltweit höchste Rathausturm. Mit Anmeldung kann man den Turm besteigen und hat eine gute Sicht. So kann man bei guten Wetterverhältnissen den Brocken und auch den höchsten Berg Deutschlands, den Fichtelberg, sehen. In der Rangfolge deutscher Rathaustürme belegen Hamburg (110 Meter) und Dresden (100 Meter) die Plätze zwei und drei.

Ältestes Renaissance-Rathaus

Das Alte Rathaus von Leipzig wurde 1556 als erstes Rathaus in Deutschland im Renaissance-Stil erbaut. Es zählt zudem zu den schönsten Renaissance-Rathäusern in Deutschland. Errichtet wurde es vom Baumeister Hieronymus Lotter (1497-1580). Es ist eines der letzten und bedeutendsten Bauwerke dieser Zeit auf deutschem Boden und symbolisiert bürgerliche Unabhängigkeit und Freiheit. Bis 1905 war es Sitz der Stadtverwaltung. Heute beherbergt es eines der größten Museen zur Geschichte einer Stadt in Deutschland.

Längste Gebäudeinschrift der Welt

Die längste Gebäudeinschrift der Welt ist am 1556/1557 erbauten Alten Rathaus in Leipzig zu sehen und hat 467 Zeichen. Das Schriftband wurde 1672 angebracht. Es lautet:
"NACH CHRISTI UNSERS HERRN GEBURT IN MDLVI JAHRE BEY REGIERUNG DES DURCHLAUCHTIGSTEN UND HOCHWOHLGEBORENEN FÜRSTEN UND HERRN AUGUSTI HERZOGEN ZU SACHSEN DES HEIL. RÖM. REICHS ERTZMARSCHALLN UND CHURFÜRSTEN LANDGRAFEN IN THÜRINGEN MARKGRAFEN ZU MEISSEN UND BURGGRAFEN ZU MAGDEBURG IST IN DIESER STADT ZU BEFÖRDERUNG GEMEINES NUTZEN DIESES HAUS IN MONATH MARTIO ZU BAUEN ANGEFANGEN UND DASSELBE IM ENDE DES NOV: VOLLBRACHT. DEM HERRN SEY ALLEIN DIE EHRE DENN WO DER HERR DIE STADT NICHT BAUET SO ARBEITEN UM SONST DIE DARAN BAUEN WO DER HERR DIE STADT NICHT BEWACHT: SO WACHET DER WÄCHTER UMSONST DES HERRN NAME SEY GEBENEDEYET EWIGLICH AMEN. BEY CHURF: JOH: GEORG II: HOCHLOB: REGIERUNG RENOV: MDCLXXII."

Weltgrößte Kuppeln

Die beiden 1927 bis 1929 gebauten Kuppeln der Leipziger Großmarkthallen für Obst und Gemüse (Volksmund: Kohlrabizirkus) haben jeweils eine freie Spannweite von 75 Metern. Sie waren über Jahrzehnte die Größten der Welt. Damit waren sie zum Beispiel erheblich größer als die "Hagia Sophia" in Istanbul mit 31 Metern oder der "Petersdom" in Rom mit 42 Metern. Die Südhalle beherbergte zuletzt die größte Eissportarena Deutschlands. Die Nordhalle diente besonderen Events.

Wenn die Turmuhr schlägt

Der 1927/28 direkt am Augustusplatz erbaute elfgeschossige Stahlbetonbau war speziell als Bankhaus der Familie Kroch jr. (1887-1970) errichtet worden. Es weist Ähnlichkeiten mit dem Campanile San Marco in Venedig auf. Es beherbergt das einstmals größte Turmschlagwerk der Welt, das noch heute in Funktion ist. Zwei Glockenschlägerplastiken schlagen die Viertel- und vollen Stunden an. Das darunter befindliche Zifferblatt hat einen Durchmesser von 4,30 Meter. Die lateinische Inschrift am oberen Ende lautet "Omnia vincit labor"(Arbeit überwindet alles). Heute beherbergt das Haus das "Ägyptische Museum" sowie Lehr- und Unterrichtsräume der Studenten für Ägyptologie der Universität Leipzig.

Größte Pyramide

Die größte Pyramide Europas befindet sich im Vergnügungspark "Belantis" in Leipzig. Sie ist 38 Meter hoch und im Innern befindet sich ein ägyptisches Tempeltheater mit orientalischer Show. Der "Fluch des Pharao" ist eine an der Außenbahn der Pyramide installierte Wasserbahn mit 26 Meter Gefälle in einem Winkel von 45 Grad.

Die Stadt wird hell

"Uns würde zu gefallen reichen, wenn ... Laternen gesetzt und bei Nachtzeit angezündet würden..." Der diese Empfehlung an den Rat der Stadt Leipzig aussprach war kein Geringerer als August der Starke, der sächsische König. Am 24. Dezember 1701, zum Heiligen Abend, war es dann soweit. 700 Stadtlaternen, aus Schmiedeeisen auf Eichenpfosten gebaut und mit Lein- und Rübenöl gespeist, ließen eine ganze Stadt erleuchten. In diesem Umfang und in dieser Größenordnung, dass eine ganze Stadt erleuchtet wurde, war für deutsche Städte neu und einmalig. Noch heute zieren die Laternen Leipzigs Innenstadtgassen, aber mit Sparlampen.

Größter Stadtplatz

Der größte Stadtplatz in Deutschland ist der Augustusplatz in Leipzig mit insgesamt 40.000 Quadratmetern. Der Platz wurde mehrfach umbenannt.1785 nach dem Abbau der Stadtbefestigungen trug er den Namen "Platz vor dem Grimmaischen Tor". 1839 erhielt er den Namen des ersten Königs von Sachsen "Augustusplatz" (Kurfürst Friedrich August I). 1928 wurde er auf Anordnung der damaligen sozialdemokratischen Stadtregierung in "Karl-Marx-Platz" umbenannt. Ab 1939 nannten ihn die Nazis wieder "Augustusplatz" und 1953 hieß er erneut "Karl-Marx-Platz". Am Tag der deutschen Wiedervereinigung, am 3. Oktober 1990 erhielt er erneut den Namen des sächsischen Königs.

19. Löwen, Affen, Amurtiger...

Artenreichster Zoo der Welt

Der am 9.Juni 1878 gegründete Leipziger Zoo gehört heute zu den artenreichsten Tiergärten und gleichzeitig zu den ältesten Tierparks der Welt. Auf 26 Hektar sind nahezu 900 Arten und Unterarten von den Besuchern zu bestaunen. Ernst Wilhelm Pinkert (1844-1909) ist der Gründer des Leipziger Zoos. Über 50.000 Leipziger besuchten den Zoo am ersten Tag. Heute geht es um den "Zoo der Zukunft", der 2014 im Wesentlichen vollendet sein soll. Es geht beim Besuch um ein Naturerlebnis und die Ausgestaltung von sechs Themenbereichen, wie Afrika, Asien, Südamerika, Gründer-Gärten, Pongoland und den Urkontinent Gondwanaland. Seit April 2003 sendet eine Doku-Soap "Elefant, Tiger und Co" Tiergeschichten aus dem Zoo.

Erstes Freisichtgehege der Welt

1926 eröffnete der Leipziger Zoo das erste Freisichtgehege der Welt, ein großes Dickhäuterhaus. Architekt war Carl James Bühring (1871-1936). Bühring gilt auch als Begründer einer neuen Zooarchitektur (rötliche Klinkersteine, besonders belastbar).

Eine Heimat für Affen

Der Leipziger Zoo besitzt mit dem "Pongoland" die weltweit größte Menschenaffen-Anlage eines Zoos. Auf dem 30.000 m^2 großen Gelände sind alle vier Menschen-

affenarten vor Ort. In Kooperation mit dem Max-Planck-Institut und internationalen Forschern ist das Verhalten der Menschenaffen Gegenstand der Forschung. In den letzten Jahren konnten schon herausragende Forschungsergebnisse der Öffentlichkeit präsentiert werden. Britische Zooexperten wählten 2011 Leipzigs Zoo zu Deutschlands bestem Tierpark und europaweit auf Platz zwei.

Rekordhalter bei Amurtigern und in der Löwenzucht

Mit 342 Geburten in 50 Jahren hält der Leipziger Zoo den weltweiten Rekord bei der Zucht von Amurtigern und Löwen. 2.000 Löwen erblickten in Leipzig das Licht der Welt. Selbst nach Afrika wurden Löwen exportiert.

Einzigartige Tropenerlebniswelt Gondwanaland

Mit dem "Gondwanaland" existiert in Leipzig Europas größte Tropenhalle als spezielle Erlebniswelt. Es ist ein weiteres Highlight, das den Regenwald auf 16.500 Quadratmetern mit 300 Tieren von 40 Arten sowie 17.000 Pflanzen von 500 Arten abbildet und den Besuchern den Urkontinent näher bringt. Mit Höhenunterschieden von 6 Metern, 15 Meter hohen Baumwipfelpfaden, einem Wasserfall und Kanälen für Bootstouren, ist hier eine Zoolandschaft entstanden, die in Deutschland und Europa einmalig ist. Die Tropenhalle wurde im Sommer 2011 eröffnet.

Kunden wählten: touristenfreundlichste Stadt

2010 war Leipzig Deutschlands touristenfreundlichste Stadt. Das ergab eine Studie des Deutschen Institutes für Service-Qualität in Hamburg. Die nächsten Plätze belegten Düsseldorf, Dresden, Köln, Hamburg und Berlin. Grundlage der Bewertung waren die individuelle Beratung der Testkunden, Sachkenntnis, Beantwortung von E-Mail-Anfragen, Internetauftritt, telefonische Kontaktqualität und Kundenorientierung.

20. Malerei, Musik und Instrumente

Weltstadt der Künste

Zum wiederholten Male hat die renommierte "New York Times" unter dem Titel "Next Stop: Arts Thrive in Leipzig, Bachs Backyard" ("Nächster Halt: Die Künste florieren in Leipzig, Bachs Revier") einen großen Beitrag über Leipzig gebracht. Die Autoren berichteten dabei über Leipzig als Top-Stadt in der Welt der Künste. Außer Leipzig wurde keine andere deutsche Stadt genannt. Kunst, Kultur, Musik, Malerei und Architektur gaben den Ausschlag. Bachfesttage, Bachmuseum, Bacharchiv, Grassimuseum, Nikolai- und Thomaskirche – sowie die Präsentation Neo Rauchs "Begleiter" im Museum der bildenden Künste – waren neben vielen anderen Kunst- und Kulturaktivitäten der Stadt der Grund noch vor solchen Städten wie Los Angeles (USA), Shanghai (China) und Mumbai (Indien) zu rangieren.

Höchster Kulturhaushalt

Leipzig ist zwar mit 525.000 Einwohnern nur eine kleine Großstadt, aber in der Kultur eine Metropole. Sachsen, Sachsen-Anhalt und Thüringen haben im Vergleich zu den alten Bundesländern eine wesentlich größere Dichte an Konzerthäusern, Theatern Museen und Weltkulturerbestätten. Mit Einrichtungen wie Gewandhaus, Oper und Theater, der Komödie und sieben festen Kabarettbühnen, dazu die freie Kulturszene, ist Leipzig eine exzellente Kulturstadt mit einer Vielfalt, die kaum eine andere deutsche Stadt zu bieten hat. Der gesamte Kulturraum ist nicht neu, sondern fußt auf einer jahrhundertelangen Tradition. Hier nahm das moderne Theater seinen Anfang. Interessant ist dabei die Tatsache, dass Leipzig mit Frankfurt/Main den höchsten Kulturhaushalt pro Kopf aller bundesdeutschen Großstädte hat.

Kunst in der Spinnerei

In der ehemals größten Baumwollspinnerei Kontinentaleuropas sind rund 100 Spitzen-Künstler in 100 Ateliers und 14 Galerien unterschiedlicher Genres vereint. Ateliers haben hier die Maler der Neuen Leipziger Schule, u.a. Neo Rauch. Es ist ein Ort mit der höchsten Kunstdichte in Europa. Zum "Tag der offenen Tür", zweimal jährlich, trifft sich die Galerieszene aus aller Welt. 15.000 besuchen dann regelmäßig die Ausstellung.

Jahrhundertkünstler: Bernhard Heisig

Bernhard Heisig (1925-2011) gehört zu den größten deutschen Malern der Nachkriegszeit (S. Gille). Er war einer der wichtigsten Vertreter der deutschen Kunst im 20. Jahrhundert. Heisig war mehrfach Rektor der Leipziger Hochschule für Grafik und Buchkunst. 1986 malte er den damaligen Bundeskanzler Schröder, dessen Porträt im Kanzleramt hängt. Mit W. Tübke und W. Mattheuer gehört B. Heisig zu den Gründern der "Leipziger Schule". Zu seinen Schülern zählen Arno Ring, Neo Rauch, Hans Aichinger, Annette Schröter und Hartwig Ebersbach.

Leipziger Schule – ein weltweiter Begriff

Die "Alte Leipziger Schule" gibt es seit 1764 und ist eng der Gründung der Kunstakademie verbunden. Oeser, auch Zeichenlehrer Goethes und Freund F. Schillers, war der erste Rektor. Weltweit anerkannt in der Kunstszene ist die "Neue Leipziger Schule" mit ihrem Meister Neo Rauch an der Spitze. Der Begriff "Leipziger Schule" gilt inzwischen als Eigenname und wurde weltweit in unzählige Sprachen übersetzt.

Neo Rauch

Der international bedeutendste Vertreter der "Neuen Leipziger Schule" und am meisten diskutierte deutsche Maler seiner Generation ist Neo Rauch. Er studierte an der Leipziger Hochschule für Grafik und Buchkunst und war später hier als Professor tätig. Mit seiner modernen gegenständlichen Kunst stellte er 2010 im "Museum of Modern Art" in New York City aus. Anlässlich seines 50. Geburtstages im Jahre 2010 zeigten das Leipziger Museum der bildenden Künste und die Pinakothek in München eine Doppelausstellung "Begleiter" mit jeweils 60 Werken des Malers. In beiden Städten besuchten insgesamt fast 300.000 Besucher diese Ausstellung.

Größtes und figurenreichstes Gemälde

Das monumentalste Kunstwerk, das größte und figurenreichste Gemälde der neueren Kunstgeschichte, dass sich in seinen Figuren an antiken und christlichen Vorbildern orientiert, wurde vom ehemaligen führenden Kopf der Leipziger Schule, Werner Tübke (1929-2004), gemalt. In dem Bauernkriegs-Panorama auf einer Rotunde von 1.722 m^2 malte Tübke über 3.000 Lebewesen. Das 360° Panoramabild "Frühbürgerliche Revolution in Deutschland" an dem der Maler 12 Jahre arbeitete, steht in einem extra dafür errichteten Rundbau in Bad Frankenhausen/Thüringen. Dieses in Deutschland einmalige Gesamtensemble der Bauernkriegsgedenkstätte wurde 1989 eröffnet und empfängt jährlich tausende Besucher.

Bedeutendster Jugendstilmaler und Bildhauer

Der in Leipzig geborene Maler, Grafiker und Bildhauer Max Klinger (1857-1920) gilt als der bedeutendste Maler des Jugendstils. 1897 wurde er Professor an der "Akademie der grafischen Künste" in Leipzig und gleichzeitig korrespondierendes Mitglied der "Wiener

Secession". In der zweiten Hälfte seines künstlerischen Schaffens konzentrierte er sich auf sein bildhauerisches Schaffen. Bekannt sind seine Marmorfiguren "Badende", "Große Stehende", "Schreitende", "Kauernde" und "Schlafende". Mehrere sehr beachtete Büsten befassten sich mit berühmten Komponisten, darunter befinden sich "Franz List", "Richard Wagner" und "Richard Strauß". Im Leipziger Bilder-Museum steht die 1902 geschaffene Skulptur "Ludwig van Beethoven". Der von Max Klinger gefertigte Jugendstil-Sockel für ein Wagner-Denkmal nutzt aktuell Stephan Balkenhohl für ein einstmals unvollendetes Wagner-Denkmal.

Größte zeitgenössische Deckenmalerei

Die größte zeitgenössische Deckenmalerei Europas, die je für einen Konzertsaal entstand, befindet sich im Leipziger Gewandhaus. Maler war der Leipziger Sighard Gille. Es trägt den Titel "Gesang vom Leben", nach einem Werk Gustav Mahlers. Da das Kunstwerk zur Eröffnung des Gewandhauses fertig sein sollte, entstand das 31,80 Meter hohe und 720 m^2 große Deckengemälde unter schwierigsten Bedingungen. So musste Gille kopfüber liegend, auf einem Gerüst unter freiem Himmel, bei Hitze und Kälte und unter großem Zeitdruck arbeitend, seine künstlerische Arbeit bewältigen. Das Deckengemälde wirkt auch stark nach außen und beeinflusst so die Abendstimmung auf dem Augustusplatz.

Älteste bürgerliche Gemäldesammlung

Zu den ältesten bürgerlichen Gemäldesammlungen in Deutschland gehört das "Museum der bildenden Künste" in Leipzig.1837 gründete sich der Leipziger Kunstverein, dessen Ziel von Anfang an der Bau eines Kunstmuseums war. 1848 war es so weit. Der Westflügel der Bürgerschule (Moritzbastei) wurde als Städtisches Museum eingerichtet. Die Schenkung eines Geländes, 98 Gemälde und 8 Skulpturen von Heinrich Schletter (1793-1853) waren an den Bau eines eigenen Bilder-Museums geknüpft. Am 18.12.1858 wurde das neue "Städtische Museum" eröffnet. Nach der Zerstörung im 2. Weltkrieg wurde am 4.12.2004 das neue "Museum der bildenden Künste" mit einer Gesamtfläche von 16.700 m^2 eröffnet.

Meiste Komponisten und Wirkungsstätten

Es gibt keine Region in Deutschland, die so reich an Komponisten und musischen Wirkungsstätten ist wie Mitteldeutschland. Dabei ragt Leipzig noch heraus und führt die Rangliste mit 513 Komponisten vor Dresden mit 302, Magdeburg mit 114, Weimar 109 und Halle mit 87 an. Bereits 1743 hatten reiche Leipziger Kaufleute den ersten Konzertverein gegründet und zudem 16 Musiker und deren Auftritte finanziert. Die Konzertreihe, die sie "Das große Conzert" nannten, gehörte ebenfalls zum Finanzierungsprogramm. Vom Leipziger Bürgertum über Jahrhunderte gepflegt und gefördert, steht es heute für eine eigene Marke. Als elementarer Bestandteil der Musik- und Bachstadt Leipzig ist sie auch eine von vielen Besonderheiten, die Leipzig von anderen Städten wesentlich unterscheidet.

Die größten Tönesetzer

Bonn hat Beethoven, Halle/Saale steht für Händel und Salzburg für Mozart. Unvergleichbar zu der Konzentration der größten Komponisten und ihrer Wirkungsstätten in Leipzig. Mit

Johann Sebastian Bach, Felix Mendelssohn Bartholdy, dem Ehepaar Robert und Clara Schumann, Johannes Brahms, Edvard Grieg, Albert Lortzing, Gustav Mahler, Arthur Nickisch, Max Reger und Richard Wagner stehen die größten deutschen Musiker aller Zeiten für die Musikmetropole Leipzig, ob in Leipzig geboren oder nicht. G. Mahler hat Leipzig seinen Karrierestart zu verdanken und R. Wagner wurde hier geboren und verließ als fertiger Komponist seine Heimatstadt. 27 Jahre wirkte Johann Sebastian Bach als Thomaskantor und Felix Mendelssohn Bartholdy war der erste Gewandhauskapellmeister in Leipzig. Für sie war Leipzig der berufliche Mittelpunkt ihres Lebens und musikalischen Schaffens.

Denkmale und Begegnungsstätten

Leipzig ist mit über 15.000 Denkmalen die deutsche Denkmalshauptstadt. Auffällig ist im Stadtbild die Vielzahl an Denkmalen und historisch-authentischen Orten weltberühmter Komponisten und Musiker. Im Einzelnen zählen dazu das Bach-Museum, das Bach-Archiv, die Thomaskirche, die Nikolaikirche, das Mendelssohn-Haus, die weltweit erste Musikhochschule, das "forum thomanum" als internationale Bildungsstätte der Thomaner, die Wohn- und Wirkungsstätten von Robert und Clara Schumann, die Edvard Grieg-Begegnungsstätte und die "Richard-Wagner Aula" in der Alten Nikolaischule. Denkmäler gibt es für Johann Sebastian Bach, F. M. Bartholdy, das weltweit erste Schumann-Denkmal, das Grieg-Wohnhaus mit Begegnungsstätte und originalen Gegenständen aus seiner Schaffenszeit, die Grieg-Büste, das Geburtshaus Albert Lortzings, die Büste Richard Wagners und das von Max Klinger geschaffene Beethoven-Denkmal im Museum der Bildenden Künste.

Zwei Sockel für Bach

Das Bachdenkmal in Leipzig ist das weltweit erste und damit älteste aller für Bach errichteten öffentlichen Denkmäler. Leipzig hat sogar zwei Denkmale des großen Meisters. Das alte befindet sich am Promenadenring, ist 3,5 Meter hoch und wurde am 23. April 1843 eingeweiht. Das neue Bachdenkmal von Carl Seffner, steht direkt vor der Thomaskirche, wurde am 17.Mai 1908 eingeweiht und hat eine Gesamthöhe von 5,65 Meter. In der Thomaskirche selbst gibt es zwei weitere Erinnerungsmale: ein großes Buntglasfenster und das Grab J. S. Bachs.

Bedeutendster Komponist aller Zeiten

Im Ergebnis einer weltweiten Umfrage, initiiert vom Chefmusikkritiker der New York Times, Anthony Tommasini, wurde der Leipziger Barockmusiker Johann Sebastian Bach (1685-1750) zum bedeutendsten Komponisten des Abendlandes gekürt (2011). Es folgten Mozart, Beethoven und Schubert. Bereits Jahre zuvor hatten die Zuschauer der BBC-World New-Serie J. S. Bach zum "größten visionären Komponisten aller Zeiten" gewählt. Bach begann seine Karriere Ende Mai 1723 in Leipzig. 27 Jahre wirkte er in Leipzig als Thomaskantor und hatte hier seine große Schaffensphase. So schrieb er über 300 Motetten, Kantaten und Choräle, u.

a., Werke wie die "Matthäus-Passion", die "Johannis-Passion", die "Messe H-Moll" und das "Weihnachtsoratorium". Johann Sebastian Bach, Vater von 20 Kindern, verdiente zu seiner Zeit 1.000 Reichstaler als Kantor plus Extraeinnahmen bei Hochzeiten, Geburtstagen, Beerdigungen und anderen vom Rat veranstalteten Festivitäten. Damit bekam er das Doppelte Gehalt des damaligen Leipziger Oberbürgermeisters. Neben dem Bachmuseum, dem Bachdenkmal, dem Bachweg und den seit 1901 jährlich stattfindenden internationalen Bachfesten gibt es in Leipzig eine Vielzahl von Erinnerungsstätten. Vor der Thomaskirche steht das 1843 von Felix Mendelssohn Bartholdy initiierte Denkmal J. S. Bachs.

Einziger Urenkel

Mit Hans-Jürgen Smekal, einem 80 jährigen (2011) gebürtigen Leipziger, lebt ein Urenkel in der Messestadt. Smekal steht in der sechsten Generation nach Bach. Das heißt, sein Vorfahre war Johann Christoph Friedrich Bach, der dritte von vier komponierenden Bachsöhnen.

Einziges authentisches Porträt

Das berühmte, weil einzige authentische Porträt, auf dem Johann Sebastian Bach abgebildet ist und zu seinen Lebzeiten entstand, befindet sich im Museum der Stadtgeschichte Leipzigs im Alten Rathaus. Der Maler ist Ellias Gottlob Haussmann (1695-1774). An gleicher Stätte befindet sich ein weiteres historisches, Bach betreffendes Original. Der Tisch, an dem Johann Sebastian Bach seinen Anstellungsvertrag am 17.Mai 1723 unterschrieb. Trotz vielfältiger Querelen zwischen Bach und den Ratsherren der Stadt, blieb der Vertrag bis zu seinem Tode gültig.

Weltweit bedeutendste Bach-Forschungsstätte

Das Leipziger Bacharchiv ist das weltweit bedeutendste Archiv und zugleich Forschungsstätte zum Leben und Wirken des Komponisten. Das Archiv befindet sich im historischen Bosehaus, einem der ältesten Gebäude am Thomaskirchhof. Das Bacharchiv wird seit 1998 als Stiftung bürgerlichen Rechts vom Bund, dem Freistaat Sachsen und der Stadt Leipzig getragen. Zum Bacharchiv gehört eine wissenschaftliche Bibliothek. Das Bachmuseum ist Teil des Bacharchivs. Auf 750 Quadratmetern werden kostbare Handschriften, Notendrucke, Möbel und historische Instrumente gezeigt. Die Veranstaltungsabteilung der Forschungsstätte ist für die Organisation des Leipziger Bachfestes und die internationalen Bachwettbewerbe zuständig. Ein Forscher des Bacharchivs entdeckte 2006 in der Weimarer Herzogin-Anna-Amalia-Bibliothek Abschriften von Orgelwerken, die vom jungen Bach im Alter von 15 Jahren gefertigt wurden. Der Fund gilt in Musikerkreisen als Sensation.

Weltweit größtes Bachfest

Die Neue Bachgesellschaft hatte bereits zu Beginn des 20. Jahrhunderts Bachfeste in Leipzig organisiert. Später fanden sie teilweise unter dem Titel "Bachwochen" oder "Bachtage" statt. Seit 1999 findet das Bachfest regelmäßig einmal im Jahr und stets unter einem anderen Motto statt. 100 Veranstaltungen werden im Rahmen des Bach-Festivals durchgeführt, u. a. Orgelfahrten in Mitteldeutschland.

"Neue Bach-Ausgabe" mit höchster Verlässlichkeit

Die Gesamtausgabe der Werke Johann Sebastian Bachs wurde gemeinsam vom Bacharchiv in Leipzig und vom Bach-Institut in Göttingen erarbeitet. Sie enthält in mehr als 100 Notenbänden ausnahmslos alle bisher bekannten und erhaltenen Werke Bachs. Die wissenschaftlich-kritische Gesamtausgabe gilt weltweit als Edition mit der höchsten Verlässlichkeit.

Ältester Knabenchor der Welt

Das Augustiner-Chorherrenstift in Leipzig, zu dem ein Knabenchor gehörte, wurde 1254 zum ersten Male in einer Urkunde genannt. Erst später erhielt er den Namen Thomanerchor, der 2012 sein 800 jähriges Bestehen feierte. Von Anfang an diente er der Verschönerung der Messen sowie kirchlicher und weltlicher Veranstaltungen des Leipziger Rates. Er gehört zu den weltbesten Chören. Heute besteht der Knabenchor aus 97 Thomanern (zwischen 7 und 18 Jahren), die aus ganz Deutschland kommen. Der heutige Thomaskantor Prof. Georg Biller, leitet den Chor seit 1992. Er ist der 16. nach J. S. Bach und war selbst von 1965-1974 Thomaner. Mit Johann Schelte, Günther Ramin, Eberhard Mauersberger und Georg Biller waren vier Thomaskantore ehemalige Sängerknaben dieses weltberühmten Chores. "Die Zukunft der Thomaner währt ewig und sie werden immer im Olymp der Chormusik schweben", (Ex-Thomaner und Frontmann der Prinzen, Sebastian Krumbiegel). Seit 2011 gibt es einen vielbeachteten Dokumentarfilm über Leben und Wirken der Thomaner. "So einen Chor haben wir in Wien, hat man in Berlin und Prag nicht", war das Fazit von Wolfgang Amadeus Mozart nach einer Darbietung des Thomanerchores im April 1789. So ist es wohl bis heute geblieben.

Gründer des erstes deutschen Konservatoriums

Das erste deutsche Konservatorium wurde 1843 in Leipzig von Felix Mendelssohn Bartholdy (1809-1847) gegründet. Zu dieser Zeit wirkte Mendelssohn selbst als Gewandhauskapellmeister und beförderte maßgeblich die Ausbildung von Musiktalenten. Im ersten Jahr wurden 63 Schüler, darunter Amerikaner, Engländer und Holländer ausgebildet. Hervorzuheben ist die hervorragende Gesangsausbildung. Lehrkräfte für die Orchesterinstrumente waren stets Musiker des Gewandhausorchesters. Wie in so vielen anderen negativen Beispielen wurde mit der Wiedervereinigung auch diese erfolgreiche Tradition aus formalen Gründen abgeschafft. Das Konservatorium existiert heute noch als Leipziger Hochschule für Musik und Theater und trägt den Namen seines Gründers "Felix Mendelssohn Bartholdy".

Größte private Mendelssohn-Sammlung

Die weltweit größte private Sammlung über das Leben und Wirken Felix Mendelssohn

Bartholdys (1809-1847) mit insgesamt 1.300 Exponaten, darunter Notenblätter, Zeichnungen, Briefe, Bilder von Mendelssohn, Schriftstücke von Goethe, Andersen, Clara Schumann, C. M. von Weber u.a. wurden der Stadt Leipzig im März 2011 übergeben. Spender dieser einmaligen Privatsammlung war der damals 86 jährige Berliner Dr. Rudolf Elvers.

Weltweit einzige Gedenkstätte mit originalen Gegenständen

Die Familie Mendelssohn hatte die spätbiedermeierliche Wohnung in der Goldschmidtstraße 12 im Jahre 1845 bezogen. Möbel, Bilder, Pult, Schreibtisch, Flügel und andere Gegenstände des Komponisten sind als Originale noch im 1997 als Museum eingerichtetem Haus zu sehen und stehen an Orten wie zu Mendelssohns Zeiten. Sein Haus war Treffpunkt berühmter Zeitgenossen wie Clara und Robert Schumann sowie Richard Wagner. Felix Mendelsohn Bartholdy beeinflusste maßgeblich die europäische Musikgeschichte und wurde gleichzeitig von der Musikwelt Leipzigs geprägt. Als ein Ort von nationaler Bedeutung steht das Mendelssohn-Haus auch im Blaubuch der Bundesrepublik Deutschland.

Größtes Musiker-Denkmal

An die vielseitige Künstlerpersönlichkeit Felix Mendelssohn Bartholdy, der komponierte, dichtete, textete, malte und sich sozial engagierte, erinnert in Leipzig ein großes Denkmal, eine Stiftung, mehrere Straßen und Musikschulen. Auch die Hochschule für Musik und Theater trägt seinen Namen. Das Denkmal hat seinen Ehrenplatz am Promenadenring, unmittelbar vor der Thomaskirche. Es ist sieben Meter hoch und steht nur unweit des Bach- denkmals, das von Mendelssohn, dem Wiederentdecker Johann Sebastian Bachs, einst gespendet wurde.

Schumanns originale Wohn- und Wirkungsstätte

Leipzig besitzt als einzige Stadt in Deutschland eine Schumann-Gedenkstätte in Räumen, in denen Robert und Clara Schumann gemeinsam wohnten. Das Künstlerehepaar hatte sich in Leipzig kennengelernt und am 12. September 1840 gegen den Willen von Claras Vater in der Schönefelder Kirche geheiratet. Zu ihren Freunden, die regelmäßig bei ihnen zu Besuch waren, zählten die größten Musiker und Dichter des 19. Jahrhunderts, u.a. Felix Mendelssohn Bartholdy, Hector Berlioz und der Dichter Hans-Christian Andersen. Das Haus befindet sich in der Inselstraße. Hier waren die Schumanns einen Tag nach ihrer Hochzeit am 13. September 1840 eingezogen. Heute erinnert eine Tafel am Haus daran. In dem Quartier existiert heute eine "Clara-Schumann-Musikschule".

Weltweit erstes Schumann-Denkmal

In Zwickau/Sachsen geboren, zeichnete sich R. Schumann durch seine besondere Schaffensperiode, die Herausgabe seiner eigenen Zeitschrift und das gemeinsame Wirken mit seiner Frau Clara Wieck in Leipzig aus. Neben seiner erhaltenen Wohn- und Wirkungsstätte schenkten ihm die Leipziger das erste Denkmal. Es wurde am 8. April 1875 ebenfalls am Leipziger Promenadenring aufgestellt.

Edvard-Grieg-Begegnungsstätte

Edvard Grieg (1843-1907) studierte am Leipziger Konservatorium (1858-1862) und war seit dieser Zeit mit der Stadt verbunden. Insbesondere die Begegnungen mit Brahms und Tschaikowsky inspirierten ihn über Jahrzehnte. In Leipzig entstanden auch Griegs erste Kompositionen. In der Talstraße 10, wo sein Verleger C. F. Peters wohnte und Grieg sehr oft logierte, würdigt eine ständige Ausstellung sein Schaffen.

Weltweit erstmals alle neun Beethoven-Sinfonien

Das Leipziger Gewandhausorchester spielte noch zu Lebzeiten Beethovens im Konzertwinter 1825/26 weltweit erstmals alle neun Sinfonien. Der Hauptteil der Werke Beethovens wurde in Leipzig verlegt, so bei C. F. Peters und Breitkopf & Härtel. Mehrere Werke wurden in Leipzig auch uraufgeführt. Die intensive und fruchtbare Partnerschaft zwischen Leipzig und Beethoven führten noch zu Lebzeiten Beethovens zu dem Beinamen "Leipzig, die Beethovenstadt". Der bedeutende deutsche Maler und Bildhauer Max Klinger (1857- 1920), ebenfalls Leipziger, schuf eine Beethoven-Skulptur, die 1902 erstmals in Wien präsentiert wurde und sich heute im Bildermuseum in der Katharinenstraße befindet.

9. Sinfonie erstmals für Arbeiter, Tradition seit über 90 Jahren

Am Silvesterabend 1918 führte das Gewandhausorchester Leipzig unter seinem Kapellmeister Arthur Nickisch, Beethovens 9. Sinfonie vor Leipziger Arbeitern auf. Das war ein einmaliges Ereignis in Deutschland. Seitdem lebt die Tradition und jedes Jahr am Silvesterabend spielt das Gewandhausorchester Beethovens 9. Da das Konzert auch auf großen Leinwänden auf den Augustusplatz übertragen wird, erleben und genießen Tausende Leipziger und ihre Gäste das Große Konzert zum Jahresausklang.

Meist gespielter Komponist

Richard Wagner ist der meist gespielte Komponist der Welt und der bedeutendste Musiker des 19. Jahrhunderts. Wagner wurde am 22. Mai 1813 im Leipziger Gasthof "Zum roten und weißen Löwen" geboren, in der Thomaskirche getauft und besuchte zunächst die Nikolai- und später die Thomasschule. Wagner war nicht gerade ein Muster- schüler ("Ich war faul und lüderlich") und konzentrierte sich schon früh auf seine musische Ausbildung, die 1831 an der Universität Leipzig begann. Er war Schüler des damaligen Thomaskantors Theodor Weinlig. Wagners Wohnhaus stand dort, wo sich heute die "Brühlschen Höfe" befinden. Die Grabstätten der Mutter und der beiden Schwestern Rosalie und Luise befinden sich auf dem Leipziger Alten Johannesfriedhof.

"Richard ist Leipziger"

Drei Leipziger Wagner-Vereine kümmern sich um das Vermächtnis des Musikgenies und bereiten gemeinsam mit der Stadt den 200. Geburtstag Richard Wagners im Jahre 2013 vor. Weltweit wird deshalb in Vorbereitung der Feierlichkeiten mit dem Slogan "Richard ist Leipziger" geworben. Das mehrfach begonnene Wagner-Denkmal soll dann endlich vollendet sein. Auf dem Jugendstilsockel des Leipziger Malers und Bildhauers Max Klinger (1857-1920) wird es der ebenfalls international anerkannte Bildhauer Stephan Balkenhol gestalten. Das zweite, 1932 begonnene Wagner-Denkmal des Bildhauers Emil Hipp (1893-1965) wurde nach 1945 nicht vollendet, da es von den Nazis für ihre Zwecke missbraucht worden war. Anlässlich der Feierlichkeiten zum 200. Geburtstag des großen Leipzigers wird es eine Vielzahl von Veranstaltungen und eine Dauerausstellung in der 2011 restaurierten Aula der Alten Nikolaischule geben.

Bayreuther Festspielhaus, außen und innen ein Leipziger

Nicht nur der jedes Jahr in Bayreuth und in aller Welt gefeierte Komponist Richard Wagner ist ein Leipziger, sondern auch der Architekt des Bayreuther Festspielhauses Otto Brückwald (1841-1917). Mit dem Gebäude der Volkshochschule in der Löhrstraße, dem Musik-Verlagshaus C. F. Peters, dem Bau des Neuen Theaters und dem Hoftheater in Altenburg hat Otto Brückwald auch seine Architektur-Spuren hinterlassen.

Wagners erster Flügel und der Streit mit Bayreuth

Der erste Flügel, auf dem Richard Wagner seine Kompositionen erarbeitete und spielte, steht heute leihweise in Bayreuth, gehört aber dem Instrumenten-Museum Leipzig. Im Juni 2011 wurde der Rechtsstreit zwischen den Wagnerstädten Bayreuth und Leipzig zugunsten Leipzigs entschieden. Gegenstand des Streites war Wagners Original-Klavier auf dem er nachweislich seine "Götterdämmerung" und seinen "Parsifal" erarbeitet hatte. 1999 hatte es Leipzig für 10 Jahre an Bayreuth ausgeliehen. 2009 weigerte sich Bayreuth es wieder an Leipzig zurückzugeben, sodass es zum Rechtsstreit kam.

Erste Sinfonie

Gustav Mahler (1860 1911), Visionär und Avantgardist, präsentierte sich in Leipzig zum ersten Male als Komponist. Mit 26 Jahren wurde Mahler 1886 Assistent des berühmten Leipziger Kapellmeisters Arthur Nikisch. Wegen Krankheit seines Meisters erhielt er die Chance, fast täglich große Opern zu dirigieren. Er lebte in der Gustav-Adolf-Straße 12, im schon damals bekannten Waldstraßenviertel. Die Leipziger Jahre wurden zum Sprungbrett für seine weiteren großen Engagements an europäischen Opernhäusern.

Einzigartig: Bildungszentrum "forum thomanum"

2012 wurde 800 Jahre Thomana gefeiert, das heißt 800 Jahre Thomaskirche, 800 Jahre Thomasschule und 800 Jahre Thomanerchor. Alle drei Institutionen gehören zum international ausgerichteten Bildungszentrum "forum thomanum". Sie bilden den Mittelpunkt des "forum thomanum". Weitere dazu gehörende Einrichtungen sind die Kindertagesstätte, die

Grundschule, die Mittelschule, das Thomas-Gymnasium, das Alumnat, die villa thomana, die internationale Jugendmusik-Akademie "musikaacademia" und die Lutherkirche. Mit der Lutherkirche als Zentrum des bestehenden internationalen Campus verbinden sich Gottesdienste, Schulaula, Konzert- und Theateraufführungen.

Ein Verlag entdeckt die Musik

Bernhard Christoph Breitkopf (1695-1777) gründete 1719 den weltweit ersten Musikverlag in Leipzig. Zuvor hatte er sich einen Namen durch seine enge Zusammenarbeit mit dem damals weithin bekannten Schriftsteller Johann Christoph Gottsched gemacht. Christoph Breitkopf hatte zwei Söhne, wobei der erste, Johann Gottlob Immanuel den Verlag später weiterführte und der zweite, Bernhard Theodor (1749-1810) die ersten Gedichte des noch jungen und unbekannten Goethe vertonte. Der Musikverlag verlegte zunächst nahezu alle Werke der damals berühmtesten Komponisten wie Haydn, Mozart, Quantz, Stamitz, Telemann und die der Bach-Söhne. 1795 ging der Verlag mit Gottfried Christoph Härtel (1763-1827) eine Sozietät ein. Fortan nannte sich der Verlag "Breitkopf & Härtel". Als Christoph Breitkopf 1777 in Leipzig starb, war er der bedeutendste Buchdrucker in Deutschland. Nach dem Tode Breitkopfs und der Übernahme des Verlages durch Härtels Sohn Raymund wurden weiterhin alle großen Komponisten dieser Zeit wie Mendelssohn Bartholdy, Schumann, Liszt, Wagner und die Klavierwerke F. Chopins verlegt. Das Archiv des Musikverlages Breitkopf & Härtel in Leipzig gehört heute zum geschützten Kulturgut Deutschlands.

Von Noten und Blei

Johann Gottlob Immanuel Breitkopf (1719-1794), Sohn des Begründers des ältesten deutschen Musikverlages "Breitkopf & Härtel", revolutionierte die Technik des Musiknotendrucks durch den Einsatz beweglicher Lettern. Er gilt als Erfinder des Notensatzes. Interessant ist die Tatsache, dass weltweit die Hälfte aller Notenstecher bis 1917 in Deutschland beschäftigt und davon 90 Prozent wiederum in Leipziger Notendruckereien tätig waren. Breitkopf war auch ein Typograf. So entwarf er Schriften, z.B. die bekannte "Breitkopf-Fraktur". Der junge Goethe hielt sich viel im Hause Breitkopf auf und war mit der Tochter Constanze befreundet.

"Grüne Notenreihe Edition Peters"

Am 1. Dezember 1800 hatten Franz Anton Hoffmeister und Ambrosius Kühnel, ein Organist, ein "Bureau de Musique" in Leipzig gegründet. 1814 kaufte der Buchhändler Carl Friedrich Peters (1779-1827) diesen Verlag. Jenes Verlagshaus, das aus Verlag, Musikalien- und Instrumentenhandlung bestand, trägt bis heute diesen Namen. C. F. Peters hatte eng mit dem 1825 gegründeten Börsenverein der deutschen Buchhändler zusammengearbeitet. Die großen Erfolge des Verlages beruhen vorallem auf den weltweit einmaligen Exportumsätzen der berühmten Publikation "Grüne Notenreihe Edition Peters". Max Abraham, der spätere Inhaber des Musikverlages, hatte sie 1867 ins Leben gerufen. Sie sind bis heute das Markenzeichen des weltberühmten Musikverlages. Das Haus in der Talstraße, im zweiten Weltkrieg zerstört, heute hervorragend renoviert und in den alten Zustand versetzt, wurde von keinem Geringeren als dem Architekten des Bayreuther Festspielhauses, dem Leipziger

Otto Brückwald entworfen. Das Musikhaus Peters ist Bestandteil der am 15. Mai 2012 in Leipzig eröffneten "Notenspur".

Kostenlose Musikbibliothek

Die erste deutsche öffentliche Musikbibliothek "Peters" wurde 1894 in Leipzig in der heutigen Goldschmidtstraße eröffnet. Sie war weltweit die erste öffentliche und kostenlos zu nutzende Musikbibliothek. Stifter war Henri Hinrichsen. Seit 1894 und nunmehr über 100 Jahre befand sich die Peters-Bibliothek als Dauerleihgabe in der Musikstadt. Gegenwärtig bemüht sich die Stadt um den Kauf dieser einmaligen, 25.000 Medien umfassenden Bibliothek, darunter wertvollste Handschriften und Erstausgaben mit einem Wert von 3 Millionen Euro. Hinrichsen stiftete auch, gemeinsam mit Henriette Goldschmidt, die erste deutsche Hochschule für Frauen in Leipzig und ermöglichte der Uni Leipzig mit einer Schenkung von 200.000 Reichsmark den Kauf der Musikinstrumentensammlung, die heute ein Teil des Grassi-Museums ist. Im Waldstraßenviertel wurde eine Straße nach ihm benannt.

Erstes katholisches Gemeindegesangbuch

Martin Luther hatte das Kirchenlied zu Beginn des 16. Jh. eingeführt und es bewusst als Träger der Reformation eingesetzt. Michael Vehes "New Gesangbuchlin geystlicher Lieder", das erste katholische Gesangbuch, erschien 1537 ebenfalls ganz gezielt in Leipzig und diente gewissermaßen als Element der Gegenreformation. Ziel war es, mit diesem neuen katholischen Gesangbuch die Frömmigkeit zu fördern, vor reformatorischen Einflüssen zu schützen und durch den gemeinsamen Gesang die Einheit der katholischen Gemeinde zu stärken.

Älteste deutsche Musikbibliografie

Am 20. April 1807 gründete Friedrich Hofmeister (1782-1864) eine Musikalienhandlung, ein Musikalienleih-Institut, einen Musikalien-Verlag und einen Buch-Verlag in Leipzig. Ruhm erntete der Verlag mit der seit 1829 erscheinenden "Deutschen Musikbibliographie". Sie ist die älteste in Deutschland. Der "Friedrich Hofmeister Verlag" ist ein Verlag für klassische Musik, in Leipzig zuhause und nach wie vor in den Händen der Familie des Gründers. Im Musikalienhandel ist der Verlag über Leipzig hinaus in Europa, Asien und Amerika tätig. Heute umfasst das Verlagsprogramm Ausgaben für fast alle Orchesterinstrumente. Hofmeister Orchester-Studien sind seit Jahrzehnten in der Fachwelt bekannt. Der Hofmeister-Verlag engagiert sich auch für zeitgenössische Musik.

Mit Phonografenwalzen fing alles an

Das Deutsche Musik-Archiv, 1970 in Berlin gegründet und bis 2010 in Berlin, befindet sich seit 2011 in Leipzig unter dem Dach der Deutschen Nationalbibliothek. Es ist das größte musikbibliografische Informations-Zentrum Deutschlands. Genau wie die Pflichtabgabe eines Buches an die Nationalbibliothek, so besteht auch eine Pflichtabgabe von zwei Pflichtexemplaren durch die deutschen Musikverleger und die Tonträgerhersteller. Es werden ausnahmslos alle musikalischen Genres, vom Kinderlied über den Schlager bis zur Klassik, von Noten, Magnetbandkassetten bis zu Phonografenwalzen, gesammelt. Der Bestand umfasst ca. 1,7 Millionen Medieneinheiten, wobei jährlich etwa 40.000 Einheiten dazu kommen. Es gibt allein 163.000 historische Tonträger, wie Schellack-Platten, Phonographen-Walzen und Klavier-Rollen.

Weltweites Zentrum der Musik

Seit der Zeit Telemanns und Bachs (1685-1750) war Leipzig das Zentrum der Musik in Deutschland und der Welt. So hat Wien viele Komponisten-Häuser und Musikgedenkstätten, aber nur in Leipzig verfügten die großen Komponisten über geeignete Konzertsäle. Der Grund dafür ist, dass in Leipzigs großer Zeit die Musikkultur im Salon gepflegt wurde, das heißt in Räumen mit konzerttauglichen Größen.

Jahrhundert-Marke

Das Leipziger Gewandhaus-Orchester wurde im Oktober 2009 in Frankfurt/Main als einziges Kulturunternehmen in Deutschland mit dem "Markenpreis des deutschen Standards" und damit zur "Marke des Jahrhunderts" ausgezeichnet.

Weltweit größtes Orchester

Das Leipziger Gewandhausorchester zählt mit seinen 180 Musikern zu den weltweit größten Berufsorchestern und berühmtesten Klangkörpern. Durch seine vielen Uraufführungen bekanntester Werke und der wichtigsten Komponisten wie Beethoven, Brahms und Bruckner hat das Gewandhaus Musikgeschichte geschrieben. Das Gewandhausorchester Leipzig gibt pro Spielzeit über 200 Konzerte an drei Spielstätten in Leipzig und auf Tourneen weltweit. Seit Jahrhunderten steht der vom jüngeren Seneca geprägte Leitspruch "Res severa est verum gaudium" (Wahre Freude ist eine ernste Sache). Das gilt gleichsam für das Konzerthaus wie das Orchester. Das nunmehr dritte Gewandhaus steht am Augustusplatz.

Älteste Kammermusikvereinigung der Welt

Die älteste Kammermusikvereinigung der Welt ist das Leipziger Gewandhaus-Quartett. Im Herbst 1808 gründeten die vier führenden Streicher des Leipziger Gewandhausorchesters Heinrich August Matthäi, Bartolomäo Campagnoli, Johann Georg Hermann Voigt und Justus Johann Friedrich Dotzauer das Gewandhaus-Quartett. In diesem Quartett wirkten in den späteren Jahren solch bedeutende Musiker wie David, Joachim, Moscheles, Mendelssohn, die Schumanns, Tausig, d` Albert, Grieg, Brahms, Busoni, Siloti, Reger, Pfitzner u.a..

Vom Sinfonieorchester bis zum Kinderchor

Der Mitteldeutsche Rundfunk (MDR) ist die Rundfunkanstalt der Länder Sachsen, Sachsen-Anhalt und Thüringen mit Sitz in Leipzig. Er hat seinen Ursprung in der Mitteldeutschen Rundfunk AG (MIRAG), die 1923 gegründet wurde und damals zu den ersten großen und überregionalen Sendern Deutschlands gehörte. Der MDR besitzt drei sendereigene Klangkörper. Zum Sender gehört das 1915 gegründete Rundfunk-Sinfonieorchester, heute Rundfunk-Sinfonie-Orchester Leipzig mit 121 Berufsmusikern. Es ist nicht nur in Deutschland das älteste, sondern gehört auch weltweit zu den ältesten Rundfunkorchestern. Jährlich gibt das Orchester mehr als 100 Konzerte im In- und Ausland. Der zweite Klangkörper des MDR ist der 1946 gegründete Rundfunkchor Leipzig. Er ist heute der größte professionelle Konzertchor Deutschlands. Der MDR Kinderchor (120 Chorkinder) ist wiederum der einzige Kinderchor aller deutschen Rundfunksender.

Akustisch weltbeste Opernhäuser

Das neue Leipziger Gewandhaus, 1981 eingeweiht, wurde nach den Plänen des Leipziger Architekten Rudolf Skoda (geb.1931) gebaut. Nach Meinung des vielgereisten und berühmten Gewandhauskapellmeisters Kurt Masur, der alle bedeutenden Konzerthäuser dieser Welt kennt und bespielt, "verfügt der große Gewandhaussaal über die weltweit beste Akustik". Auch der Italiener und heutige Gewandhauskapellmeister Riccardo Chailly ordnet den Leipziger Konzertsaal den besten Konzertsälen der Welt (Internationales Mahler-Festival 2011 in Leipzig) zu.

Mit Erfolg herausposaunt

Die Deutsche Posaune ist ein Welterfolg aus Leipzig. Die moderne Posaune ist in ihrer heutigen Form und Klangfarbe eine Leipziger Erfindung. Instrumentenmacher Christian Friedrich Sattler (1778-1842) sorgte im Jahre 1821 mit zwei Erfindungen für Aufsehen, mit der chromatischen Ventiltrompete und der Tenorbassposaune, später als Leipziger Modell oder Deutsche Posaune, bezeichnet.

Ein Klavier spielt selbst

Der weltgrößte Hersteller von mechanischen Musikinstrumenten bis 1945 war die Firma "Hupfeld-Musikinstrumentenwerke". Die Firma wurde 1892 von Ludwig Hupfeld gegründet. Ein von ihm entwickeltes Musikinstrument (1902) war die weltberühmte "Phonola", ein selbstspielendes Klavier. Durch mehrere Unternehmenszukäufe stieg Hupfeld/Rönisch zum weltweit größten Produzenten mechanischer Klaviere auf. 2.000 Mitarbeiter hatte der Klavierbauer bereits 1918 beschäftigt. Das Privatunternehmen wurde 1945 enteignet und eine volkseigene "Deutsche Piano-Union" gegründet.

Größte Instrumentensammlung

Die wichtigste, größte und wertvollste Musikinstrumenten-Sammlung Deutschlands und die zweitgrößte Europas befindet sich in Leipzig. Das "Musikinstrumenten-Museum der Universität Leipzig" ist Teil des Grassi-Museums" und besteht seit dem 30. Mai 1929. Es beherbergt über 5.500 Objekte aus aller Welt. Spektakulär für ihre Zeit sind die 3.500 Notenrollen für selbstspielende Klaviere und zahlreiche Phonogramme. Allein 100 Instrumente aus der unmittelbaren Umgebung Johann Sebastian Bachs befinden sich in der Sammlung.

Größtes Bläsertreffen – weltweit

Der Deutsche Evangelische Posaunentag fand Mai/Juni 2008 in Leipzig statt. Mit über 15.000 Bläsern war es das weltweit größte Posaunistentreffen. Die Veranstaltung fand auf dem Augustusplatz statt.

Hochburg des Klavierbaus

Leipzig ist ein traditionsreicher und berühmter Standort des Klavierbaus. Um 1900 entwickelte sich Leipzig zur Hochburg der Pianoindustrie. Mit den fünf Klavierfabriken "Blüthner", "Feurich", "Hupfeld", "Schimmel" und den "Gebrüdern Zimmermann" war Leipzig führend im Klavierbau in Deutschland. Die "Julius Blüthner Pianofabrik" war bereits 1853 gegründet worden und hatte seit 1876 eine Niederlassung in London. Mit einer Fabrikfläche von 55.000 Quadratmeter und einer Jahresproduktion von 3.000 Stück gehörte sie schon zu einer der größten Klaviermanufakturen Europas.

Ein Klavier in der "Hindenburg"

Das erste Piano, das im Musiksalon des legendären Luftschiffes "Hindenburg" für die Unterhaltung der Zeppelin-Gäste sorgte, wurde 1936 in Leipzig in der Pianofabrik von Julius Blüthner gebaut. Es war ganz aus Aluminium, wog nur 136 Kilogramm und war mit Schweinsleder überzogen. Dieses erste Klavierkonzert in der Luft wurde weltweit auf 63 Radiostationen übertragen. Für die Blüthner Pianorfabrik war damit ein einmaliger Werbefeldzug verbunden. Das in fünfter Generation geführte Leipziger Familienunternehmen "Pianofabrik Blüthner" entwickelte und verkaufte 2011 das größte und teuerste Klavier der Welt. Grund für das 1,50 Meter und damit 20 Zentimeter höhere als sonstige Klaviere, waren Platzprobleme im Vergleich zu Konzertflügeln. Blüthner Niederlassungen gibt es u.a. in den USA, England, Japan und Russland. Abnehmer dieser XXL-Klaviere sind neben London vor allem Asien mit Singapur an der Spitze.

Ältestes Klavier der Welt

Das Musikinstrumenten-Museum in Leipzig besitzt eine einzigartige, weil originale Bartolomeo-Cristofori-Sammlung. B. Cristofori (1655-1731) stammt aus Padua, das damals zur Republik Venedig gehörte. Er ist ein italienischer Musikinstrumentenbauer und Erfinder der Klaviermechanik. Der im Leipziger Musikinstrumenten-Museum befindliche und noch völlig intakte Hammerflügel wurde vom Meister selbst gefertigt und ist das weltweit älteste Klavier. Es wurde im Jahre 1726 gebaut. Die Leipziger Ausstellung besitzt neben den insgesamt drei Hammerklavieren und einem Cembalo, weitere Instrumente, die ebenfalls aus der Werkstatt von Bartolomeo Cristofori stammen. Zu den Raritäten des Instrumenten-Museums gehören auch die Kinoorgel von 1931 sowie ein Klanglabor.

Alle Musical-Welterfolge auf einem Flügel

Zu den bekannten Komponisten und Weltstars, die einen "Blüthner" spielten bzw. spielen gehören u.a. Claude Debussy, Franz List, Arthur Nickisch, Max Reger, Carl Reinicke, Richard Wagner, Pjotr Tschaikowski, Carl Orff, Dimitri Schostakowitsch und Andrew Lloyd Webber. Webber komponierte zum Beispiel ausnahmslos alle seine Musical-Welterfolge auf einem Blüthner Klavier aus Leipzig. Selbst die Beatles (Paul

Mc Cartney) waren begeistert und nutzten für "Let It Be" einen Blüthner Flügel. Auch Europas ehemalige Herrscher spielten auf einem Blüthner, so u. a. Kaiser Wilhelm II, Queen Viktoria, Zar Nikolaus II, Papst Leo III. und das österreichische Königshaus. Blüthner Niederlassungen gibt es heute neben Leipzig in London, Moskau, Tokio, Shanghai und Wien.

Notenrollen und Lochplatten

In der Zeit zwischen 1876 und 1930 existierten, einmalig in Deutschland, über 100 Unternehmen in Leipzig, die selbstspielende Musikinstrumente jeglicher Art herstellten. Zu den großen und marktbeherrschenden Fabriken zählten damals "Symphonion" und "Polyphon". Sie exportierten ihre durch Lochplatten-Musikwerke und Notenrollen gesteuerte Klaviere und Lochkarten-Orchestrions in alle Welt.

Meist gesungene Volks-und Kinderlieder

Leipzig gilt nicht nur als eine Musikmetropole für klassische Musik, sondern von hier kommen auch einige der im deutschsprachigen Raum bekanntesten und meist gesungenen Volks- und Kinderlieder. Dazu gehören ohne Zweifel jene Lieder vom Leipziger Ernst Salomon Anschütz (1780-1861) wie "Fuchs, du hast die Gans gestohlen", "Wenn ich ein Vöglein wär" und "Alle meine Entchen". Auch "Lützows wilde Jagd" stammt aus Leipzig. Der Dichter und Freiheitskämpfer Theodor Körner (1791-1813), der selbst an der Völkerschlacht in Leipzig teilgenommen hatte, schrieb in jenen Tagen dieses Lied. Heute erinnert eine Gedenktafel an der Leipziger Oper (früher Neues Theater) an den Dichter und den Entstehungsort dieses Liedes.

Dem "Gesangsgott" abgelauscht

Carl Friedrich Zöllner (1800-1860) vertonte das Gedicht "Das Wandern ist des Müllers Lust". Es entstand 1844 im heute noch existierenden Gasthaus "Zills Tunnel" im Barfußgässchen. Felix Mendelssohn Bartholdy adelte ihn mit den Worten "Zöllner, dieses Lied haben Sie wahrhaftig dem Gesangsgott selbst abgelauscht." Bekannt sind die in ganz Deutschland musizierenden Zöllner-Gesangvereine. Im Rosenthal steht ein Zöllner-Denkmal, eine vom Bildhauer A. Herrmann Knaur geschaffene Marmorbüste.

Dem Nadelbaum einen Welthit

Der Schöpfer vieler sehr bekannter Kinderlieder, Ernst Gebhardt Salomon Anschütz schrieb in der Hainstraße 6, der ehemaligen Nikolaistraße, den Welthit "Oh Tannenbaum, Oh Tannenbaum". Ob in den USA oder in Korea, in Ungarn oder Frankreich, in Australien oder Neuseeland, überall besingt man den "Tannenbaum" des Leipzigers.

Weltweit meist gesungenes Weihnachtslied

Am Heiligen Abend wird "Stille Nacht, heilige Nacht" von rund zwei Milliarden Menschen in 350 Sprachen und Dialekten auf dem gesamten Erdball gesungen.

Den entscheidenden Durchbruch zu einem "Welthit" erfuhr das Lied erst in Leipzig. Nach mehreren Aufenthalten der vier Geschwister Strasser aus dem Tiroler Zillertal in der Musikstadt, hörte sie 1832 der Leipziger Verleger August Robert Friese (1805-1848). Der warf sofort die Druckpressen an und damit nahm das Lied von Leipzig aus seinen Weg um die ganze Welt. 1839 erklang die Melodie bereits in New York.

Notenspur und Welteerbe

Das Welterbe der Leipziger Musikgeschichte öffentlich und sichtbar zu machen, ist das Ziel der "Leipziger Notenspur." Seit 12. Mai 2012 verbindet ein modernes Wegeleitsystem 23 original erhaltende Wohn- und Wirkungsorte weltberühmter Leipziger Komponisten. Über eine Länge von 5,3 Kilometern informieren 160 in den Boden eingelassene Metallintarsien, 13 Infostehlen, 13 Schilder und eine Musikerlebnisstation über Leipzigs einzigartige Musikgeschichte. Mit dieser Initiative lädt die "Leipziger Notenspur" die Besucher zu einem musikalischen Spaziergang quer durch die Stadt ein. Mit diesem Teil des musikalischen Kulturerbes bewirbt sich Leipzig um die Aufnahme in die Welterbeliste der UNESCO. Die Leipziger Notenspur ist der erste musikhistorische Rundgang in Deutschland. Weitere geplante Nachfolgeprojekte sind das "Notenrad" und der "Notenbogen".

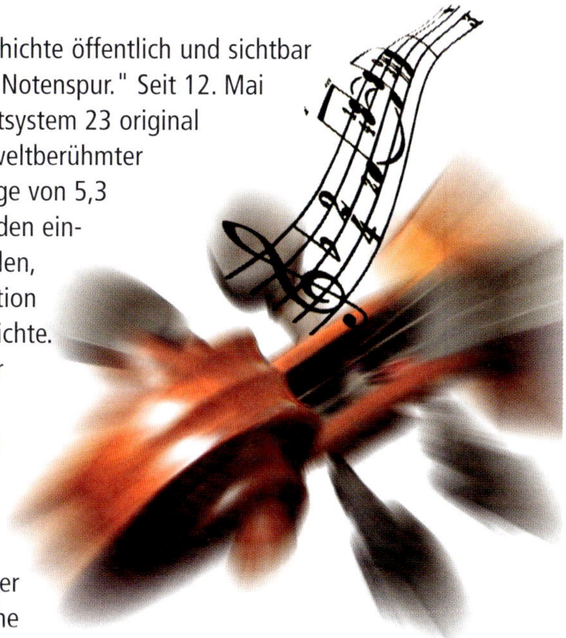

21. Märkte, Gründer, Firmen...

Im Wirtschafts-Ranking auf Nr. 1

Das "Foreign-Direct-Investment-Magazin", ein Magazin der Financial Times Group mit Sitz in London, setzte Leipzig auf den 1. Platz in der Kategorie "Strategy Large Cities". Grundlage der herausragenden Bewertung war die Studie "European Cities & Regions of the Future 2010/11". An der Studie hatten 223 Städte und 142 Regionen aus Europa teilgenommen.

Erstes Versandhaus der Welt

Carl Ernst Mey (1844-1903), ältestes von 14 Kindern, gründete 1870 in Leipzig das erste Versandhaus der Welt. Gemeinsam mit seinem Jugendfreund und späteren Geschäftspartner Bernhard Edlich begründete er den deutschen Versandhandel und gab den ersten Warenkatalog heraus. 1867 erwarb E. Mey ein US-amerikanisches Patent für Papierkragen und Papiermanschetten, produzierte diese zunächst in Paris und später in Leipzig in der Nonnenstraße. Er beschäftigte nahezu 2.000 Arbeiter und versandte seine Produkte weltweit und direkt an seine Kunden. Ernst Mey, der als Freimaurer der Apollo-Loge angehörte, war als Unternehmer sehr sozial eingestellt und in diesen Dingen seiner Zeit voraus. So gründete er lange vor der Sozialgesetzgebung Bismarcks (Gesetzgebung vom 1. Dezember 1884, Wilhelm I), eine Fabrikkrankenkasse und eine Unterstützungskasse, einen Frauenhilfsverein, ein "Arbeiterinnenheim" und finanzierte eine Kinderbewahranstalt. Zudem förderte er Sport- und Kulturvereine, Kirchen und Institutionen (O.W. Förster).

Erster illustrierter Warenkatalog der Welt

Ernst Mey ist nicht nur der Erfinder des abknöpfbaren Kragens, sondern gab 1886 in Leipzig den ersten illustrierten Warenkatalog heraus. Bei einer Bootsfahrt auf der Weißen Elster kann man das Versandgebäude mit Originalschrift am Haus "Mey & Edlich" bewundern. Im Leipziger Stadtteil Plagwitz wurde ihm zu Ehren eine Straße benannt. Sein Grab befindet sich auf dem Plagwitzer Friedhof in Leipzig. Alle ehemaligen und aktuellen großen Versandhäuser dieser Welt sind Nachahmer des Leipziger Hauses "Mey & Edlich" und des typischen Vorversandes eines Warenbestell-Kataloges für die Kunden.

Größtes Versandhaus der Welt

Im Mai 1995 wurde das "Quelle Versandzentrum Leipzig" auf dem Gelände des ehemaligen Flughafens Leipzig-Mockau fertiggestellt, auf dem sich in den zwanziger Jahren die größte Zeppelin-Halle der Welt befand. Das Grundstück hatte eine Größe von 61 Hektar. 3.000 Mitarbeiter schickten täglich bis zu 180.000 Pakete mit Waren aller Art in die Welt. Die Kataloge hatten einen Umfang von 1.000 Seiten. 2005 ging das Quelle-Versandhaus in Insolvenz.

Gaswerke vom Fließband

1835 wurde in Leipzig die erste Gasanstalt Deutschlands in Betrieb genommen. Mit der tech-

nischen Pionierleistung und der damit verbundenen Ausstattung der Stadt mit Gaslaternen, erhielt Leipzigs Ansehen einen enormen Aufschwung und eine Schlüsselstellung in der sich entwickelnden Gaswirtschaft. Das Leipziger Gaswerk war eine Anlage, die industriell nachgebaut werden konnte und das erfolgte auch in den nächsten 30 Jahren 600 mal.
Mehrere Gasometer sind noch heute in der Stadt zu sehen. Während in anderen Städten die Gasometer nur aus Eisengerüsten und einem Gasbehälter bestanden, waren die Gasometer Leipzigs ausnahmslos mit Mauerwerk (Klinkern) umhüllt. Der Reichtum und die finanzielle Situation Leipzigs machten das möglich. Ein ehemaliger Gasometer beherbergt heute ein Panometer mit 360 Grad Rundbildern als imposante Ausstellungshalle.

Es wird "gashell"

Im Jahre 1840 war Leipzig die erste Stadt Deutschlands mit vollständiger Gasbeleuchtung innerhalb der städtischen Mauern. Alle Straßenlampen wurden zu dieser Zeit mit Gas betrieben. Bereits 1838 leuchteten die ersten Laternen auf dem Leipziger Markt, dem Brühl und dem unmittelbaren Zentrum. Eine wesentliche Voraussetzung dafür war, dass bereits wenige Jahre zuvor in Leipzig ein Gaswerk in Betrieb genommen worden war.

Erster Generator

Der Leipziger Emil Stöhrer (1813-1890) baute 1844 weltweit den ersten Generator, der später auch den elektrischen Straßenbahnbetrieb erlaubte. Die theoretischen Grundlagen dafür hatte ebenfalls ein Leipziger Wissenschaftler gelegt. Prof. Wilhelm Eduard Weber war von 1843 bis 1849 Direktor des Physikalischen Institutes der Leipziger Uni. Er schuf das Grundgesetz der Elektrodynamik und der Praktiker Stöhrer wandte es an. Aufbauend auf Stöhrers Erfindung entwickelte Siemens 1866 den so genannten Doppel-T-Anker, der zum leistungsfähigen "Dynamo" führte.

Maschinen fürs Feld

Rudolf Sack (1824-1900) ist der Gründer der ersten Landmaschinengerätefabrik in Deutschland. Seine Versuchsfelder befanden sich auf dem heutigen Gelände des Wohngebietes Leipzig-Grünau mit ehemals 100.000 Wohnungen. R. Sack ist auch der Erfinder des Eisernen- und des Wendepfluges. Die Ruhestätte von R. Sack befindet sich auf dem Plagwitzer Friedhof.

Ein Labor für die Landwirtschaft

Am 28. Dezember 1852 errichtete der Leipziger Heinrich W. Leberecht (1790-1858), Besitzer des Schlosses und Mustergutes Salis, die erste "Landwirtschaftliche Versuchsstation" Deutschlands auf dem Rittergut Leipzig-Möckern. Es war die erste landwirtschaftliche Forschungsanstalt Deutschlands. In Europa gab es lediglich in England eine derartige Einrichtung. 1860 gelang Stationsleiter W. Knop, Bohnen und Maisfrüchte in einer

Nährlösung zu ernten. Es war die Grundlage aller heutigen Mineraldüngungen. 1910 erzielte Oskar Kellner (1851-1911) fundamentale Erkenntnisse zum Tierfutter. Heute befindet sich hier das Institut für Bodenkultur und Pflanzenbau des Freistaates Sachsen.

Einziges deutsches Biomasseforschungszentrum

Das einzige deutsche Biomasse-Forschungszentrum steht im Nordosten Leipzigs. Es ist der modernste Wissenschaftsstandort der Bundesrepublik Deutschland zur Erforschung von Bioenergieträgern. Es verfolgt seit 2008 das Ziel, mit Hilfe von Forschungs- und Entwicklungsarbeiten Möglichkeiten zur generellen energetischen Nutzung von land- und forstwirtschaftlicher Biomasse herauszufinden. Es ist gleichzeitig Deutschlands größte Versuchsbiogasanlage. Auch ein Motorenprüfstand, mit dessen Hilfe flüssige und gasförmige Biokraftstoffe erprobt werden können, ist einzigartig. Damit eröffnen sich völlig neue Forschungsperspektiven.

Erste Drahtheftmaschine der Welt

Hugo Brehmer (1844- 1891) erfand 1873 gemeinsam mit seinem Bruder die erste Drahtheftmaschine der Welt. Ihr Unternehmen stand in Leipzig-Plagwitz. Das Grab Hugo Brehmers befindet sich heute noch auf dem Leipzig-Plagwitzer Friedhof.

Eine Bahn am Draht

Erfinder der Drahtseilbahnen ist der Leipziger Adolf Bleichert (1845-1901). Die erste Drahtseilbahn der Welt wurde 1872 in Leipzig gebaut. Das Familienunternehmen "Adolf Bleichert & Co." entwickelte sich zur größten Drahtseilbahnfabrik der Welt. Das Unternehmen befand sich in der Lützower Straße in Gohlis. Bis 1924 hatte die Firma mehr als 4.000 Drahtseilbahnen gebaut und davon über 1.000 in alle Welt geliefert. Weltweit stellte die Firma eine Reihe von Superlativen auf. So baute Bleichert die längste Seilbahn über Wasser in Neukaledonien, die leistungsstärkste mit 500 Tonnen pro Stunde in Frankreich, die steilste in Tansania mit 86% Steigung, die nördlichste in Spitzbergen und die südlichste in Chile.1903/04 entstand im argentinischen Ort Chilecito (Höhe 1076 m) eine 34 Km lange Seilbahn hoch zur 4.600 Meter gelegenen Erzmine. Bei Steigungen über 45 Grad wurde ein Höhenunterschied von 3.500 Metern überwunden. Das ganze Werk der "Bleichert-Transportanlagen GmbH" war eine stadtbildprägende Anlage. 1990 wurde das Unternehmen von der Treuhand aus Konkurrenzgründen "abgewickelt".

Größte Förderbrücke der Welt

1976 wurde im Braunkohlentagebau Espenhain, nahe Leipzig, die größte Förderbrücke der Welt in Betrieb genommen. Über 500 Meter konnte der Abraum in die bereits ausgekohlten Tagebaue zurück transportiert werden. Im Ergebnis der politischen Wende wurden die Tagebaue stillgelegt und die einmalige Förderbrücke gesprengt. An der A 38, nahe der

Wildwasserstrecke Markkleeberg, befindet sich ein Technikpark, der an die große Zeit der einmaligen Fördertechnik im Leipziger Raum erinnert.

Weltgrößtes Schaufelrad

Bereits im ausgehenden 9. Jahrhundert wurde im Leipziger Raum Braunkohle gefördert. Die ganze Leipziger Tieflandsebene, insbesondere im Norden (Delitzsch) und im Süden (Borna) war bis 1989 von großflächigen Braunkohlentagebaue und einer entsprechenden Verarbeitungsindustrie (Kraftwerke, Brikettfabriken, Kokereien) umgeben. Jahrzehntelange Erfahrungen führten zu technischen und technologischen Leistungen, die auf diesem Gebiet einmalig in der Welt waren. Dazu gehörte das Schaufelrad SRS 6300 mit einem Durchmesser von 17 Metern und einem Gewicht von 190 Tonnen. Schaufelradschwenkbagger waren mit über 500 Meter langen Abraumbändern verbunden. Das im Kombinat TAKRAF hergestellte Schaufellrad wurde von 1987-1989 gebaut und im März 1989 zum Probebetrieb im Tagebau Breitenfeld eingesetzt. Als Ergebnis der veränderten politischen Verhältnisse wurden fast alle Tagebaue geschlossen und neue, hochmoderne Abbaugeräte vernichtet. Etwa 30.000 Menschen wurden arbeitslos. Dieses Schaufelrad konnte trotz Sprengung vor der Verschrottung gerettet werden und steht nun als Mahnmal auf einem speziell hergerichteten Erinnerungsplatz nahe der Schladitzer Bucht im Norden Leipzigs.

Marktführer weltweit

"Bruchhausen & Riessner" war Deutschlands erstes und führendes Unternehmen (1892) zur Herstellung mechanischer Musikapparate. "Polyphon", "Symphonion" und "Regina"(eine vom Leipziger Bruchhausen in Amerika gegründete Firma) waren die drei weltweiten Marktführer von Musikautomaten, Spieldosen, Orchestrions und Schallplatten.

Weltgrößte Druck-Farbenfabrik

Die weltgrößte Farbenfabrik "Berger & Wirth" hatte ihren Sitz in Leipzig (Ecke Gorki/ Waldbaurstraße). Mit 250 Mitarbeitern war sie die größte Druckfarbenfabrik und hatte Dependancen in der ganzen Welt. Nach dem ersten Weltkrieg gingen die ausländischen Filialen in Amsterdam, Budapest, Florenz, New York, Prag, Rio de Janeiro und St. Petersburg als Kriegsfolge verloren. Schon 1910 beschloss der Gemeindevorstand zu Ehren von Paul Moritz Berger und Robert Waldbaur eine Straßenbenennung.

Weltweit bedeutendster Hersteller von Aromen

Bereits 1829 wurde die Firma Schimmel & Co. in Leipzig, in der Berliner Straße, gegründet.

Sie entwickelte sich in den folgenden Jahren zum weltweit bedeutendsten Hersteller von Aromen und Duftstoffen. 1993 erwarb das amerikanische Unternehmen "Bell Flavors & Fragrances" den Betrieb von der Treuhand und ist heute einer der größten Produzenten seiner Art.

Größte Baumwollspinnerei der Welt

Die Baumwollspinnerei im Leipziger Westen war um 1900 die größte ihrer Art in der Welt. Eigener Kindergarten, Parkanlage, eigene Stromversorgung, 300 Feuerwehrleute und eigener Swimming-Pool für die Arbeiter. Eine Stadt in der Stadt. Bis 1990 wurde dort gearbeitet, dann wurden die Maschinen ausgebaut, die gesamte Produktion nach Tschechien verlagert und das Unternehmen liquidiert.

Modernste Druckwasseranlage in Europa

Im September 1887 wurde zur Wasserversorgung Leipzigs das Wasserkraftwerk Naunhof in Betrieb genommen. Es war seinerzeit die modernste Druckwasseranlage Europas, die noch heute für Leipzig Wasser liefert.

Eine Messe für den "Drahtesel"

Unter der Schirmherrschaft von König Albert von Sachsen fand 1889 die erste Fahrradausstellung Deutschlands im Leipziger Krystallpalast statt. Was heute kaum noch vorstellbar ist, es beteiligten sich 65 (!!) deutsche Fahrradfabriken an der Ausstellung. Im Rahmen dieser Veranstaltung wurde nur wenige Meter weiter, in der Albert-Halle, der "Verein deutscher Fahrradfabrikanten" als erster dieser Art in Deutschland gegründet.

Strom am Rad

Der Leipziger Richard Weber entwickelte 1883 als Erster weltweit einen Fahrraddynamo. Das Erstaunliche daran war, das erst wenige Jahre davor der Amerikaner Thomas Edison die elektrische Glühlampe erfunden hatte. Dass der von Weber entwickelte Dynamo nicht sofort ein riesiger Verkaufsschlager wurde lag auch daran, dass erst 1905 der Berliner Fritz Eichert eine serienreife Bereifung anbot, um den Dynamo zum Laufen zu bringen.

Welthauptstadt der Pelzverarbeitung

Leipzig war gewissermaßen die Weltstadt der Rauchwarenwirtschaft und "der Brühl" die "Weltstraße der Pelze". 1928 gab es in Leipzig 794 Pelzfirmen, die einen Jahresumsatz im hohen dreistelligen Millionenbereich erwirtschafteten. Dieser Aufstieg hatte seine Basis vor allem in den engen Handelsbeziehungen mit Russland. Mehr als zwei Drittel der russischen Rauchwaren gingen über Leipzig. Die edelsten und teuersten Felle wie Nerz, Zobel, Blau- und Silberfüchse oder Chinchilla kamen aus Sibirien. Aus einem Bericht von 1907 geht hervor, dass das Rauchwarengeschäft ganz Europas zu 75% in Leipzig abgewickelt wurde. Heute befindet sich dort das Einkaufszentrum "Höfe am Brühl".

Größtes und modernstes Holzveredlungswerk

Das größte und wichtigste Holzveredlungswerk Deutschlands war das 660.000 Quadratmeter große Unternehmen von F. Moritz Müller in Leipzig-Wiederitzsch. 1920 war es das modernste Säge- und Furnierwerk Europas. 1948 wurde es verstaatlicht und nach der Wende ließ die Treuhand alles rücksichtslos abreißen, einschließlich der "Zeppelinhalle."

Erste europäische Fabrik für Galvanotechnik

1881 gründete der Ingenieur Georg Langbein (1849-1909) in Leipzig eine chemische Fabrik für galvanische Erzeugnisse. Mittels Elektrolyseverfahren wurden die Oberflächen von Metallen behandelt. Es war die europaweit erste Fabrik, die die Oberflächen von Metallen behandelte und damit attraktiver und gebrauchsfähiger machte.

Erste Kürschnerinnung

"Die Weltstraße der Pelze" war ein weltweiter Begriff unter den Pelztierhändlern von Sibirien bis Kanada. Die für die Aufbereitung der Pelze verantwortlichen Kürschner gründeten in Leipzig bereits 1423 ihre Kürschner-Innung. Sie war damit die erste und älteste in Deutschland.

Eine Innung mit Durchblick

Leipzig war einst die Hochburg des Fensterbaues. Im 17./18. Jahrhundert hatte Leipzig die einzige Glaserinnung in Deutschland. Im Raum Leipzig gibt es zurzeit noch ca. 80 Glasereien, wobei Glaser heute gleichzeitig Spezialisten für Schall-, Wärme- und Einbruchschutz sind. Mit dem traditionellen Kit haben die Glaser heute weniger zu tun.

Kupfer unterm Hammer

1721 wurde in Leipzig die erste Kupferschmiedeinnung Deutschlands gegründet. Zu dieser Zeit gab es allein 600 Kupferschmiede in der Stadt. Waschkessel, Heizungen und Destillieranlagen wurden am meisten gebaut. Einer der letzten seiner Zunft ist der Leipziger Kupferschmied Wolfgang Wetzig. Er fertigt Turmkugeln, Wetterfahnen, Kupferkessel, Öfen und neuerdings baut er Resonanzkörper für Orchesterkesselpauken. 30- bis 40.000 Hammerschläge werden bis zur Fertigstellung der Orchesterkesselpauken benötigt.

Erster Verband der Gastwirte

Der "Bund deutscher Gastwirte" ist 1893 in Leipzig gegründet worden und hatte zu dieser Zeit auch seinen Sitz in Leipzig. Insgesamt gehörten 35.000 Gastwirte aus ganz Deutschland bereits bei der Gründung dem Verband an.

Erster Verband reisender Kaufleute

1884 erfolgte die Gründung des "Verbandes Reisender Kaufleute Deutschlands" in Leipzig. Das Vereinshaus wurde 1901 errichtet und stand in der Leipziger City, zwischen dem heutigen Centraltheater und dem Dittrichring.

Erster Verband der Berufs-Feuerwehren

Am 1. März 1865 erhielt Leipzig eine städtische Feuerwehr, mit ihrem Hauptsitz am Fleischer-Platz. In Leipzig wurde im Jahre 1902 der Verband der deutschen Berufs-feuerwehren gegründet. Nach 1865 und 1913 fand im Juni 2010 zum dritten Male der Deutsche Feuerwehrtag in Leipzig statt.

Die Fracht aus Leipzig

Der Interkontinental-Flughafen Leipzig/Halle ist auf dem Weltfrachtsymposium im März 2012 in Kuala Lumpur in Malaysia als bester Frachtflughafen ausgezeichnet worden. Der Flughafen erhielt den "Air Cargo Excellence Award". Leipzig/Halle rangierte dabei vor Brüssel, Köln/Bonn und Istanbul. Leipzig zeichnet sich durch seine in den letzten Jahren vollzogene dynamische Entwicklung und seine hervorragende Infrastruktur aus.

Im weltweiten DHL-Netzwerk die Nr. 1

Die Posttochter DHL in Leipzig ist weltweit die Nr. 1, noch vor Cincinnati/USA und Hongkong/China. Sie transportiert täglich ca. 2.000 Tonnen Fracht an 50 Ziele, u. a. nach Europa, Asien und den USA. Dass sind rund 280.000 Sendungen, die umgeschlagen werden müssen. Die Sortieranlage ist 6,5 Km lang, 100.000 Expresspakete können hier pro Stunde bearbeitet werden. Die Gesamtfläche des DHL-Areals in Leipzig beträgt über 2 Millionen Quadratmeter.

EDEKA 1907 in Leipzig gegründet

Die deutschlandweit agierende Supermarktkette "EDEKA" wurde am 12. Oktober 1907 in Leipzig gegründet. Die Feierlichkeiten fanden im Weißen Saal des noblen und damals ersten Hotels am Platze, dem "Hotel de Pologne", in der Hainstraße statt. Die Supermarktkette gehört heute zu den führenden Discountern in Deutschland.

Überdachtes Einkaufen

Mit 1,8 Quadratkilometer Einkaufsfläche ist das Leipziger "Paunsdorf-Center", der größte Einkaufsmarkt Europas. Seit 2011 erfolgt ein Umbau, um die Attraktivität des Centers für die Kunden weiter zu erhöhen.

Größter Trödlermarkt

Auf dem "agra-Markt" in Leipzig-Markkleeberg findet jedes letzte Wochenende im Monat ein Antik- und Gebrauchtwaren-Markt statt. Mit 1.000 Händlern und 10.000 Besuchern aus ganz Europa ist er bei Händlern und Besuchern gleichermaßen als der größte Flohmarkt Deutschlands beliebt.

Der "Klammer-Affe" ist eine hiesige Erfindung

Der "Klammer-Affe" ist nicht dem Leipziger Zoo entflohen, sondern eine Erfindung der Brüder Hugo und August Brehmer aus dem Jahre 1879. Seit nunmehr 125 Jahren fehlt er in keinem Büro. Mit seiner Hilfe werden Papierseiten mit einem U-förmig gebogenen Draht aneinander geheftet.

Beliebtester Bürostandort

In den zwanzig größten deutschen Städten befragte die aktuelle SEB-Bürostudie jeweils 150

Bürovermieter. Danach ist Leipzig der beliebteste Bürostandort in Deutschland, vor Hannover und Berlin. Das liegt im Besonderen an den Nettomieten und dem Mietniveau.

Erster Weltmeister in Stenografie

Der Leipziger Manfred Kehrer (geb.1936) war mehrfacher DDR-Meister und errang bei der ersten Weltmeisterschaft der Stenografen 1989 den WM-Titel. Er war damit der erste Steno-Weltmeister überhaupt. Kehrers Spitzenleistung betrug 530 Silben. Er stenografierte in den Landtagen Sachsens und Sachsen-Anhalts. Ganz nebenbei beherrscht er 9 Sprachen. Als er 2008 aus dem Landtag Sachsen-Anhalt verabschiedet wurde, erhielt er fraktionsübergreifend lang anhaltenden Beifall. Kerner "Wir Stenografen schreiben nicht auf, was der Redner gesagt hat, sondern was er sagen wollte. In den wenigsten Fällen entspricht das gesprochene Wort auch Sätzen, die niedergeschrieben, verständlich sind."

Größtes Fernsprechamt Europas

Am 1. August 1882 erhielt Leipzig sein eigenes Telefonnetz. Nach Berlin und Hamburg hatte Leipzig die meisten Telefonanschlüsse im damaligen Deutschen Reich. 300 Kilometer Draht mussten dazu auf Holzstangen und Rohrständern durch das ganze Stadtgebiet verlegt werden. Allerdings gab es zu dieser Zeit noch keine Möglichkeiten für Wechselgespräche, d.h. die Telefongespräche waren noch Einbahn-Gespräche. 1923 wurde in Leipzig das größte Fernsprechamt Europas eingeweiht.

Ein Telefon mit Bild

Anlässlich der Eröffnung der Leipziger Frühjahrsmesse am 1.3.1936 wurde die erste "Weitverkehrs-Fernsehsprech-Verbindung" zwischen Berlin und Leipzig eröffnet. Im Leipziger Postamt C1 auf dem Augustusplatz befand sich eins der zwei Bildtelefone. Für ein 3-Minuten-Gespräch mussten damals 3 RM entrichtet werden.

Modernste Braunkohlen-Verbrennungsanlage der Welt

Das Kraftwerk Lippendorf, nur wenige Kilometer vor den Toren Leipzigs gelegen, kann für sich gleich mehrere Superlative in Anspruch nehmen. Es ist erstens das modernste Braunkohlenkraftwerk der Welt, das zweitens über die neuste Großfeuerungs-Technik und in dem drittens Elektroturbinen laufen, die mit ihren zwei Kraftwerksblöcken zu je 933 Megawatt Brennleistung weltweit zu den stärksten zählen.

Größte Deponie

Im Juni 1991 wurde in Gröbern, Landkreis Leipzig, eine Zentraldeponie eingerichtet, die heute zur Westsächsischen Entsorgungs- und Verwertungsgesellschaft mbH gehört. Zentraldeponie und die mechanisch-biologische Abfallbehandlungsanlage sind Bestandteil des 80.000 Quadratmeter großen Tagebaugeländes. Die Anlage, bei der bis zu 300.000 Tonnen Haus- und Gewerbemüll verarbeitet werden, reinigt schmutziges Sickerwasser in einer dreistufigen Umkehrosmoseanlage. Von 40.000 Kubikmeter Sickerwasser werden ca. 36.000 Kubikmeter gereinigtes Wasser (Permeat) wieder in einen Schönungsteich eingeleitet und mit Oberflächenwasser vermischt, um dann als Brauchwasser genutzt zu werden. Die

Deponie betreibt eine aktive Öffentlichkeitsarbeit. Jedes Jahr findet ein "Tag der offenen Tür" statt, zu dem bis zu 700 Besucher Interesse zeigen.

Weltmarktführer für Eisenbahnkrane

Der stärkste Gleisbaukran, der weltweit das meiste Gewicht tragen kann, wurde im Jahre 2000 in Leipzig gebaut. Der Kirow KRC 1200 kann bis zu 150 Tonnen heben und mit seinen Auslegern einen Radius von 28 Metern erreichen. Derartige Krane dienen auch zum Retten havarierter Krane nach Unfällen bzw. zum Verlegen von Gleisanlagen. Das 1887 in Leipzig gegründete Unternehmen, damals noch Unruh& Liebig AG, ist seit Jahrzehnten Weltmarktführer für Eisenbahnkrane und baute bereits 1901 den ersten Kabelkran.

Geometrik – weltweit vorn

Die High-Speed-Bahntrasse Moskau-St. Petersburg, der Brennertunnel, Olympiastandort Sotschi, die Hochgeschwindigkeitsachse Berlin-Palermo, die ICE-Strecke Frankfurt/Main-Köln und die 123 Hightech-Weichen des superschnellen Shinkansen-Expresses in Taiwan sind nur einige Top-Adressen der weltweit führenden Leipziger Vermessungsspezialisten der Firma "Geo-Metrik".

Reise über's Internet

Die "Unister Holding GmbH" mit Sitz in Leipzig und zehn weiteren Dependancen, u.a. in Berlin, Hamburg, Düsseldorf und Dresden ist in verschiedenen Geschäftsbereichen wie Reisen, Geld, Immobilien, Kundenservice sowie Beratung tätig. Mit den Vergleichsportalen "ab-in-den-urlaub.de, "fluege.de" und "reisen.de", einer Beteiligung an der travel24.com AG. ist "Unister" Deutschlands größter Online-Reise-Vermittler für Pauschalreisen, Flüge, Last-Minute, Städte- oder Individualreisen. Als Betreiber und Vermarkter von Internetportalen ist er noch immer auf Expansionskurs. So entsteht in der Leipziger City eine neue Firmenzentrale für die insgesamt 1.500 Mitarbeiter im Unternehmen. Interessant ist die Tatsache, dass der Gründer Thomas Wagner (geb. 1978), bereits während seinem wirtschaftwissenschaftlichen Studiums in Leipzig 2002 seine erste Online-Firma, eine "Studenten-Tauschbörse" eröffnete. Seitdem hat er sein Geschäftsportfolio erheblich ausgebaut und agiert heute auch international erfolgreich.

Nahverkehrsnetz ist eng

Der "German Green City Index", eine europaweite Studie des britischen Forschungsinstitutes "Economist Intelligence Unit" 2011 ergab, dass Leipzig das dichteste Nahverkehrsnetz aller deutschen Städte und die höchste Recycling-Quote aller europäischen Städte hat.

22. Medizin, Psychiatrie & Psychologie

Weltweit älteste medizinische Institute

An der Alma mater Lipsiensis gibt es in ihrer über 600 jährigen Geschichte eine Reihe von Wissenschaftsdisziplinen, die das Prädikat "Erstes Institut der Welt" oder mindestens "Erstes Institut in Deutschland" tragen. Das heißt, diese Disziplinen hat es einerseits bis dahin nirgendwo gegeben und andererseits trugen diese in Leipzig entwickelten neuen Wissenschaftsdisziplinen internationalen oder wenigstens nationalen Modellcharakter.

Das "Anatomische Theater"

Das "Anatomische Theater" aus dem Jahre 1555 befand sich in einer Kammer am Kreuzgang der "Uni-Kirche St. Pauli". Es ist so eingerichtet, dass die Wundärzte genügend Platz beim Sezieren hatten und durch die zahlreich anwesenden Zuschauer nicht gestört wurden. Für den Bau dienten die historischen Amphitheater von Rom oder Verona als Vorbilder. Nach dem gleichen Muster werden auch heute noch die Hörsäle für Anatomie an den Universitäten eingerichtet.

Ältestes Medizin-Historisches Institut der Welt

Leipzig besitzt das älteste "Medizin-Historische Institut" der Welt, das "Karl-Sudhoff-Institut". Am 1. April 1906 hatte Sudhoff das Institut eröffnet, das später seinen Namen trug. Die Sammlung umfasst mehr als 7.000 medizin-historische Sachzeugen, u.a. 1.000 medizinische Instrumente und über 3.000 grafische Porträts der damals berühmtesten Mediziner.

Erste Frau in Medizin

Hope Bridges Adams Lehmann (1855-1916), eine gebürtige Engländerin, siedelte nach dem Tod ihres Vaters zu Verwandten ihrer Mutter nach Dresden um. 1876 begann sie ein Medizinstudium an der Uni Leipzig. Sie war damit die erste Medizinstudentin in Deutschland. Obwohl es aus rechtlicher Sicht nur möglich war, ein Studium als Gasthörerin aufzunehmen, hatte sie es vor allem den weltoffenen und demokratisch gesinnten Leipziger Professoren zu verdanken, dass sie ihr Medizinstuzdium aufnehmen konnte. 1880 legte sie als erste das Medizin-Examen in Leipzig erfolgreich ab. Ein Jahr später nahm sie ihre Arbeit als Ärztin in Frankfurt/Main auf, praktizierte im Schwarzwald und später in München. Die offizielle Anerkennung ihres Medizinstudiums erfolgte erst 14 Jahre später. Sie schrieb mehrere Medizinbücher und war mit den Leipziger Frauenrechtlerinnen ihrer Zeit, u.a. mit Clara Eissner/Zetkin eng befreundet.

Leipziger Arzt gründete Hartmannbund

Der heute noch existierende und aktive Verband der Ärzte Deutschlands wurde am 13. September 1900 in Leipzig von dem in Leipzig geborenen Arzt Herrmann Hartmann (1863-1923) mit dem Ziel der Wahrung wirtschaftlicher Interessen der Ärzte, gegründet. Der offizielle Titel lautete: "Verband deutscher Ärzte zur Wahrung ihrer wirtschaftlichen Interessen". Hartmann setzte sich für seine Kollegen ein und kämpfte gegen die Willkür und rücksichtslose Ausnutzung der damaligen Kassenvorstände. Freie Arztwahl der Patienten, freie Niederlassung der Ärzte und eine angemessene Vergütung der ärztlichen Leistungen waren seine ersten Forderungen. 1910 waren bereits 90% aller deutschen Ärzte im Hartmannbund organisiert.

Auf die Spender kommt es an

Am 8. Dezember 1933 erging ein Spendenaufruf in der Leipziger Volkszeitung an die Bevölkerung. Dies war zugleich die Geburtsstunde des Blutspendens in Deutschland. Leipzig verfügte zu Beginn der 30er Jahre als einzige deutsche Stadt schon über einen funktionierenden Blutspenderdienst.

Der Saft des Lebens

Die Haema AG ist der größte unabhängige Blutspendedienst in der Bundesrepublik Deutschland. Mit mehr als 30 Blutspendezentren und über 1.000 Mitarbeitern trägt das Unternehmen als moderner Dienstleister maßgeblich zur Versorgungssicherheit mit Blut- und Plasmaprodukten bei. In der Leipziger Zentrale befinden sich auf einer Fläche von ca. 2.500 m^2 Europas modernste Verarbeitungsanlagen und Kühlzellen zur Lagerung der Blutprodukte. Jedes Jahr werden hier von der Haema AG über eine Millionen Blut- und Plasmaspenden verarbeitet und die hergestellten Blutpräparate an Krankenhäuser, medizinische Zentren und Arzneimittelhersteller geliefert.

Größte Nabelschnur-Blutbank

Die "Vita 34 AG" wurde 1997 in Leipzig als GmbH gegründet und bereits 2002 in eine erfolgreiche AG umgewandelt. "Vita" steht für Leben und "34" symbolisiert das Oberflächenmolekül CD 34, das die blutbildenden Stammzellen charakterisiert. Der Immunologe und Diabetes-Spezialist Lampeter gilt als Pionier auf dem Gebiet der Gewinnung, Lagerung und Verwendung von Nabelschnurblut zur Eigenvorsorge als Grundlage für spätere erfolgreiche therapeutische Maßnahmen. "Vita 34" ist heute die älteste und größte Nabelschnurblutbank Europas, die als Marktführer auch über die meisten praktischen Erfahrungen auf diesem Gebiet verfügt. Das Unternehmen besitzt ein eigenes Stammzellenlabor und kann inzwischen auf fast 90.000 Einlagerungen von Nabelschnurblut verweisen. "Vita 34" hat seinen Hauptsitz in der Leipziger "Bio City" am Deutschen Platz.

Wegbereiter der ganzheitlichen Medizin

Der Leipziger Arzt, Maler und Naturphilosoph Carl Gustav Carus (1789-1869) galt noch als einer der universalen Gelehrten des 19. Jahrhunderts. In Leipzig geboren, hatte Carus die Thomasschule besucht und an der Uni Leipzig Chemie, Physik, Anatomie und Botanik studiert. Mit 22 Jahren besaß er bereits zwei Doktortitel. Während der Völkerschlacht bei Leipzig 1813 leitete er das Militärhospital und behandelte Tausende an Wundbrand, Typhus und anderen Verletzungen erkrankte Patienten. Hier wurde er auch mit unwissenden, aber behandelnden Ärzten konfrontiert. In Beiträgen äußerte er sich kritisch über diesen Teil der Ärzteschaft, einer unzureichenden Medizin und einem unzureichenden Forschungsstand in der Medizin, der Psyche und der Umwelt. Carus gilt als Vorreiter der ganzheitlichen medizinischen Betrachtung und Behandlung des Menschen.

Einführung der vergleichenden Anatomie als selbstständiges Fach

Gustav Carus (1789-1869) war der erste Arzt in Deutschland, der die vergleichende Anatomie als selbstständiges medizinisches Fach in Lehre und Forschung einführte. Ganz nebenbei war er auch ein genialer Landschaftsmaler der Romantik. Zu seinem Freundeskreis gehörten Caspar David Friedrich, J. Wolfgang von Goethe und Alexander von Humboldt. Hunderte medizinische Einrichtungen in aller Welt tragen heute seinen Namen.

Zentrum der Homöopathie

In Leipzig wirkten der Begründer der Naturheilmethode Samuel Hahnemann (1755-1843) und der geschäftstüchtige Wilmar Schwabe (1839-1917), durch den die Homöopathie in ganz Deutschland verbreitet wurde. Hahnemann hatte eine Heilkunde, oft durch Selbstversuche entwickelt, die er Homöopathie nannte und bis heute viele Anhänger hat. Seine 1810 formulierte Forderung lautete: "Ähnliches möge durch Ähnliches geheilt werden." Der Leipziger veröffentlichte 1796 im "Hufeland Journal" zum ersten Male einen Beitrag über seine neue Art zu heilen. Der Artikel lautete "Versuch über ein neues Prinzip zur Auffindung der Heilkräfte der Arzneysubstanzen." Neben weiteren Beiträgen in Zeitungen, Zeitschriften und Büchern veröffentlichte Schwabe 1872 sein Buch "Pharma copoea Homöopathie Polyglotto", das zum Standardwerk der homöopathischen Pharmazie wurde. 1801 erschien bereits die 6. Auflage.

Berühmteste Reiseapotheke

Die "Homöophatische Reiseapotheke", eine Erfindung des Leipzigers Wilmar Schwabe (1839-1917), wurde durch Karl May berühmt. In seinem Buch "Durch Wüste und Harem" von 1881 schrieb er "unglücklicherweise habe ich in Kairo eine alte, nur noch halb gefüllte homöopathische Apotheke von Wilmar Schwabe in die Hand gekommen; ich hatte hier und da bei Freunden oder Bekannten fünf Körnchen von der dreißigsten Potenz versucht, dann während der Nilfahrt meines Schiffes gegen alle möglichen eingebildeten Leiden eine Messerspitze Milchzucker gegeben und war mit ungeheurer Schnelligkeit in den Ruf eines Arztes gekommen, der mit dem Scheidan im Bunde steht, weil der mit drei Körnchen Dürrhahirse Tote lebendig machen könne." Schwabe, der von 1892-1904 auch Vorsitzender der Ortskrankenkasse für Leipzig und Umgebung war (heute AOK), hatte in Leipzig einen eigenen Verlag mit Druckerei gegründet, in dem sowohl Arzneibücher als auch homöopathische Bücher erschienen. Schon vorher, 1871, hatte er eine eigene Apotheke eröffnet und sieben Jahre später kaufte er die homöopathische Apotheke am Thomaskirchhof, um seine Konkurrenz auszuschalten. In jener Central-Apotheke am Thomaskirchhof hatte sich Karl

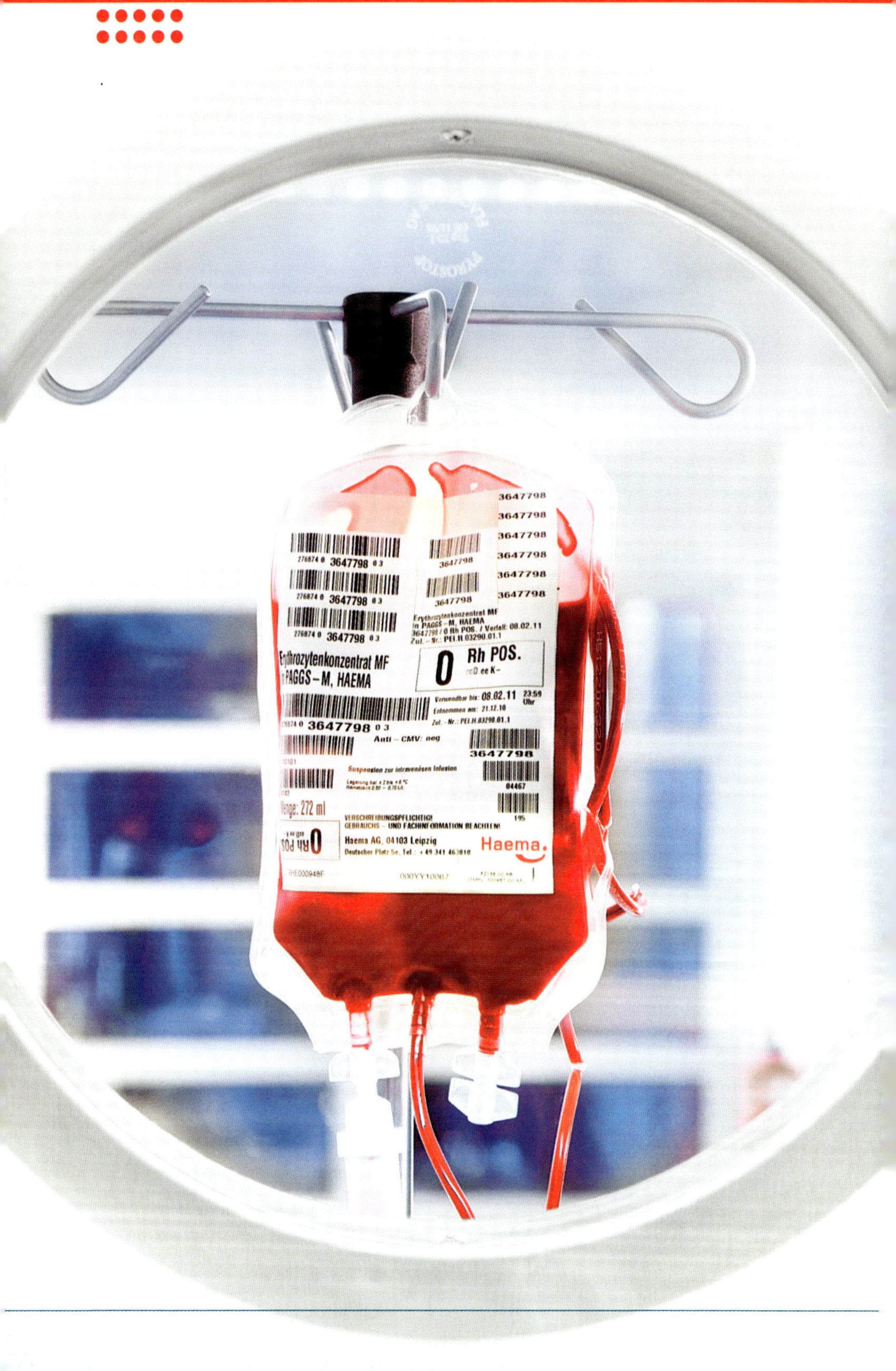

Erythrozytenkonzentrat MF
PAGGS – M, HAEMA
3647798
0
Rh POS.
Verwendbar bis: 08.02.11
Entnommen am: 21.12.10
Zul.-Nr.: PEI.H.03290.01.1
Anti – CMV: neg
Suspension zur intravenösen Infusion
VERSCHREIBUNGSPFLICHTIG!
GEBRAUCHS – UND FACHINFORMATION BEACHTEN!
Haema AG, 04103 Leipzig
Haema.

May am 20. März 1865 tatsächlich auch eingemietet und entsann sich beim Schreiben seines Buches offensichtlich an diese Zeit. Genau an dieser Stelle befindet sich heute ein Apotheken-Museum, das auch auf diese Zusammenhänge hinweist.

Erster Verein homöophatischer Ärzte

1828 gründete sich in Leipzig der erste Verein homöopathischer Ärzte in Deutschland. Während Hahnemanns (1755-1843) neue Medizinmethode in vielen Ländern verehrt wurde, z.B. durch Mahatma Gandi (1869-1948): "Homöoparthie ist die durchdachteste Methode, um Kranke ökonomisch und gewaltlos zu behandeln", gab es bei Leipziger Apothekern erhebliche Vorbehalte, sodass er erst nach Köthen und später nach Paris ging.

Begründer der Kinderheilkunde und erster Ordinarius

Otto Heubner (1843-1926) ist der Begründer und erste Lehrstuhlinhaber der Kinderheilkunde als eigenes Medizinfach in Deutschland. Heubner, zugleich erster Ordinarius, lehrte an der Kinderklinik der Universität Leipzig. Zu den hervorragenden und deutschlandweit anerkannten Leipziger Ärzten und Wissenschaftlern gehörten Martin Thiemich, Fritz Meißner, Adolf von Strümpel, Robert Herrmann Tillmanns, Georg Bessau und Albrecht Peiper.

Heilung für die Jüngsten

Auf Initiative der Leipziger Kinderärzte Otto Heubner (1843-1926) und Hermann Tillmanns (1844-1927) wurde am 6. 12. 1891 das erste öffentliche Kinderkrankenhaus Deutschlands mit 132 Betten in der Oststraße in Betrieb genommen. Prof. Heubner war von 1891 bis 1894 erster Direktor und später erster Ordinarius für Kinderheilkunde an der Berliner Charitè. 1903 erschien in Leipzig das erste "Lehrbuch der Kinderheilkunde" Autor war Prof. Otto Heubner.

Medizinische Weltgeschichte für Kinder

Kinderchirurgie, -radiologie, -orthopädie, -anästhesie, -kardiologie sind medizinische Richtungen der Kinderheilkunde, die in Leipzig ihren Ausgangspunkt und ihre erste wissenschaftliche Heimat hatten. Die im Süden Leipzigs beheimateten Kliniken für Kinderheilkunde und Jugendmedizin, Kinderchirurgie, Kinderradiologie, Kinderorthopädie, Kinderanästhesie und die Kinderkardiologie schrieben im Haus in der Oststraße medizinische Weltgeschichte.

Weltweit erste Mammografie-Aufnahme

1967 wurde an der medizinischen Fakultät der Leipziger Universität der Lehrstuhl für Radiologie eingerichtet. Doch bereits 1957 wurde an der Universität die weltweit erste Mammografie-Aufnahme gemacht. Der Uni-Arzt Otto-Kleinschmidt (1880-1948), 1908 in Leipzig promoviert, 1915 auch hier habilitiert und später Professor für Chirurgie der medizinischen Fakultät, beschrieb bereits 1927 als Erster die klinische Anwendung der Mammografie. Er hatte Röntgenstrahlen beim Durchleuchten der Brust einer Patientin genutzt.

Erstes medizinisches Nanologiezentrum

Die Nanologie wurde 1954 an der Leipziger Universitätsklinik unter Prof. Albrecht Peiper (1889-1968) begründet. Peiper war von 1948-1958 Lehrstuhlinhaber für Kinderheilkunde und Direktor der Kinderklinik Leipzig. Mit seinen wissenschaftlichen Arbeiten zur Physiologie und Pathophysiologie der Neugeborenen trug er maßgeblich zur Senkung der Säuglingssterblichkeit in Deutschland bei. Es gab in der Oststraße ein eigenes Frühgeborenen-Haus, das auf eine sehr erfolgreiche Arbeit zurückblicken konnte. Infektionsschutz, Wärme, Beatmung und Personal, das sich intensiv um die Säuglinge kümmerte, waren wesentliche Bedingungen für den Erfolg. Er veröffentlichte mehrere Medizinbücher. Peiper, der 1953 den Nationalpreis der DDR erhalten hatte, spendete dieses Geld jenen Krankenschwestern, die mit ihm zusammen gearbeitet hatten. Das Geld reichte über 20 Jahre.

Erste Klinik für Herz- und Gefäßchirurgie

Die Universität Leipzig besaß die erste eigenständige Klinik für Herz- und Gefäßchirurgie in Deutschland. Diese Klinik wurde am 01. 04. 1961 gegründet und am 9. Dezember 1961 offiziell eingeweiht. Prof. Dr. med. Martin Herbst (1917-2005), der die Klinik vom ersten Tage bis 1982 als Direktor leitete, wurde für seine Verdienste um den Aufbau der ersten Klinik für Herz- und Gefäßchirurgie in Deutschland u.a. als Ehrensenator der Uni Leipzig geehrt. Prof. Herbst hatte als erster Arzt bereits 1953 die erste erfolgreiche Operation am geschlossenen Herzen und zwei Jahre später eine OP am offenen Herzen erfolgreich durchgeführt. M. Herbst gehört zu den Pionieren der deutschen Herzchirurgie.

Älteste Heilstätte Deutschlands

Das Klinikum St. Georg beging im Jahre 2012 sein 800-jähriges Bestehen und ist damit Deutschlands urkundlich nachweisbar älteste Heilstätte. In den letzten Jahren erfolgten in allen Kliniken und Häusern umfangreiche Umbau- und Sanierungsarbeiten. St. Georg verfügt gleichsam über einen guten Ruf als eine akademische Lehr- und Ausbildungsstätte. Aus Anlass des Jubiläums erschien ein Buch über die Geschichte und die medizinischen Leistungen des Krankenhauses.

Erstes Modellvorhaben

Das Herzzentrum der Leipziger Uniklinik, 100%ige Tochter der RHÖN-KLINIKUM AG ist Teil der Medizinischen Fakultät der Universität Leipzig. Damit ist das Herzzentrum Vorreiter und Modellvorhaben in der Verknüpfung von universitärer Hochleistungsmedizin und moderner, privatwirtschaftlicher Unternehmensführung. Unter der Leitung von international anerkannten Medizinern und Forschern betreuen mehr als 1.300 Mitarbeiter jährlich über 38.000 Patienten. Mit dem Freistaat Sachsen und der Universität Leipzig besteht ein Kooperations- und Nutzungsvertrag.

Weltweit anerkanntes Herzzentrum

Das Herzzentrum Leipzig bietet Hochleistungsmedizin, Lehre und Forschung. 390 Betten stehen den Patienten in drei Kliniken (Herzchirurgie, Kardiologie, Rhythmologie, Pädiatrie und Kinderkardiologie, Anästhesiologie und Radiologie) zur Verfügung. "Wir haben es geschafft, das Herzzentrum zu einer international anerkannten Institution zu machen. Es ist das größte seiner Art in ganz Deutschland. Wir arbeiten auf europaweit höchstem Standard und unsere Patienten kommen aus der ganzen Welt" (Prof. Friedrich W. Mohr). Mit jährlich 5.800

Herzoperationen (2011) steht das Leipziger Herzzentrum in Europa an der Spitze. Die seit dem Jahre 2000 existierende eigenständige Abteilung für Rhythmologie gehört heute zu den leistungsfähigsten invasiven Behandlungszentren in ganz Europa.

Weltweit erste OPs mit Roboterunterstützung

Im Mai 1998 wurden am Herzzentrum Leipzig, weltweit erstmalig, fünf koronare Bypass-Operationen und vier Patienten an Mitralklappen "auf Distanz", das heißt unter Einsatz von Robotertechnik, operiert. Die roboterunterstützende Methode wurde durch Prof. Mohr und Dr. Falk zunächst im Labor, später an Tieren und danach an Verstorbenen trainiert. Ziel der erfolgreichen Robotereinsätze war es, die Qualität der operativen Arbeit der Herzspezialisten zu verbessern.

Drei Herztransplantationen in 24 Stunden

Der Zufall wollte es, dass die europäische Spenderzentrale im holländischen Leiden dem Herzzentrum in Leipzig gleich drei passende Herzen für Patienten anbot, die auf ein neues Herz warteten und alle medizinischen Parameter passten. Die im Oktober 2010 erfolgreich durchgeführten drei Herz-Transplantationen innerhalb von 24 Stunden bewiesen die beispielhafte Leistungsfähigkeit und führende Stellung des Leipziger Herzzentrums. Basis für den Erfolg waren die hervorragende Beherrschung der gesamten Logistik und der große Stab an erfahrenen und hervorragenden Herzspezialisten an der Leipziger Klinik.

Weltweit führendes Institut in der Knochenmarktransplantation

Die Leipziger Uni gehört zu den weltweit führenden Spezialkliniken auf dem Gebiet der Knochenmarktransplantation. "Wir spielen in der Champions League" (Chefarzt Prof. Dietger Niederwieser). 2011 wurde die 2500. Knochenmarktransplantation vorgenommen. Prof. Niederwieser hatte wie sein DDR-Vorgänger Prof. Helbig seine Spezialausbildung beim Medizin-Nobelpreisträger Donald Thomas in den USA absolviert.

Erste ordentliche Professur für Bariatrische Chirurgie

Der Aufbau eines Lehrstuhls für bariatrische Chirurgie (Adipositas Chirurgie) in Leipzig, die erste in Deutschland, ist in engem Zusammenhang mit der groß angelegten Forschung auf diesem Gebiet zu sehen. Neben der Schaffung einer erstmaligen Professur für Adipositas-Chirurgie (2012) wurden vier weitere, zum Projekt gehörende Professorenstellen im Bereich Adipositas, geschaffen. So befassen sich Teilgebiete der Adipositas Forschung mit der Hirnforschung, der Prävention, der Genetik und den Belohnungsmechanismen.

Weltweite Grundlagen für die modernen Neurowissenschaften

Paul Flechsig (1847-1929) begann seine Laufbahn am Pathologischen Institut der Uni Leipzig. Am 4. März 1882 hielt er seine Antrittsrede als berufener Direktor der neuen Nervenklinik der Uni Leipzig. Er legte weltweit die Grundlagen der modernen Neurowissenschaften. Heute trägt das Institut für Neurologie der Uni Leipzig seinen Namen. Seine letzte Ruhestätte befindet sich auf dem Leipziger Südfriedhof.

Orthopädie: Weltweit die Nr. 1

Ältestes orthopädisches Lehrbuch (J.C. Gottlieb, 1816), älteste orthopädische Bettenstation (Carus 1829), erste Habilitation im Fach Orthopädie (Schildbach), älteste Orthopädieklinik (1861), modernste Orthopädieklinik ihrer Zeit in Europa: Alles nachweisbare Fakten. Die Orthopädische Uni-Klinik in Leipzig gehört zu den traditionsreichsten und innovativsten Kliniken ihrer Art in Deutschland.

Erster deutscher Urologe im Royal College of Surgeons

Das "Royal College of Surgeons of England", dessen Wurzeln bis 1540 in die Zeit Heinrich VIII. zurückreichen, ist weltweit eine der ältesten medizinischen Vereinigungen für die chirurgischen Fächer. 2007 hatte der Leipziger Jens Uwe Stolzenburg als erster deutscher Urologe die Ehrenmitgliedschaft des "Royal College of Surgeons of Edinburgh" erhalten. 2010 wurde dem Leipziger als bislang einzigen deutschen Urologen die "Fellowship by Election" in London überreicht. Stolzenburgs Verdienste bestehen in der Aus- und Weiterbildung von englischen Ärzten in der minimal-invasiven Chirurgie. 2011 erhielt er die "St. Pauls Medal 2011". Die Medaille wird an weltweit führende Urologen verliehen.

Größte Frauenklinik Europas

Zum Zwecke der Eröffnung einer Hebammenschule wurde der Uni Leipzig im Jahre 1806 ein Grundstück mit Gebäuden übereignet. Stifterin war Augusta Trier (1731-1806). Ziel war es, Hebammen, Ärzte sowie Chirurgen eine geburtshilfliche Ausbildung zu ermöglichen. Als erster Ordinarius für Geburtshilfe in Deutschland übernahm Johann Gottfried Jörg (1779-1856) die Leitung der Entbindungsschule, ("Triersches Institut") aus dem sich die Frauenklinik entwickelte. 1810 wurde die Universitäts-Frauen-Klinik eröffnet. Unter Walter Stöckel (1871-1961) entwickelte sie sich 1928 zur größten Frauenklinik Europas. In dieser Zeit gehörten 340 Betten und 120 Neugeborenen-Betten zur Ausstattung der Klinik. Namhafte Wissenschaftler führten in den zurückliegenden Jahrzehnten diese traditionsreiche klinisch-akademische Einrichtung.

Professur für OP-Simulation

Am 1. Dezember 2011 wurde an der größten sächsischen Fachhochschule, der Hochschule für Technik, Wirtschaft und Kultur (HTWK), die erste Professur für "Simulation und Ergonomie in der operativen Medizin" in Deutschland eingerichtet. Mit Hilfe eines speziellen Trainings-Operationssaales werden Möglichkeiten zur Simulation sowie Training von Operationen für Chirurgen und medizinischem Personal, die an Operationen beteiligt sind, geschaffen. Gleichzeitig geht es um den Aufbau eines Labors zur Erforschung und Entwicklung eines medizinischen Mensch-Maschine-Systems. Die Professur wird von der Leipziger Stiftung für Innovation und Technologietransfer gefördert.

Erstes Zahnärztliches Institut

Am 16. Oktober 1884 wurde an der Universität in Leipzig das erste Zahnärztliche Institut in Deutschland eröffnet. In diesem Institut fand zum ersten Male eine universitäre zahnärztliche Ausbildung mit theoretischen und praktischen Fächern statt. Chef des Institutes war der

Extraordinarius für Zahnheilkunde Prof. Dr. Friedrich Louis Hesse (1849-1906). Hesse begann seine professionelle akademische Lehrtätigkeit mit sieben Studenten in vier kleinen Räumen in der Goethestraße 5 im Leipziger Zentrum. Das Institut gliederte sich in zwei Abteilungen: in eine operativ-konservierende und eine zahnärztlich-technische Abteilung. Der Unterricht in Fächern wie Anatomie, Physiologie, Pathologie, Chirurgie und Arzneimittellehre erfolgte in den betreffenden medizinischen Fakultäten. Das Leipziger Institut wurde anschließend das Vorbild für die Entwicklung und den Aufbau von zahnärztlichen Instituten in ganz Deutschland. 2012 wurde wiederum an der Uni Leipzig, das deutschlandweit modernste zahnmedizinische Zentrum zur Ausbildung von Studenten, zur Forschung und zur Versorgung der Leipziger Bewohner eröffnet.

Weltweite Geburtsstunde der Seelenkunde

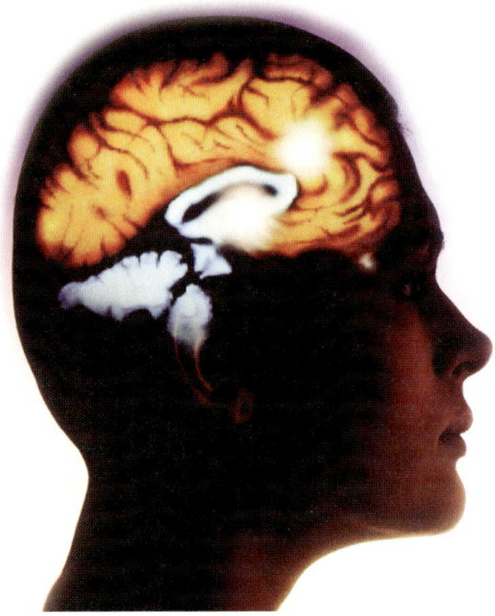

Der 20. Mai 1806 ist weltweit die Geburtsstunde des akademischen Unterrichts in der Seelenkunde. Die erste Vorlesung hielt Johann Heinroth (1773-1843) an der Universität in Leipzig. Auf Weisung des sächsischen Königs wurde am 21. Oktober 1811 an der Alma mater Lipisiensis der erste Lehrstuhl für Psychiatrie eingerichtet. Der erste weltweit akademisch bestellte Hochschullehrer war Johann Christian August Heinroth, der 1819 als erster eine ordentliche Professur in diesem Fachgebiet erhielt. Damit verfügt die Leipziger Universität über eine einmalige Tradition einer 200-jährigen ununterbrochenen Lehre und Forschung an psychisch kranken Menschen. Dies ist umso bemerkenswerter, da der nächste Lehrstuhl in Europa erst Jahrzehnte später gegründet wurde. Als Nachfolger Heinroths zählen solche hervorragenden Mediziner-Persönlichkeiten wie Paul Flechsig, Paul Möbius und Ernst Kraepelin.

Erstes Institut für Hirnforschung

Der Hirnforscher Paul Flechsig (1847-1929) gründete 1883 in Leipzig an der Psychiatrischen Klinik das "Hirnanatomische Laboratorium", das erste und damit älteste Hirnforschungs-Institut in Deutschland. Heute trägt das Institut für Hirnforschung der Medizinischen Fakultät der Uni Leipzig den Namen Paul Flechsigs. Leipzig war lange vor Wien das Zentrum und ein Vorbild eines psychiatrischen Versorgungssystems. Auch heute besitzt Leipzig ein in Deutschland vorbildliches System der psychiatrischen Versorgung. Mehr als 1.000 Menschen, darunter Ärzte, Psychotherapeuten, Psychologen, Pflegekräfte, Sozialarbeiter Ergo-, Musik- oder Kunsttherapeuten arbeiten in diesem Betreuungssystem.

Forschungsinstitut für pädiatrische Forschung

Mit dem Institut für pädiatrische Forschung besitzt Leipzig ein Alleinstellungsmerkmal (Centre of Paediatric Research Leipzig), da es in Deutschland keine weitere Institution gibt, die sich an einem Ort forschungsmäßig mit dem Anliegen der kindlichen Entwicklung, Gesundheit und Krankheit im Kinder- und Jugendalter beschäftigt. Es wurde im Dezember 2011 an der Uni Leipzig von Prof. Wieland Kiess gegründet. Neben medizinischen Disziplinen sind Soziologen und Pädagogen in die Forschung am Institut integriert.

Weltweit erstes Institut für experimentelle Psychologie

Das weltweit erste Institut für experimentelle Psychologie wurde 1879 in Leipzig gegründet. Gründer war der Mediziner, Physiologe und Philosoph Wilhelm Wundt (1832-1920). Wundt forschte in diesen unterschiedlichen Wissenschaftsdisziplinen zur Gegenstandsbestimmung, Systematik, Methodik und Institutionalisierung, in deren Ergebnis ein völlig neuer Wissenschaftszweig, die Psychologie als selbstständige Wissenschaftsdisziplin entstand. Bis zum Ersten Weltkrieg hatte das Institut den internationalen Ruf eines "Mekkas der Psychologie". Wundt war mehrfach Rektor der Leipziger Uni.

Weltweit erste psychologische Fachzeitschrift

Wilhelm Wundt gab in Leipzig die erste psychologische Fachzeitschrift heraus. Wundt betrachtete den Willen und das Gefühl als die entscheidenden Triebkräfte des Menschen. "Der Wille herrsche auch über die Seele". Das Wohnhaus Wilhelm Wundts in Großbothen bei Leipzig, in dem er 1920 starb, existiert heute noch als Museum.

Begründer der Psychoanalytik

Der Leipziger Physiker und Naturphilosoph Gustav Theodor Fechner (1801-1887) gilt als der Begründer der Psychophysik. Sein wichtigstes Werk "Elemente der Psychophysik" erschien 1860 in einem Leipziger Verlag. Ein Leben lang beschäftigte sich Fechner mit den Grenzphänomenen des Bewusstseins. Fechner ist Ehrenbürger der Stadt Leipzig.

Ein Patient packt aus

Daniel Paul Schreber (1842-1911), Sohn des hervorragenden Leipziger Mediziners und Namengebers der Schrebergärten in Deutschland, ist der in der Fachwelt und in der Öffentlichkeit meist zitierte Psychiatriepatient weltweit. Grundlage bildete das von Paul Schreber verfasste Werk "Denkwürdigkeiten eines Nervenkranken", indem er Einzelheiten seiner wahnhaften Wahrnehmung darlegte. International kompetente Fachleute wie Sigmund Freud und Paul Flechsig beschäftigten sich mit Paul Schreber. Die umfangreichen Unterlagen zum "Fall D. P. Schreber", der im April 1911 in der Heilanstalt Leipzig-Dösen starb, befinden sich im Sächsischen Psychiatrie-Museum in Leipzig.

23. Muster, Messen, Handelshäuser

Kaiserliches Stapelrecht verliehen

Das Oberhaupt des Heiligen Römischen Reiches, Kaiser Maximilian I, bestätigte 1497 die Erweiterung der Leipziger Marktprivilegien. In diesen Dokumenten tauchte weltweit zum ersten Male der Begriff "Messe" anstelle der bisher verwendeten Namen "Märkte" oder "Jahrmärkte" auf. 1165 legte der Meißner Markgraf Otto der Reiche den Grundstein für die spätere Messestadt. Er verlieh der Stadt das Marktrecht. 1507 erhielt sie das kaiserliche Stapelrecht. Das bedeutete, dass 115 Km im Umkreis keine andere Messe etabliert werden durfte. Leipzig besitzt damit die älteste Messe der Welt. Bekannt für die Leipziger Messen waren die Neujahrs-, die Oster- oder Jubilate- und die Michaelismesse. Die drei Messen im Jahresverlauf gingen jeweils über drei Wochen. Ein Vorteil dieser Messen bestand in der Lage der Stadt, denn sie lag direkt an der Kreuzung zweier großer Handelswege im Mittelalter, der "Via Regia" (Spanien/Frankreich nach Krakau/Kiew) und der "Via Imperii" (von Nord/Ostsee nach Italien).

Ältester Messehof

Das älteste, noch erhaltene Messehaus ist "Barthels Hof". Es ist der letzte typische Handelshof des 18. Jahrhunderts, der überlebt hat. Der Messehof, typisch für die Zeit der Warenmesse, wurde 1523 für das Augsburger Handels- und Bankhaus der Welser gebaut. Der Baustil dokumentiert den Übergang von der Spätgotik zur Renaissance. Als "Haus zur Goldenen Schlange" trägt es noch heute ein Hauszeichen mit einer Schlange, die sich um ein Kreuz windet. Es ist ein "Durchhaus" mit einer Durchfahrtsmöglichkeit von einer Straße zur anderen oder zum nächsten Messehof. Zeitgemäß für die damaligen Warenmessen. Das heißt, die Händler konnten mit ihrem Gespann einfahren, abladen und ohne ein langwieriges Wendemanöver wieder ausfahren. Im Erdgeschoss befanden sich die Kaufkammern, Messegewölbe und Ställe. Die Kranbalken im Dachgeschoss zeugen noch heute davon, dass dort einstmals die Warenspeicher waren. Im Obergeschoss lagen die prunkvollen Festsäle, Kontore und Wohnräume. 1747-1750 erfolgte im Auftrag des Kaufherren Johann Gottlieb Barthel ein größerer Umbau. 1918 fand in diesem Areal die erste europäische Baumesse statt. Die hervorragende Sanierung des gesamten Komplexes um 1990 ist nicht zuletzt dem Frankfurter Bauunternehmer Dr. Jürgen Schneider zu verdanken. Heute befinden sich im barocken Durchhaus zahlreiche Geschäfte, u.a. auf zwei Ebenen das Traditionsrestaurant "Barthels Hof".

Die Mutter aller Messen

Die bisherigen Messen waren Warenmessen. Die große Zahl an Ausstellern, zur Ostermesse kamen bereits über 1.300, führte zu Raumknappheit und erforderte Veränderungen. 1895 wurde in Leipzig die weltweit erste "Muster-Messe" abgehalten. Die "Muster-Messe" ist eine neue Messeform, die sich am Ende des 19. Jahrhunderts entwickelte. Das heißt, es konnten nur noch Muster präsentiert werden. Das "Doppel-M", das exklusiv für die Leipziger Muster-Messe steht, wurde vom Leipziger Grafiker Erich Gruner 1917 entworfen. Leipzig war größter Welthandelsplatz in dieser Zeit. Erst 9 Jahre später, 1904 wurde die Mustermesse in Paris und 1916 die in Lyon gegründet. Erst danach folgten Frankfurt/Main, Mailand, Brüssel und Barcelona, 1921 Wien und Poznan, 1922 Köln, 1932 Plovdiv, 1943 Stockholm, 1947 Hannover und 1950 Nürnberg. Der französische Bürgermeister von Lyon, Edouard Herriot, taufte die Leipziger Messe voller Bewunderung und Respekt als "Mutter aller Messen".

Messehaus-Kultur und Reichsmessestadt

1901 wurde in Leipzig mit dem "Städtischen Kaufhaus" das weltweit erste Messehaus, speziell für Mustermessen, eröffnet. Architekt dieses ersten "Muster-Messe-Palastes" war Hugo Licht. Bis 1917 wurden weitere 30 Messehäuser in Leipzig gebaut. Mit dieser großen Zahl an Messehäusern im Zentrum der Stadt leistete Leipzig einen außerordentlichen Beitrag zur europäischen Geschäftshaus- und Messehaus-Kultur. Damit besaß Leipzig die meisten Messehäuser in Deutschland. 1938 wurde Leipzig zur Reichsmessestadt erklärt. Im Dezember 1943 wurden 80% aller Messehallen durch anglo-amerikanische Bomben zerstört.

Erste Technische Messe

Zu den weiteren Highlights der traditionsreichen Leipziger Messe gehört die Eröffnung der weltweit ersten "Technischen Messe". Am 14. März 1920 wurde sie zum ersten Mal auf dem ehemaligen Gelände der Internationalen Baufachausstellung und der Internationalen Ausstellung für Buchgewerbe und Grafik, in der Nähe des Völkerschlachtdenkmals, veranstaltet. Zwischen 1920 und 1928 entstand hier ein riesiges Messegelände, die "Technische Messe". Bei einer Gesamtausstellungsfläche von 550.000 Quadratmetern betrug die Ausstellungsfläche der neuen 17 Hallen 130.000 Quadratmeter. Zu diesem Zeitpunkt war eine Hannover-Messe noch lange nicht in Sicht. Die Messe in Hannover öffnete erst nach der Teilung Deutschlands im Jahre 1947, also 27 Jahre nach der Technischen Messe in Leipzig, ihre Tore.

Erstes Untergrundmessehaus der Welt

Der Bau des ersten unterirdischen Ausstellungsgebäudes der Welt war ein spektakuläres Ereignis in Deutschland. Es befand sich unter dem Leipziger Markt und wurde zur Frühjahrsmesse 1925 eröffnet. Erbaut wurde es von Carl Crämer. Anlass war die Tatsache, dass nicht alle Händler in den für Leipzig typischen Innenstadt-Messehäusern unterkamen. Die Ausstellungsfläche betrug 1.800 Quadratmeter und bot 175 Ausstellern Platz. Die Schmuckdetails des Eingangsportals waren im Stil des Art deco gehalten und bestanden aus hiesigem rotem Rochlitzer Porphyr. Die zweiläufige Treppenanlage fügte sich sehr schön in das historische Gesamtensemble des Leipziger Marktplatzes ein. Bis Mitte der 90er Jahre blieb es das einzige Untergrundmessehaus. Danach wurde es leider abgerissen.

Größtes Textil-Messehaus der Welt

Das einstmals größte Textil-Messehaus der Welt stand in Leipzig. Das Ringmessehaus ist 1926 eröffnet worden und besaß eine Gesamtfläche von 38.000 m^2 Nutzfläche. Allein der Mitteltrakt, zwischen zwei repräsentativen Kopfbauten gelegen, hatte eine Länge von 170 Metern. Für einen Rundgang musste der Messebesucher eine Strecke von 4,5 Kilometer zurücklegen. Das gewaltige Gebäudeensemble, zwischen Tröndlinring und Humboldtstraße gelegen, das in Teilen unter Denkmalsschutz steht, wird zurzeit als Hotel umgebaut.

Modernstes Messegelände

Im Frühjahr 1996 wurde in Leipzig Europas modernstes Messegelände eröffnet. 1,3 Milliarden Euro wurden in ein 300.000 Quadratmeter umfassendes Gelände investiert. Umgeben vom Internationalen Flughafen Leipzig-Halle, zwei Autobahnen (A 9 / A 14) und diversen Eisenbahnverbindungen ist die Infrastruktur beispielhaft. Allein die Eingangshalle stellt mit 252 Metern Länge, 75 Meter Höhe, 30 Meter Breite und 20.000 Quadratmeter verbautem Glas etwas Besonderes dar.

Erster Nachhaltigkeitsorden

"Die Nachhaltigkeit als Prinzip und Kernstück unternehmerischen Handelns" bewusst befördert zu haben, dafür wurde die Leipziger Messe als erste der großen deutschen Messen geehrt. Die Leipziger Messegesellschaft erhielt dieses weltweit anerkannte Zertifikat (Green-Globe) der Tourismus- und Veranstaltungsbranche im Frühjahr 2010.

Größte deutsche Automobilmesse

Vgl.: Kapitel Autos, Autobahnen und Verkehr, S. 34 Automobilmesse.

Größtes 360° Panorama der Welt

Das größte 360° Panorama der Welt mit 3.200 Quadratmeter steht in Leipzig. Bereits 2003-2004 gab es mit "8848 Mount Everest" die erste Panorama-Ausstellung. Von 2005-2009 folgte "ROM CCCXII" und seit März 2009 gibt es ein Panorama zum Thema "Amazonien – Zauberbild der Natur". Anlässlich der 200. Wiederkehr der Völkerschlacht zu Leipzig im Jahre 1913 wird das neue Panorama-Bild vorbereitet. Als Location dieses Panoramas dient ein alter Gasometer. Künstler aller gezeigten Panoramen ist Yadegar Asisi.

Weltverkehrsforum

Jedes Jahr findet in Leipzig das Weltverkehrsforum statt, an dem Vertreter von über 50 Ländern einschließlich USA, Kanada, China und Brasilien teilnehmen. Die Vereinigten Arabischen Emirate (VAE) streben eine Mitgliedschaft an. Der Verkehrsgipfel ist ein zwischenstaatliches Internationales Transportforum (ITF) und bezeichnet sich selbst als eine Denkfabrik für die internationale Verkehrsbranche. Es geht um neue Ideen, Konzepte und Vorschläge für die Mobilität der Zukunft. 2012 hatte das Weltverkehrsforum unter der Präsidentschaft Japans das Motto "Nahtloser Verkehr – Verknüpfungen schaffen".

Weltleitmesse in Reha-Technik

Jedes Jahr findet im Frühjahr die Weltleitmesse ORTHOPÄDIE + REHA-TECHNIK in Leipzig statt. Auf dem Messegelände können sich Betroffene, deren Angehörige und Interessierte über Neu- und Weiterentwicklungen auf den Gebieten Alltags- und Mobilitätshilfen, medizinische Fußpflege, Prothetik, Orthopädie-Schuhtechnik, Kinderrehabilitation, Kompressionsversorgung und Orthetik informieren. Im Rahmen des "Paralympic Day" finden spektakuläre Vorführungen in verschiedenen sportlichen Disziplinen statt.

Weltweit größte Feuerwehrmesse

Die größte Feuerwehr-Messe der Welt fand im Juni 2010 in Leipzig unter dem Titel "INTERSCHUTZ" und im Rahmen des 28. Deutschen Feuerwehrtages statt. Sie gilt als größte Messe für Rettung, Brand- wie Katastrophenschutz und Sicherheit. 1.350 Aussteller aus 45 Nationen präsentierten ihre Neuheiten vor über 120.000 Besuchern.

Größte Vergnügungsstätte

Der Lunapark in Leipzig war seinerzeit die größte Vergnügungsstätte in Deutschland. Der Park entstand 1913, kurz vor dem 1. Weltkrieg. Zum Luna-Park gehörten ein 18 Hektar großer See (Auen-See) sowie eine Vielzahl gastronomischer und Freizeiteinrichtungen. 1931 musste die Luna-Park GmbH Konkurs anmelden. Der Auen-See und eine um den See fahrende Schmalspureisenbahn sowie ein Konzerthaus existieren heute noch.

Steilste Achterbahn

Die steilste Achterbahn Deutschlands wurde im Sommer 2010 im größten ostdeutschen Vergnügungspark "Belantis" in Leipzig installiert. Auf einer Strecke von etwas über einen halben Kilometer kann man sich im 95-Grad-Winkel auf 32 Meter hochziehen lassen, um dann kopfüber – bei fünfmaligem Überschlag – in die Tiefe zu stürzen. Sie gehört damit außerdem zu den zehn steilsten Achterbahnen der Welt.

Größtes Pokerturnier

Mit 1.000 Amateur- und Hobby-Pokerspielern fand Ende Dezember 2010 im Hotel "The Westin" in Leipzig das größte Pokerturnier der Amateure Deutschlands statt. Bei diesem Turnier ging es nicht nur um Ruhm und Ehre, sondern auch um den Jahrestitel der Poker-Bundesliga – "Das goldene Bracelet", das mit Diamanten, Rubinen und Saphiren besetzt ist.

24. Oden, Hymnen und Gelehrte...

Friedrich Schillers schönste Zeit, die Europa Hymne

Robert Blum 1807-1848), Revolutionär, Schriftsteller und Mitglied der Frankfurter Nationalversammlung begründete 1848 das erste und somit älteste deutsche Literaturmuseum in Leipzig. Das nach Friedrich Schiller benannte "Schillerhaus", ist zugleich das älteste noch erhaltene Bauernhaus Leipzigs. Poet und Dramatiker Friedrich Schiller verbrachte nach seinen eigenen Worten hier "die schönste Zeit seines Lebens". Gohlis, damals noch ein Dorf, inmitten von Feldern und 30 Minuten vor der Stadt gelegen, spazierte Schiller täglich frühmorgens um 5.00 Uhr auf den Fluren und genoss die Ruhe und den Vogelgesang. In diesem Haus schrieb er jene "Ode an die Freude", die erst von Franz Schubert und später von Beethoven in der 9. Sinfonie vertont wurde. Sie ist heute die Hymne des vereinten Europa. Gleichzeitig arbeitete Schiller in diesen glücklichen Leipziger Tagen am 2. Akt des Schauspiels "Don Charlos" und bearbeitete das Schauspiel "Die Verschwörung des Fiesco zu Genua" für eine Aufführung am Leipziger Theater.

Größte Schillerfeier aller Zeiten

Friedrich Schiller (1785-1805), der sehr oft in Leipzig weilte und dann im Kaffeehaus "Kleines Joachimsthal" in der Hainstraße wohnte, wurde stets gefeiert und mit Ovationen bedacht, so auch bei der Uraufführung der "Jungfrau von Orleans" 1801. Nach seiner persönlichen Teilnahme an der 3. Aufführung dieses Schauspiels standen die Leipziger Spalier und bejubelten den von ihnen sehr geliebten Schriftsteller. Die größte Schillerfeier aller Zeiten, die unter Leitung von Robert Blum stand, fand anlässlich des 100. Geburtstages 1859 in Leipzig statt. Drei Tage lang feierten die Leipziger den Dichter mit Gedichten, Liedern, Jubiläumsreden, Festmahlen und seinen Theaterstücken. Absoluter Höhepunkt der Feierlichkeiten war ein Tagesfestumzug am 10.November 1859, an dem mehr als 100. 000 Menschen dicht gedrängt in den Straßen und Gassen Leipzigs standen, feierten, sangen, tanzten und jubelten.

Einzige Schriftstellerschule in Europa

Aus dem ehemaligen Literaturinstitut Johannes R. Becher wurde am 30. September 1955 das "Deutsche Literaturinstitut Leipzig" gegründet. Ihr erster Leiter war Bernd Jentzsch. Das Literatur-Institut war in seiner Art einzigartig in Europa. Zu den Absolventen dieser Dichter-Schule gehörte u.a. Sarah Kirsch. Mit der politischen Wende wurde es als eigenständiges Institut liquidiert und später der Universität Leipzig zugeordnet. Heute gibt es an der Universität einen speziellen Studiengang. Das Ziel ist: Professionelle Schreibkompetenz, literarisches Arbeiten, Gestaltungsfähigkeit und die Arbeit an einem Romanmanuskript zu entwickeln.

25. Olympia, Sieger und Medaillen

Erfolgreichste deutsche Stadt

Die Stadt Leipzig ist mit 224 Olympischen Medaillen (einschließlich Paralympics), davon 78 Gold, 81 Silber und 65 Bronze die erfolgreichste deutsche Stadt bei Olympischen Spielen der Neuzeit. Die Medaillen resultieren aus den Erfolgen der in der Stadt ansässigen Sportvereine, wie dem Sportclub DHfK, dem Sportclub Leipzig, dem GST-Club für Sportschießen, dem VfB Leipzig und dem Leipziger Tennisclub (LSC 1901). Diese erreichten Ergebnisse bei Olympischen Spielen werden durch Siege und Platzierungen bei Welt- und Europameisterschaften noch getoppt.

Beste Leistungen in der Olympiageschichte

1988 erreichte Leipzig in der Geschichte der Olympischen Spiele die weltweit beste Medaillenbilanz einer Stadt. Die Leipziger Sportler errangen 20 olympische Medaillen, davon elf goldene, vier silberne und fünf bronzene. Das sind mehr Medaillen als die Mehrheit der teilnehmenden Länder für sich gewinnen konnten.

Größter Allrounder

Heinrich G. Schomburgk (1885-1965) errang zwölf Meistertitel in fünf modernen Sportarten. Mit 16 wurde er erstmals Tennismeister in seinem Leipziger Sportclub. Am 5. Juli 1912 errang er mit der Dresdnerin Dorothea Köring bei den Olympischen Spielen in Stockholm die Goldmedaille im Tennis im Gemischten Doppel. Mit seiner Frau Toni gewann er mehrere nationale und internationale Tennis-Turniere. Bei nationalen und internationalen Einsätzen im Eishockey erzielte er über 300 Tore. 20 Jahre spielte er erfolgreich Feldhockey und Tischtennis in der ersten Mannschaft des VfB Leipzig. Am Wohnhaus in der Prinz-Eugen-Straße 13 erinnert heute eine Tafel an den großen Leipziger Sportler.

Erster auf dem Kilimandscharo

Der Leipziger Hans Meyer (1858-1929), ein promovierter Wirtschaftshistoriker und Chef des Leipziger Bibliografischen Instituts war auch ein eifriger Afrika-Forschungsreisender. Nach zwei Fehlversuchen war Hans Meyer der Erste, der auf dem Gipfel des höchsten afrikanischen Berges, dem Kibo, der zum Kilimandscharo gehört und damals noch eine Schneekappe trug, stand. Am 6. Oktober 1889 hatte er als erster Mensch den 5.895 Meter hohen Gipfel bezwungen. Zu Ehren des 1888 in Berlin verstorbenen deutschen Monarchen gab der Leipziger dem Gipfel den Namen "Kaiser-Wilhelm-Spitze". In Tansania erinnert noch heute ein Denkmal an die Erstbesteigung des Leipzigers.

Erster Fechtlehrer an deutscher Universität

Die Leipziger Universität stellte deutschlandweit nach einer von der Uni entworfenen Instruktion die ersten Fechtlehrer ein. Im weltweit ersten Adressbuch, das 1701 in Leipzig erschien, werden auch die Leipziger Fechtmeister aufgeführt. Unter der Überschrift: "Exercitien-Meister" werden an der Spitze die "Bereiter", dann der "Ball-Meister" und dann die "Fecht-Meister" namentlich genannt (J. J. Hynitsch, N.M. Parang, F. F. Gardin, W. Eichel und J. H. Peutkoffsky). Am Ende werden auch die Namen der "Tanz-Meister" aufgeführt. In "Dichtung und Wahrheit" erinnert J. W. von Goethe (1749-1832) auch an seinen Fechtunterricht an der Alma mater Lipsiensis. So schrieb er in sein Tagebuch: "Ruhige Nacht, heitrer Morgen, gelesen, gefochten, geschossen."

Größter Sportverband der Welt gegründet

Der größte Sportverband der Welt, der Deutsche Fußballverband (DFB), wurde am 28. Januar 1900 im Restaurant "Zum Mariengarten" in der Büttnerstraße in Leipzig von 68 Vertretern verschiedener Vereine gegründet und hatte hier auch seinen Sitz. Zu den Gründern zählten u.a. Vereine aus Berlin, Chemnitz, Dresden, Erfurt, Frankfurt, Leipzig, München, Mühlhausen, Naumburg, Pankow, Prag und Straßburg. Erster Fußball-Präsident war Ferdinand Hüppe, ein Hygiene-Professor aus Neuwied. Das Gründungshaus des DFB steht heute leider leer. Außer einer Tafel am Haus erinnert nichts mehr an diesen denkwürdigen Tag. Weder der millionenschwere Deutsche Fußballverband noch die Stadt Leipzig fühlen sich der Tradition verpflichtet, das Haus mit Leben zu füllen.

Rekordnationalspieler und Mannschaftskapitän

Der am 21. Dezember 1884 in Leipzig geborene Camillo Ugi war der erste deutsche Rekordnationalspieler. Von der Gründung des Deutschen Fußballbundes bis zum 1. Weltkrieg spielte er 15 mal für die deutsche Nationalmannschaft und trug dabei neunmal die Kapitänsbinde. Dies ist umso bemerkenswerter, da zur damaligen Zeit der Mannschaftskapitän von Spiel zu Spiel von den Kameraden neu gewählt wurde. Er spielte in Deutschland für den VfB Leipzig und im Ausland für die Vereine Germania Sao Paulo und Olympique Marseille. Ugi nahm mit der deutschen Fußballnationalmannschaft an den Olympischen Spielen 1912 in Stockholm teil und wurde mit dem VfB Leipzig 1906 Deutscher Meister und 1911 Vize. Er ist Ehrenmitglied des 1. FC Nürnberg. Fast 50 Jahre lebte er in Markkleeberg, wo er 1970 starb. Das Stadion des Kicker´94 Markkleeberg trägt seinen Namen. Im Vereins- haus erinnert eine Tafel an den großen Leipziger Fußballer.

Erster deutscher Fußballmeister

Der VfB Leipzig gewann am 31. Mai 1903 in Hamburg-Altona vor 2.000 Zuschauern gegen den DFC Prag das Endspiel um die Deutsche Fußballmeisterschaft mit 7:2. Damit war der VfB Leipzig der erste deutsche Champion in der DFB-Geschichte und damit Gewinner des Sieger-

Pokals "Viktoria". Spieler waren: Dr. Ernst Raydt-Erhard Schmidt, Arthur Werner, Wilhelm Rößler, Walter Friedrich, Otto Braune, Georg Steinbeck, Bruno Stanischewski, Heinrich Riso, Adelbert Friedrich und Ottomar Aßmus. Trainer der ersten deutschen Meistermannschaft war Theodor Schöffler, der wenige Tage vor dem Endspiel starb.

Erfolgreichste deutsche Mannschaft bis zum 1. Weltkrieg

Der Verein für Ballspiele (VfB) wurde am 13. Mai 1896 in Leipzig in "Bodens Deutscher Trinkstube" gegründet und war ein bürgerlicher Großverein. Die 3.000 Mitgliedern trieben in verschiedenen Abteilungen Sport und errangen in verschiedenen Disziplinen deutsche Meistertitel, so im Tennis, in der Leichtathletik und im Schwimmen. In den Jahren von der Gründung des DFB (1900) bis zum 1. Weltkrieg 1914 qualifizierte sich der VfB neun Mal für die DFB-Endrunde und gewann drei Mal die deutsche Meisterschaft (1903, 1906 und 1913) und wurde ebenso oft Vizemeister (1904, 1911,1914). 1937 wurde der VfB Deutscher Pokalmeister (2:1) gegen den damals schon legendären Verein "Schalke 04". Das Spiel fand im Berliner Olympiastadion vor 70.000 Zuschauern statt. 1946 wurde der Verein durch Erlass des Alliierten Kontrollrates aufgelöst. Mit dem 1. FC Lok Leipzig wurde der Verein dreimal DDR-Vizemeister, absolvierte 77 Europapokalspiele und stand 1987 im Endspiel der europäischen Pokalsieger. Am 1. Juni 1991 übernahm der Verein wieder seinen traditionsreichen Namen VfB Leipzig und spielte in der Saison 1993/94 in der 1. Fußball-Bundesliga.

Anpfiff fürs WM-Endspiel

Der Leipziger Rudi Glöckner (1929-1999) war ein deutscher FIFA-Schiedsrichter, der mit 107 internationalen Einsätzen, u.a. 1970 das Weltpokalendspiel, bis heute die meisten FIFA-Spiele nachweisen kann. Glöckner leitete als erster und bis heute einziger deutscher Schiedsrichter ein Endspiel um die Fußball-Weltmeisterschaft. Am 21. Juni 1970 pfiff der 41 jährige Verwaltungskaufmann, bei brütender Hitze und vor 107.412 Zuschauern im Aztekenstadion von Mexiko-Stadt, das Finale zwischen Mexiko und Brasilien, das 4:1 für Brasilien endete. Die Torschützen für Brasilien waren damals Pele, Gerson, Jairzinho und Carles Alberto. Die ,Mexikanische Tageszeitung "El Heraldo" titelte danach: "Der DDR-Unparteiische amtierte im Stile eines Klassemannes". Bemerkenswert ist, dass Glöckner gar nicht als Endspiel-Schiedsrichter geplant war. Da die Brasilianer und Mexikaner Forderungen zum Einsatz eines Schiedsrichters stellten und sich nicht einigen konnten, der damalige FIFA-Präsident Stanley Rous aber von einem Einsatz Glöckners im Vorrundenspiel Uruguay gegen Italien begeistert war, hatte der Leipziger plötzlich die besten Karten. Da für die Mexikaner die deutsche Teilung offensichtlich nicht so gegenwärtig war, wurde für den ostdeutschen Schiri die BRD-Flagge gehisst. Nachdem Glöckner dies sah, verließ er den Platz, um aus seinem Koffer in der Kabine, eine von ihm mitgebrachte DDR-Flagge zu holen, die dann auch gehisst wurde.

Zuschauerrekorde

Den deutschen Zuschauerrekord für nationale Fußballspiele hält Leipzig. Am 9. September 1956 kamen über 100.000 Zuschauer zum Ortsderby Rotation Leipzig gegen Lokomotive Leipzig ins Zentralstadion und erlebten einen 2:1 Sieg der Lok-Mannschaft. Einen zweiten Zuschauerrekord und damit einen Eintrag ins Guinnes-Buch der Rekorde gab es am 9.

November 2004. 12.411 Zuschauer wurden bei einem Spiel der niedrigsten nationalen Fußballklasse in Deutschland im Spiel Lok Leipzig gegen Eintracht Großdeuben gezählt.

Erstes Fitness-Studio

Wer heute glaubt, Fitness-Studios hätten ihren Ursprung in den USA, der irrt. Die AOK Leipzig war die erste Krankenkasse in Deutschland, die über ein eigenes "Medico-mechanisches Zanderinstitut" verfügte. Gerätetechnisch, sportmethodisch und medizinisch ein wahrhafter Vorläufer heutiger Fitness-Studios. Das Zanderinstitut besaß 80 Fitness-Geräte, wobei die Übungen an den Geräten sowohl präventiven als auch therapeutischen Wert hatten. Sie erfüllten nahezu alle Wünsche zur Verbesserung der allgemeinen Gesundheit bis zur Stärkung einzelner Muskelgruppen (Rücken, Brust, Arme, Nacken, Beine, Gesäß). Die Zander-Geräte hatten einen Wert von 55.000 Reichsmark. Festangestellte Ärzte, Masseure, Gehilfen, Aufsichtsdamen, ein Maschinist und eine Buchhalterin betreuten die Studiogäste, deren Teilnahme vorwiegend von Ärzten initiiert wurde.

Gründungsmitglied im Golfverband

Leipzig zählt zu den wenigen Gründungsmitgliedern des Deutschen Golf-Verbandes e.V. Am 26. Mai 1907 wurde der Deutsche Golfverband in Hamburg gegründet. Neben einigen Hamburger Vereinen, den Vereinen und Clubs der Kurplätze Bad Homburg und Baden-Baden waren Berlin und Leipzig als einzige Vertreter von Metropolen am Gründungsakt beteiligt. Der Golfclub Leipzig-Gaschwitz zählte in jener Zeit zu den größten Golfclubs in Deutschland, der auch einen professionellen Trainer aus Schottland beschäftigte. Golf ist seit 2009 wieder durch das IOC anerkannte olympische Disziplin. Der Deutsche Golfverband zählt aktuell 600.000 Mitglieder.

Golfclub Gaschwitz gehörte zu den Ersten

Noch bevor sich der Deutsche Golfverband 1907 in Hamburg gründet hatte, gab es in Deutschland bereits erste Golfvereine. Zu diesen ersten deutschen Golfvereinen zählte der "Golf-Club Gaschwitz", nahe Leipzig. Er wurde am 1. April 1905 gegründet. Gespielt wurde auf einer 15,5 Hektar großen Wiese. Grün und Rot waren die Vereinsfarben. 32 Mitglieder zählte der Verein beim Start. 1906 waren es bereits 78 Mitglieder, darunter zwei Ausländer. Der Jahresbeitrag kostete 100 Mark und das Eintrittsgeld betrug 50 Mark. Der "Golfclub Gaschwitz" gehörte auch zu den ersten deutschen Clubs, die sowohl einen hauptamtlichen Trainer aus dem Ausland als auch Berufsspieler verpflichtet hatten. Der hauptberufliche Trainer kam aus Musselburg in Schottland. Der erste eingesetzte Golf Berufsspieler in Gaschwitz hieß Cavallo Marius. Im Sommer 1926 brachte Frau Szlary erstmals den Titel einer Deutschen Meisterin im Golf nach Leipzig. Gegenwärtig gibt es in Leipzig und Umgebung vier Golfclubs mir etwa 3.500 Mitgliedern.

Gründer des Golf-Verlages

Jener berühmte Leipziger Golfplatz-Designer Bernhard von Limburger ist auch der Gründer des "Deutschen Golf Verlages". 1925 gab er das erste Mal die Zeitschrift "Golf" heraus, die später offizielles Organ des Golfverbandes wurde. Limburger veröffentlichte auch eine Vielzahl von Golfbüchern, u. a. "Was ist Golf", "Golf-Trilogie", "Geliebtes Golf" und "Golf am Kamin". Sein Buch "Rasenfibel" gilt als erste deutsche Veröffentlichung zum Thema "Greenkeeping".

Weltweit größtes Golfturnier für Amateure

Das weltweit größte Golfturnier für Amateure der "BMW Golf International" richtet im Auftrag der BMW Niederlassung Leipzig nach 2000 jedes Jahr der 1. Golfclub Leipzig aus.

Erfolgreichste Golf-Benefizturniere

Seit Jahren werden auf Leipzigs Golfplätzen mit den GRK Golf Charity Masters, die mit Abstand erfolgreichsten Benifizturniere in Deutschland durchgeführt, an denen Künstler, Leistungssportler, Vertreter der Wirtschaft und der Verwaltung, u.a. daran teilnehmen und für die Einnahmen sorgen. Schirmherr ist der Leipziger Oberbürgermeister. 2011 wurde die bundesweite Rekordsumme von 500.000 Euro erreicht. Bereits ein Jahr zuvor kam eine Summe von 300.000 Euro zusammen, die bereits 2010 die Spitze im Vergleich aller Golf-Benefizturniere in Deutschland bedeutete.

Ein Designer für den Rasen

Oskar Bernhard Limburger von Hoffmann, wie er eigentlich hieß, ab 1926 nur noch Bernhard von Limburger, wurde 1901 in Leipzig geboren. Limmy, wie er genannt wurde, hatte an der Uni Leipzig Jura studiert und später promoviert. Das Golfspielen hatte er in Schottland erlernt und in Deutschland als Mitglied des Golfclubs Gaschwitz/Leipzig, hatte er mehrfach die deutsche Verbandsmeisterschaft (1921,1922 und 1925) gewonnen. Als er 1981 in Basel starb hatte er über 60 Golfanlagen designt, das heißt 30% aller zu diesem Zeitpunkt existierenden deutschen Plätze als Golfplatz-Architekt konzipiert und auf 10 weiteren Anlagen das Re-Layout geschaffen. Darunter solche Anlagen wie "Stuttgarter Golfclub Solitude", "Golfclub Schloss Braunfels", "Golfclub Köln", den "Golf-Club Feldafing" am Sternberger See und viele andere. Die von ihm projektierte Anlage in der Garlstedter Heide wurde im Weltatlas der Golfplätze aufgenommen. Hinzu kamen Golfplätze im Ausland. Mit diesem Umfang und der Qualität seiner Anlagen dominierte er selbst die Golfplatz-Architektur in Europa.

Meiste Kanuvereine

Der Kanusport wird auf den Leipziger Gewässern seit 1851 wahrgenommen. Um 1880 gab es die ersten Paddeltouren von Leipzig nach Hamburg. Ein Vorkämpfer dieses Sports war Curt Donat. Mit dem "Verein für Kanusport Leipzig", dem "Kanu-Klub Ägir", dem "Leipziger Paddler-Klub", dem "Kanu- Verein Curt-Donat-Leipzig", der "Kanu-Vereinigung 1926", dem "Leipziger Sport-Club", dem "Leipziger Ski-Klub", dem "Rudersportverein Sturmvogel", sowie der Kanugruppe bei den "Naturfreunden" besaß Leipzig über Jahrzehnte die meisten Kanuvereine in Deutschland.

Erfolgreichster Wildwasserkanute

Der Leipziger Dr. Manfred Merkel errang insgesamt acht goldene, drei silberne und eine bronzene Medaille bei offiziellen Weltmeisterschaften. Er ist diplomierter Naturwissenschaftler (Mathe/Physik). An der Deutschen Hochschule für Körperkultur (DHfK) war er der erste Doktorand der "Fakultät Naturwissenschaften und Sportmedizin", der im Bereich Biomechanik promovierte und mit dem höchsten Prädikat "summa cum laude" abschloss. Merkel ist Mitglied der Jury für die "Hall of Fame des deutschen Sports".

Stadt mit längster Marathontradition

"Der Mount Everest des kleinen Mannes", der erste (inoffizielle) Marathonlauf in Deutschland fand am 5. September 1897 in Leipzig statt. Organisiert wurde der Lauf vom Klub "Sportbrüder Leipzig". Der Start mit 18 Läufern erfolgte um 6.00 Uhr früh am Neuen Gasthof in Paunsdorf, führte über Bennewitz, nahe Wurzen und zurück. Sieger dieses ersten denkwürdigen Marathonlaufes von Deutschland war der Leipziger Theodor Schöffler mit einer Zeit von 3:35:31 Stunden. Der Leipziger war damit der erste deutsche Marathonsieger. Schöffler war Gründer des Vereins "Sportbrüder Leipzig". Dieser Verein war auch der Organisator des 1. Offiziellen deutschen Marathonlaufes. Dieser Lauf fand wiederum in Leipzig und auf der gleichen Strecke, wie ein Jahr zuvor, statt. Es wurde in 3er Gruppen mit jeweils 5 Minuten Abstand gestartet. Erst dieser Lauf von 1898 ging in die Annalen der Sportgeschichte als erster offizieller Marathonlauf ein, da er nach den Regeln der gerade gegründeten "Deutschen Sportbehörde für Athletik" ausgetragen wurde. Es gewann Arthur Techtow, vom Berliner Club Arminia-Urania in 3:19:50 Stunden vor dem Leipziger Werner vom L.B.C. Über beide Läufe berichtete die "Leipziger Neuesten Nachrichten" ausführlich. Mit dem "36. Leipzig-Marathon 2012 " wurde die Tradition von 1897 fortgesetzt.

Meisterschaft im Marathonlauf

Die erste deutsche Marathonmeisterschaft fand am 6. September 1925 auf einem 42,2 km Kurs statt. Der Start erfolgte in Halle/S. auf dem Sportplatz des SV 98 und führte nach Leipzig in das Stadion des VfB Leipzig Probstheida. Sieger wurde hier Paul Hempel vom SC Charlottenburg Berlin in 2:48:26 Stunden. 60 Sportler nahmen teil genommen, von denen 37 ins Ziel kamen.

Höchste Teilnehmerzahl am New York Marathon

Jedes Jahr beteiligen sich Sportler aus Deutschland am weltgrößten Marathonlauf in New York. Im Jahre 2008 nahmen 104 Teilnehmer und 74 Starter aus Leipzig an diesem in alle Welt übertragenen Lauf teil. Das ist die mit Abstand höchste Zahl an Startern am New York Marathonlauf, die es je aus einer deutschen Stadt gegeben hat.

Erfolgreichste Marathonläuferin aller Zeiten

Die weltweit erfolgreichste Marathon-Läuferin aller Zeiten ist die Leipzigerin Katrin Dörre vom SC DHfK. Sie gewann alle großen internationalen Marathons. *(vgl. Abschn. Frauen, Frauen, Frauen...)*

Größte Lauf-Serien

Die Stundenlauf-Serie des "Leipziger Stundenlaufes" auf der Tartanbahn des Campus der ehemaligen DHfK, die seit 1973 ohne Unterbrechung stattfindet und die Serie des Leipziger Glockenlaufes, seit 1977 am ehemaligen Zentralstadion, heute Red Bull-Arena, sind die deutschlandweit am längsten existierenden Lauf-Serien.

Zuschauerrekord

Leipzig hält den absoluten Zuschauer-Rekord für Leichtathletik-Veranstaltungen. Im Rahmen der Leipziger Messetage fand 1956 die Premiere für Leichtathletik-Veranstaltungen des neu erbauten Zentralstadions statt. 105 000 Zuschauer erlebten die Sportveranstaltung, die noch heute Rekordkulisse für Leichtathletik-Veranstaltungen bedeutet.

Derby-Sieger in Ost und West

Am 12. August 1945 fand im Leipziger Scheibenholz der erste deutsche Nachkriegsrenntag im Galoppsport statt. Die damaligen russischen Besatzungstruppen hatten grünes Licht für Leipzig gegeben. Der dreijährige Leipziger Hengst Birkhahn gewann drei Jahre später unter Erich Boehlke im Sattel am 27. Juni 1948 das Hoppegartener Derby und am 1. August des gleichen Jahres das Deutsche Derby in Hamburg. Birkhahn ist damit das einzige Pferd, das beide deutsche Derbys gewann. Nachkommen von Birkhahn laufen noch heute erfolgreich auf deutschen und internationalen Bahnen.

Größtes deutsches Pferd

Das größte Pferd Deutschlands misst 1,96 Meter, ist ein Shire-Horse, gehört zu den Kalt- blütern und steht im Stall in Leipzig/Großpösna und wiegt 970 Kilogramm. Diese XXL-Maße haben auch Folgen, denn es passt nicht in einen normalen Pferdeanhänger. Gleiches trifft auch auf Halfter und Trense zu. Das Hufeisen hat die Größe 16, normal gewachsene Pferde tragen 12-14.

Vier Weltcup-Finals im Pferdesport

Noch nie zuvor in der Pferdesportgeschichte wurden alle Weltcups zum gleichen Zeitpunkt und am gleichen Ort ausgetragen. Im April/Mai 2011 wurden in Leipzig gleichzeitig alle vier Weltcup-Finals (Springen, Dressur, Fahren, Voltigieren) ausgetragen. Grund: die hervorragenden Rahmenbedingungen. Dazu einige Zahlen: 800 bis 900 Pferde am Start, 900 Pferdeboxen, 10.000 Quadratmeter Reitfläche, 1.000 Meter Reitwege, 300 Aussteller, 500 Millionen TV-Zuschauer in aller Welt, 25 Millionen Zuschauer in Deutschland, 8.500 Quadratmeter Teppich, 450 Mitarbeiter in den Messehallen. Über 100.000 Besucher erschienen zu diesem "Partner Pferd Event" in den Leipziger Messehallen.

Gründung des "Deutschen Radfahrer-Bundes"

Im Rahmen der 1. Deutschen Radsportmeisterschaften im Leipziger Rosenthal organisierte der "Leipziger Bicycle Club" (LBC) einen Kongress auf dem die Gründung des "Deutschen Radfahrer-Bundes" am 24. Juni 1881 in Leipzig, im Cafe Moltke, Ecke Nikolaistraße und Grimmaische Straße, beschlossen wurde. Die ersten Mitglieder waren vorwiegend in Leipzig studierende Ausländer, so drei Engländer, zwei Italiener, zwei Amerikaner und zwei Leipziger. Als 34. Mitglied schrieb sich der Gründer und Direktor des Leipziger Zoos, Ernst Pinkert, ein. Arbeiter wurden zur damaligen Zeit nicht in den Radfahrer-Club aufgenommen.

Ältester Landesverband, erste deutsche Meisterschaften im Radsport

Die ersten deutschen Meisterschaften im Radsport fanden im August 1884 auf der wenige Monate zuvor eröffneten Radrennbahn in Leipzig statt. Die vom LBC gebaute Bahn am Rande des Rosenthals, am "Gohliser Kaiserpark" und der damaligen Gaststätte "Moritzburg", hatte eine Länge von 400 Metern und eine mit 40 Meter Kurvenüberhöhung ausgestattete Spezialbahn. Die Einweihung fand am 1. Juni 1884 statt. Sie galt als die modernste Radrennbahn Deutschlands. Der sächsische Radfahrer-Bund ist der älteste noch existierende Landesverband in Deutschland.

Ältestes noch ausgetragenes Steher-Rennen der Welt

Der Preis der Stadt Leipzig ist das älteste noch ausgetragene Steher-Rennen in Deutschland. Bei der Premiere 1901 spendierte der Oberbürgermeister 3.000 Mark in Goldstücken. Davon kann die heutige Generation nur träumen. Laut aktueller Sportordnung dürfen heute maximal 400 Euro Siegprämie gezahlt werden.

Erste Weltmeisterschaft im Radball

Die erste Radball-Weltmeisterschaft fand 1930 im Leipziger Gesellschaftshaus im Palmengarten statt. Das prächtige Haus, das Konzert-, Fest- und Speisesäle beherbergte, war von einem 18 Meter hohen Glasdach überwölbt. Dieses Gesellschafthaus wurde später bewusst gesprengt, um an seiner Stelle ein noch prächtigeres Haus für die geplante Gutenberg Ausstellung zu errichten, das jedoch dem 2. Weltkrieg zum Opfer fiel.

Erfolgreichster Amateur-Radsportler der Welt

Gustav Adolf Schur (*1931), SC DHfK, erfolgreichster und populärster deutscher Amateur-Radsportler, gewann zweimal die Internationale Friedensfahrt (Prag-Berlin-Warschau), wurde zweimal Weltmeister im Straßenradsport (1958/59) und erkämpfte mehrere Olympische Medaillen im Straßenradsport, u.a. mit der gemeinsamen deutschen Olympiamannschaft. "Täve" war Mitglied der Volkskammer der DDR und Mitglied des deutschen Bundestages (1998-2002). Die Aufnahme in die "Hall of Fame des deutschen Sports" wurde ihm aus zweifelhaften politischen Gründen vom damaligen Bundespräsidenten Wulf verwehrt.

Erfolgreichster Ruderclub der Welt

Der SC DHfK ist der weltweit erfolgreichste Sportverein im Rudersport. Die DHfK-Ruderer errangen bei Olympischen Spielen und Weltmeisterschaften insgesamt 107 Goldmedaillen, davon 27 mal Gold bei den Olympischen Spielen und 80 mal Gold bei den Ruderweltmeisterschaften. Bei den Olympischen Spielen 1980 in Moskau erkämpften von den 22 DHfK-Ruderern 17 eine olympische Medaille. Wesentlichen Anteil an den internationalen Erfolgen hatten die erfolgreichen Trainer Jörg und Herta Weissig.

Schachbund gegründet

Am 18. Juli 1877 wurde in Leipzig der Deutsche Schachbund gegründet. Gründungsmitglieder waren der Philosoph Carl Göring und der Schriftsteller Rudolf von Gottschall. Den Anlass zur Gründung des DSB bot eine Feier zum 50-jährigen Schachjubiläum des hoch geachteten deutschen Schachspielers Adolf Andersen. In seiner Festrede hob Andresen hervor: "Schon seit Jahren schwebt mir die Idee eines allgemeinen deutschen Schachbundes gewissermaßen in der Luft, vor, oder wenigstens in der gesunden Leipziger Stadtluft, denn von Leipzig aus gingen die ersten Bemühungen zur Verwirklichung einer solchen Idee aus."

Erste Schachmeisterschaft

Die erste deutsche Meisterschaft im Schachsport fand 1877 in Leipzig statt. Hermann Louis Paulsen (1833-1891) war der erste Schachmeister Deutschlands. Von 1879-1914 fanden alle zwei Jahre deutsche Meisterschaften statt, die auch für Ausländer offen waren.

Erste Schach-Olympiade

1960 richtete Leipzig und 48 Jahre später Dresden die Olympischen Spiele im Schach aus. Die meisten und besten deutschen Schachspielerinnen kamen dabei aus Sachsen. Bei den Spielen in Dresden trat mit der Leipzigerin Melanie Ohme, Tochter eines Mathematiker-Ehepaares, die jüngste, aber beste Schachspielerin an. Sie spielt für den SC Leipzig-Gohlis.

Erstes öffentliches Schützenfest mit Feuerwaffen

Das erste öffentliche Schützenfest mit Feuerwaffen "das Fürstenschießen" fand im Jahre 1498 in Leipzig statt. An diesem Treffen nahmen auch Teilnehmer aus den übrigen Gebieten des Reiches teil. Es war damit ein deutschlandweites Fest.

Erfolgreichster Sportschütze aller Zeiten

Ralf Schumann (*1962) ist der erfolgreichste deutsche Sportschütze aller Zeiten. Er startete u.a. für den GST Club Leipzig, nahm sechsmal an Olympischen Spielen teil und errang bei den Spielen 1992, 1996 und 2004 jeweils Gold. 1988 und 2008 holte er Silbermedaillen, wurde 39 mal Weltcupsieger, 8 mal Weltmeister und 2 mal Vizeweltmeister. R. Schumann ist heute Schießsporttrainer.

Schwimmen als Unterricht

1902 fand der erste Schwimmunterricht an Leipziger Schulen statt. Leipzig war damit Vorreiter im deutschen Schulschwimmen. Die Mädchen durften aber erst fünf Jahre später ins Wasser. Dass es damals bereits um Schwimmen im heutigen Sinne ging, wurde durch die Gründung des 1. Leipziger Schwimm-Clubs "Poseidon" im Jahre 1900 belegt.

98 Prozent konnten Schwimmen

Mitte der sechsiger Jahre des 19 Jahrhunderts wurden in Leipzig neun Schwimmhallen eröffnet, die vorwiegend dem Schwimmunterricht und dem Nachwuchsleistungssport vorbehalten waren. Mit insgesamt 12 Schwimmhallen bot Leipzig einmalige Verhältnisse in Deutschland, um den Kindern das Schwimmen zu lehren. Fast 100 Prozent aller Leipziger Schüler beherrschten am Ende der vierten Klasse zwei Stilarten.

Olympische Krone

Mit sechs Goldmedaillen im Schwimmen bei den Olympischen Spielen 1988 in Seoul/Südkorea ist die Leipzigerin Kristin Otto die erfolgreichste deutsche Schwimmerin.

Gründung der Deutschen Lebensrettungs Gesellschaft

1913 wurde in Leipzig die Deutsche Lebensrettungs-Gesellschaft gegründet (DLRG). Mit 1.100.000 Mitgliedern und Förderern ist sie die größte freiwillige Wasserrettungsorganisation der Welt. Ihr Ziel besteht darin, Menschen vor dem Ertrinken zu retten. Gleichzeitig ist sie die Nr. 1 in der Rettungsausbildung.

Erste deutsche Olympiamedaille im Tennis

Bei den Olympischen Spielen 1912 in Stockholm errang der Leipziger Heinrich Schomburgk (VfB Leipzig) mit seiner Dresdner Partnerin Dora König die erste deutsche Goldmedaille im Tennis (Gemischtes Doppel).

Mitbegründer des Deutschen Tennis-Bundes

Dr. Wilhelm Schomburgk (1882-1959), Bruder des Tennis-Olympiasiegers Heinrich Schomburgk, ist Mitbegründer des Deutschen Tennisbundes im Jahre 1902 und war dessen Präsident von 1920-1937. Ab 1949 war er Ehrenpräsident des Deutschen Tennisverbandes. So wie sein Bruder Heinrich war auch Wilhelm Mitglied des VfB Leipzig. W. Schomburgk gehörte mit Walter Cramer und dem Leipziger Oberbürgermeister Carl Friedrich Goerdeler zum Leipziger Widerstand gegen den Nationalsozialismus.

Mitgliederstärkstes Turngau

Der mitgliederstärkste Turngau Deutschlands, der Leipziger "Schlacht-Feldgau"(zur Erinnerung an die Völkerschlacht bei Leipzig), der 25 Turnvereine umfasste, wurde im Juni 1863 in der "Münchner Bierhalle" in Leipzig, dem heutigen Thüringer Hof, gegründet.

30 Jahre erfolgreiche Leitung der Turn-Bewegung

Der Leipziger Arzt Ferdinand Goetz (1826-1915) übernahm im Jahre 1861 die Geschäftsführung der deutschen Turnbewegung. Unmittelbar danach leitete er den Ausschuss der Deutschen Turnvereine, der ersten reichsweiten Verbindung der deutschen Turner. 1868 führt er als Geschäftsführer diese Organisation in die Deutsche Turnerschaft, die er über fast 30 Jahre bis 1895 höchst erfolgreich leitete. Das "Goetz-Haus" in der Leipziger Merseburger Straße erinnert an den erfolgreichen deutschen Sportfunktionär.

Erstes Mädchen-Turnen an Deutschlands Schulen

Dr. phil. Ernst Innocenz Hauschild (1808-1866), Schwiegersohn von Daniel Gottlob Moritz Schreber (1808-1861), der sich für die Vereinigung der leiblichen und geistigen Natur einsetzte und die Grundlagen der späteren Schrebergärten schuf, ist der eigentliche Begründer der Kleingartenbewegung. Er setzte die Ideen seines Schwiegervaters Gottlieb Moritz Schreber in die Tat um. Er führte in Deutschland das Mädchenturnen an Schulen ein.

Längste Turnfesttradition

Leipzig hat die längste Turnfesttradition in Deutschland. Sie hat mit der Ausrichtung von 8 Turnfesten in Deutschland mit Abstand die meisten im Vergleich aller deutschen Städte ausgerichtet. Während sich die Turner 1863 (3. Turnfest) zum ersten Mal in Leipzig trafen, fand das letzte in Leipzig 2002 statt. 20.000 Sportler nahmen daran teil. Die deutschen Turnfeste gehörten zu den größten Wettkampfveranstaltungen Deutschlands.

Weltweit erfolgreichster Sportverein

Der erfolgreichste Sportverein der Welt ist der Sportclub Deutsche Hochschule für Körperkultur (SC DHfK) Leipzig. Die Sportler dieses Vereins errangen insgesamt 487 Medaillen, darunter 123 bei Olympischen Spielen, 160 Goldmedaillen bei Weltmeisterschaften und 95 Goldmedaillen bei Europameisterschaften.

Erste Schrift über Leibesübungen, Vordenker des deutschen Sports

Zu den Vordenkern des deutschen Sports insgesamt gehörten Persönlichkeiten der Universität Leipzig wie Joachim Camerarius (1500-1574), Christian Fürchtegott Gellert (1715-1769), Hermann Kuhr (1880-1925) und Hermann Altrock (1887-1980). Joachim Camerarius (Kammermeister), Professor an der Uni Leipzig, verfasste 1544 mit den "Dialogues de gymnasils" die erste Schrift über Leibesübungen in Deutschland.

Vorlesungen zur Körperertüchtigung

Christian Fürchtegott Gellert (1715-1769), außerordentlicher Professor der Uni für Poesie, Beredsamkeit und Moral der Philosophischen Fakultät der Uni Leipzig beschäftigte sich in drei seiner 26 "Moralischen Vorlesungen" mit körperlicher Ertüchtigung und gesunder Lebensweise. Er formulierte sie als moralische Ansprüche und Lebensregeln an die akademische Jugend. Seine Grundgedanken zur Körpererziehung sind noch heute gültig und nachvollziehbar. J. W. von Goethe, Student der Alma mater Lipsiensis und Hörer von Gellert erinnert sich in "Dichtung und Wahrheit" an Gellerts Vorlesung zur Körperertüchtigung. Goethe selbst nahm am Fechtunterricht teil.

Pionier des akademischen Sports

Herrmann Kuhr (1880-1925) war ein Leipziger Gymnasiallehrer, der im Wintersemester 1905/06 den "Allgemeinen Akademischen Turnabend an der Universität (A.T.A.)" gründete. Kuhr verfolgte von Anfang an das Ziel, ein mit den geistigen Disziplinen gleichberechtigtes Institut für den akademischen Sport zu gründen. In harten und streitbaren Auseinandersetzungen mit den sächsischen Ministerien setzte sich Kuhr durch und gründete im Frühjahr 1920 das deutschlandweit erste "Gymnastische Institut" an einer deutschen Universität. Das von Dr. Hermann Kuhr geführte Institut bestand aus mehreren Abteilungen.

Weltweit erste Promotionsschrift im Sport

1906 hatte H. Kuhr weltweit die erste Promotionsschrift auf dem Gebiete der Leibesübungen vorgelegt. Interessant ist die Tatsache, dass bereits Kuhrs Vorgänger J. A.Ludwig Werner, im Jahre 1837 die Gleichstellung von geistiger und physischer Erziehung an der Uni von der sächsischen Staatsregierung gefordert hatte und zudem noch eine Planstelle für Gymnastiklehrer.

Sportpflicht für Akademiker

Zu einem späteren Zeitpunkt gelang es Hermann Kuhr noch, gegenüber der sächsischen Landesregierung, die Sportpflicht bei den Studenten durchzusetzen und 1924 eine Sportlehrerausbildung mit Fachabschluss zu installieren. Bis zur politischen Wende 1990 war Sport ein Pflichtfach an allen Universitäten und Hochschulen der DDR.

Ratgeber für Vorturner

Der Leipziger Arbeitersportfunktionär Georg Benedix (1876-1970) gab 1906 erstmals in der deutschen Turngeschichte einen "Ratgeber für angehende Vorturner" heraus. Mit diesem Lehrbuch ermöglichte er eine einheitliche verbandseigene Übungssprache.

Erste Musterschule für Turnen und Sport

1918 gründete der Direktor für Turn-, Sport- und Jugendpflegewesen, Fritz Groh (1878-1949), die erste "Leipziger Musterschule für Turnen und Sport" in Deutschland. Er beschritt damit neue Wege im Frauen- und Mädchenturnen. Groh legte dabei großen Wert auf die Ausbildung der Frauen in der "Rhythmischen Sportgymnastik". Diese "Musterschule für Turnen und Sport" war die erste ihrer Art in Deutschland.

Erste Sportprofessur

Die erste Sportprofessur in Deutschland auf dem Gebiet der Leibesübungen erhielt im Oktober 1925 Hermann Altrock (1887-1980). Er wurde auf den "Lehrstuhl für Pädagogik der Leibesübungen" am Institut für Leibesübungen der Leipziger Uni berufen. Dieser Lehrstuhl war aus dem "Gymnastischen Institut" von Kuhr hervorgegangen. Die Sportstudenten wurden in Kulturphilosophie, Ästhetik, Geschichte, Soziologie, Pädagogik, Psychologie, Bewegungslehre und Medizin ausgebildet. Das "Altrock Institut" war mit seinen Dissertationen, Habilitationen und wissenschaftlichen Beiträgen weit über die Grenzen Deutschlands führend. 1920 hatte Altrock in Leipzig auch den deutschen Frauen-Ruderverband gegründet.

Eröffnung der ersten Bundesschule des Arbeiter-Turn- und Sportbundes

Am 19. September 1926 wurde die Bundesschule des Arbeiter-Turn-und Sportundes in Leipzig eröffnet. Ihr erster Leiter war Georg Benedix (1876-1970). Als zentrale Institution des Arbeitersports in Deutschland bildete sie Übungsleiter, Lehrwarte, Schiedsrichter und Funktionäre aus. Die Leipziger Sportschule war von internationaler Bedeutung und Vorbild für andere Länder Europas. Sie besaß einen Hörsaal für 100 Personen, mehrere Seminarräume, eine Schwimmhalle, eine Turnhalle und eine Sportanlage für leichtathletische Disziplinen und Ballsportarten. 1933 wurde die Bundesschule des Arbeiter-Turn- und Sportbundes (ATSB) von den Nazis geschlossen.

Lehre und Forschung für den Sport

Die Deutsche Hochschule für Körperkultur (DHfK) wurde am 22. Oktober 1950 in Leipzig gegründet. Sie war eine praxisverbundene, an der Sportwirklichkeit und der Internationalität des Sports orientierte Lehr- und Forschungseinrichtung. Im Mittelpunkt stand die studentische Ausbildung in Theorie und Praxis. Daneben waren sowohl wissenschaftliche Fragestellungen zur Entwicklung des Nachwuchsleistungssports, u.a. Sichtung, Eignung und Auswahl, Training und Methodik, Kinder- und Jugendsport, Spartakiadebewegung, Vereinbarkeit von Training, Schule und Elternhaus als auch Fragen des Volkssports und des allgemeinen Übungs-, Trainings- und Wettkampfbetriebes Gegenstand der vorrangigen Anwendungsforschung. Die Leistungsfähigkeit der Professoren und Mitarbeiter erzeugten eine im internationalen Sport bisher nicht gekannte wissenschaftliche Produktivität. In den Jahren ihres Bestehens wurden 17.000 Trainer und Diplom-Sportlehrer ausgebildet. Die Qualität der Ausbildung von Trainern, Volkssportlehrern und wissenschaftlichen Nachwuchskräften fand, unabhängig von den jeweiligen Sportsystemen, international höchste Anerkennung, u.a. durch Vertreter des IOC und anderer internationaler Gremien.

Hunderte DHfK-Absolventen aus den Ländern Afrikas, Asiens und Lateinamerikas trugen später dazu bei, durch Aufgaben im Führungs- oder Trainerbereich den Breiten- und

Hochleistungssport in ihren Ländern bedeutend und nachhaltig zu verbessern. Im Ergebnis der deutschen Wiedervereinigung wurde die DHfK 1990, trotz massiver nationaler und internationaler Proteste von Sportorganisationen und Sportverbänden aus politischen und Konkurrenzgründen, liquidiert. Ein weltweit einmaliger Vorgang im internationalen Hochschulwesen.

Erfolgreiches Forschungsinstitut für Körperkultur und Sport

Im April 1969 wurde das Forschungsinstitut für Körperkultur und Sport (FKS) in Leipzig gegründet. Das FKS nahm einen wichtigen Platz im Sportsystem der DDR ein und leistete einen Beitrag bei der wissenschaftlichen Durchdringung vieler erfolgreicher Sportdisziplinen. Gegenstand und Vorteil der Forschung am FKS waren das komplexe Herangehen und das Zusammenwirken vieler an der sportlichen Leistungsentwicklung beteiligter Wissenschaftsdisziplinen. Es wurde sowohl Grundlagen- als auch angewandte Forschung betrieben. Das "Institut für Angewandte Trainingslehre" (IAT), Nachfolger des FKS, unterstützt die Sportverbände der Bundesrepublik Deutschland in der sportwissenschaftlichen und praktisch-operativen Arbeit, wie die unmittelbare Vorbereitung auf sportliche Höhepunkte. In den Analysen und Einschätzungen der Bundesinnenminister vergangener Jahre, jeweils nach sportlichen Höhepunkten wie Olympische Spiele, Welt- und Europameisterschaften, wurde der Beitrag des FKS beispielhaft hervorgehoben.

Spezialschulen für den Sport

Die Kinder- und Jugendsportschulen waren ein fester Bestandteil des Gesamtsystems und eine wesentliche Grundlage für die internationalen Erfolge des DDR-Sports. Zu der ersten Kinder- und Jugendsportschule, gehörte die Leipzig. Die KJS in der Marschnerstraße wurde am 1. September 1952 eröffnet. 1985 erfolgte die Eröffnung einer zweiten KJS in der Brüderstraße. Bis zum heutigen Tage erkämpften allein die Schüler der Kinder- und Jugendsportschule in der Marschnerstraße: 28 Gold-, 31 Silber- und 22 Bronzemedaillen bei Olympischen Spielen. Hinzu kommen 50 Gold-, 45 Silber- und 31 Bronzemedaillen bei Weltmeisterschaften. Über 150 Titel errangen die Schülerinnen und Schüler der KJS bei Weltcups und Europameisterschaften. Die KJS-Brüderstraße wurde im Zuge der Neustrukturierung 1990 geschlossen. Heute nennen sich derartige Schulen in ganz Deutschland "Eliteschulen des Sports".

Größtes Fußball-Stadion

Das Zentralstadion in Leipzig war bis 1994 mit 100.000 Sitzplätzen das größte Fußballstadion in Deutschland. Zum WM- Qualifikationsspiel DDR gegen Wales im Mai 1957 waren 120.000 Zuschauer im überfüllten Stadion. Die Riesenschüssel war aus den Trümmern der im 2. Weltkrieg zerbombten Häuser Leipzigs errichtet und 1956 anlässlich des II. Deutschen Turn- und Sportfestes eröffnet worden.

Schönstes WM-Stadion in Südafrika

Der Leipziger Alf Oschatz war verantwortlich für den Bau des Moses Mabhida Stadions in Durban/Südafrika. Das 300 Millionen Euro-Projekt faßt 70.000 Zuschauer und gilt unter

Architekten, Funktionären, Journalisten, Sportlern und Zuschauern als schönstes Stadion Südafrikas.

Größte Indoor-Fußballhalle in Kontinental-Europa

In der Soccerworld auf dem Alten Messegelände steht mit 8.700 Quadratmetern die größte Indoor-Fußballhalle Kontinentaleuropas. 40 Teams können auf den Kleinplätzen, die mit Kunstrasen der vierten Generation belegt sind, spielen. 2006 wurde die Anlage in der ehemaligen Messehalle den Fußball-Kickern übergeben.

Erste Keglervereinigung, erstes Keglerheim

Bereits 1815 hatte sich mit der "Pannonia Kegelgesellschaft", die erste Keglervereinigung Deutschlands in Leipzig gegründet. Das erste deutsche Keglerheim wurde am 7. November 1896 von Carl Reichert in der Nordstraße eröffnet. Die Kegler konnten in der neuen Anlage neun Bahnen nutzen. Damit war der Startschuss zum Bau einer Vielzahl von Kegelbahnen und -heimen gegeben, die in den 30er Jahren ihren Höhepunkt hatten.

Erste und größte Großkegler-Wettkampfanlage

Auf einer Grundfläche von 1.500 m² wurde in der Leipziger Elsterstraße die erste und größte Großkeglerhalle Deutschlands errichtet und am 25. Mai 1930 eingeweiht. Auf 45 Bahnen konnten die Kegler parallel ihre Wettkämpfe austragen. Zu diesem Zeitpunkt gab es in Leipzig mehr als 200 Keglervereine.

Höchste Indoor-Kletterwand Europas

Die höchste Indoor-Kletterwand Europas mit einer lichten Höhe von 35 Metern steht in Leipzig-Mockau. "No Limit" weist 15.000 Griffe auf 2.300 m² und 300 Kletter-Routen auf. Hier kann man auf oder über drei Ebenen in allen Schwierigkeitsgraden Spaß beim Klettern haben. Auch außerhalb sind Kletterrouten auf über 40 Meter mit herrlicher Aussicht möglich. Die TÜV geprüfte Kletterwand steht für die Entwicklung von Körperbeherrschung, Koordination, Mut, Teamarbeit und Kommunikation.

Größte Sporthochschule

Die Deutsche Hochschule für Körperkultur war bis 1990 der größte und modernste Sportkomplex einer Hochschule in Deutschland. Zur Ausbildungs- und Forschungseinrichtung gehörten drei Hörsäle mit 500, 250 und 250 Plätzen, mehrere Forschungslabore, Spezialkabinette wie Ästhetik-Kabinett, Traditionszimmer, ca. 30 Seminarräume, sportmedizinische Einrichtungen, Spezialhallen für Sportspiele, Leichtathletik, Turnen, Gymnastik, Boxen, Ringen, Gewichtheben, Krafträume, eine international wettkampffähige Schwimmhalle mit acht 50 Meter Bahnen, Wassersprunghalle mit 10 Meter, 5 Meter und 3 Meter-Sprungtürmen, Strömungskanal und Saunen. Im Außenbereich standen den Studierenden eine Anlage mit 9 Tennisplätzen, Ruder- und Kanuanlagen sowie ein Leichtathletik-Stadion mit moderner Kunststoffbahn zur Verfügung. Die Forschungs- und Lehrgruppen des Instituts für Freizeit- und Erholungssport hatten ihr Domizil am Cottaweg. Hinzu kam eine europaweit einmalige Zentral-Bibliothek mit Sportliteratur aus aller Welt, eine moderne Mensa, zwei Restaurants, umfangreiche medizinische Ambulanzen und soziale Einrichtungen für Studierende und Mitarbeiter. Seit der Wende 1990 werden Hörsäle und Seminarräume weitestgehend sportfremd durch andere Fakultäten der Universität und der Handelshochschule (HHL) genutzt.

Europas größte vereinseigene Sporthalle

Der Leipziger "Allgemeine Turnverein von 1845" besaß, bis zur Zerstörung durch anglo-amerikanische Bomber im Dezember 1943, Europas größte vereinseigene Sporthalle. Die mitten in der Stadt gelegene Turnhalle (Leplaystraße), wurde 1913 eingeweiht. Der Kaufmann Paul Leplay hatte das Gelände bereits 1799 gekauft, um es dem Sport zur Verfügung zu stellen. Architekt war Fritz Drechsler. Mehrere Großhallen standen den Sportlern für Training, nationale sowie internationale Wettkämpfe zur Verfügung. Zum ersten Male wurden beim Sporthallenbau in Deutschland zwei Großsporthallen übereinander gebaut. Bis zur Wende 1990 trainierten vorwiegend Leistungssportler des SC Leipzig in den Hallen. Im Sommer 2011 wurde nach zweijährigen umfangreichen Renovierungsarbeiten der gesamte Sporthallenkomplex den Sportlern wieder zur Verfügung gestellt.

Größte und modernste Leichtathletik-Halle

Die größte und modernste Leichtathletik-Halle Deutschlands ist die "Redbull Arena" in Leipzig. Hier finden im Zwei-Jahres-Rhythmus die nationalen Leichtathletik-Meisterschaften statt. Außerdem ist sie die Heimstatt des mehrfachen deutschen Handballmeisters der Frauen, des Handball Clubs Leipzig (HCL) und der Männermannschaft des SC DHfK. Neben internationalen Sportwettkämpfen (Handball, Hallen-Hockey, Tennis, Fechten) finden hier größere Konzerte statt.

Europas einzige Pferderennbahn mitten in der Stadt

Der Leipziger Rennklub und die Leipziger Pferderennbahn (1863) zählen zu den ältesten in Deutschland. Gleichzeitig ist die Rennbahn am Scheibenholz die einzige Bahn in Europa, die mitten in der Stadt liegt. Kenner der Pferdesportszene vergleichen sie ob der schönen Anlage mit der Pariser Derbybahn "Chantilly". Am ersten Renntag des Jahres, jeweils am 1. Mai, erscheinen bis zu 15.000 Zuschauer. Die Rennbahn am Scheibenholz ist Leipzigs älteste Sportstätte. Nach denkmalgerechter Sanierung feiert die Rennbahn ihren 200. Geburtstag einer neuen Tribüne, einer neuen Gaststätte mit großem Biergarten direkt am Elsterflutbecken gelegen, feiert die Rennbahn 2013 ihren 200. Geburtstag.

Erste Radrennbahn

Die erste Radrennbahn Deutschlands stand in Leipzig, im Leipziger Zoo. Ernst Pinkert (1844-1909), ein Gastwirt, hatte zunächst zur Belebung seines Geschäfts ab 1876 vom Zirkus Hagenbeck geliehene fremdländische Tiere zur Schau gestellt und ab1877 einen eigenen Tierpark eröffnet. Pinkert, der gleichzeitig aktives Mitglied des Leipziger Bicycle-Clubs (1881) war, stellte den Radsportlern die Mittelwege seiner Anlage als Rennkurs zur Verfügung. Bereits ein Jahr zuvor hatte sich mit dem "Leipziger Bicycle-Club" der erste deutsche Radsportverein gegründet.

Jede Schule eine Turnalle

Der Direktor des städtischen Schulwesens, Turntheoretiker und Mitglied des ältesten Sportvereins Leipzigs, ATV Leipzig 1845, Prof. Justus Carl Lion (1829-1901), hatte beim Rat der Stadt durchgesetzt, das alle Leipziger Schulen bis 1899 eine eigene Turnhalle besaßen, einmalig für Deutschland und Europa.

Sportkleidung – Vorbild für ganz Deutschland

Das "Leipziger Schul- und Turnkleid", das vom Rat gefördert wurde, empfahl sich durch ausgezeichnete Bewegungsfreiheit, Körperfreundlichkeit und Hygiene. Ab 1904 galt es als wegweisende Sportkleidung und fand Verbreitung in ganz Deutschland.

Erstes öffentliches Damenfreibad

Im Sommer 1866 hatte bereits ein Freibad für Herren mit beachtlicher Größe von 25.000 m^2 in Leipzig eröffnet. Da sich in unmittelbarer Nachbarschaft die historischen "Schrebergärten" befinden, trug es ebenfalls den Namen "Schreberbad". Im Mai 1869 wurde im Bereich des "Schreberbades" offiziell ein Damenfreibad mit großen Liegewiesen eröffnet. Es war das erste seiner Art in Deutschland. Es wurde in den letzten Jahren modernisiert und existiert heute noch als Gemeinschaftsfreibad.

Ein Bad macht Wellen

1916 wurde in Leipzig das erste Wellenbad Deutschlands im Leipziger Stadtbad eröffnet. Das im Jugendstil erbaute Stadtbad bestand aus einer Männerschwimmhalle, einem Frauenbad und einer im maurischen Stil errichteten großen orientalischen Saunaanlage sowie Massageräume. Zur Eröffnung galt es als modernstes Bad Europas. Nach umfassender Renovierung ist eine Wiedereröffnung 2013 als Wellness- und Gesundheitszentrum vorgesehen.

Die meisten Schwimmhallen

Mit 11 ganzjährig geöffneten Hallenschwimmbädern, davon zwei mit je acht international wettkampffähigen 50 Meter Bahnen und einem Spaßbad (Sachsen-Therme), besitzt Leipzig seit Anfang der 70er Jahre mehr Schwimmhallen als jede andere Großstadt in Deutschland. Da die Schwimmhallen auch für das Schulschwimmen zur Verfügung stehen, hat dies auch positive Auswirkungen auf die frühe Schwimmausbildung der Leipziger Schüler. Darüber hinaus besitzt Leipzig eine kombinierte Schwimm- und Sprunghalle für Wasserspringen, die für das Training von Leistungssportlern und internationalen Wettkämpfen genutzt wird.

Erste Turngerätefabrik

Die erste Turngerätefabrik wurde von Oswald Faber (1826-1908) im Jahre 1863, dem Jahr des 3. Deutschen Turnfestes als "Turn- und Feuerwehr-Gerätefabrik" in Leipzig gegründet. Mit der aufstrebenden Turnbewegung entstand ein erheblicher Bedarf nach Sportgeräten, der von der Leipziger Sportgerätefirma zunächst befriedigt werden konnte. Die Firma Faber war auch der Hauptlieferant der Deutschen Turnfeste. Bis ins 20. Jahrhundert war es das führende deutsche Unternehmen bei der Produktion von Turn-, Sport- und Spielgeräten.

Erstes Buch über den Bau von Turn- und Sportgeräten

Im Jahre 1883 erschien in Leipzig weltweit das erste Buch über den Bau von Turn- und Sportgeräten in Leipzig. Der Titel: "Werkzeichnungen von Turngeräten für Turnanstalten jeder Art." Autor war der Leipziger Prof. Justus Carl Lion (1829-1901), der bereits den Turnhallenbau für alle Leipziger Schulen beim Stadtrat durchgesetzt hatte und eng mit der Leipziger Faberschen Sportgerätefirma zusammenarbeitete.

Modernste Wildwasser-Anlage Europas

2007 wurde in Leipzig/Markkleeberg die modernste Kanu- und Wildwasserbahn Europas eingeweiht. Die hochleistungsfähige Slalom-Kanu-Wildwasserstrecke bietet für Slalom, Wildwasserabfahrten, Rafting, Hydrospeed, Kanu-Freestyle und Kanu-Polo ausgezeichnete Bedingungen. Gastronomische Einrichtungen und Ferienhäuser ergänzen die zurzeit modernste Wassersportanlage. Olympiaausscheide, Meisterschaften und 2015 die Europa-Meisterschaften finden hier in den verschiedenen Disziplinen des Kanusports statt.

Beispiellos: Bob- und Rodelbahnbau

Weltweit beispiellos ist das Leipziger Unternehmen für Planung und Konstruktion von Bob- und Rodelbahnen. Das Ingenieurbüro Udo Gurgel (IBG) entwarf nahezu alle olympische Bob-

INGENIEURBÜRO GURGEL + PARTNER

Planung von Bob- und Rodelbahnen mit über 45 Jahren Tradition ...

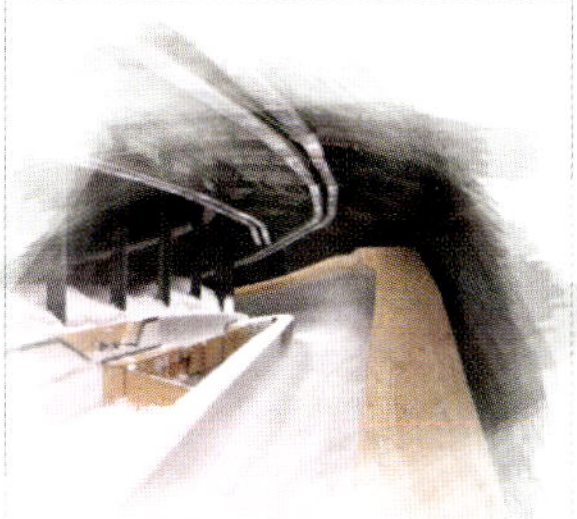

Sochi 2012

Wir sind spezialisiert auf die Planung und Berechnung von Olympiatauglichen, kombinierten Bob-, Skeleton und Rodelbahnen.

Die Geschichte beginnt 1968 in Oberhof, als Udo Gurgel an der Planung der ersten am Computer berechneten Bahn als Mitarbeiter im WTZ Sportbauten beteiligt war. Mit eigenem Ingenieurbüro entstanden ab 1992 alle weltweit gebauten Olympiabahnen nach unseren Entwürfen. Hierfür verwenden wir eine eigene Software, die sowohl die Geschwindigkeits- und Fliehkraftberechnung als auch die Kurvenprofilierung übernimmt. Gleichzeitig planen wir alle unmittelbar mit unseren Bahnen verbundenen Konstruktionen und unterstützen bei der konzeptionellen Planung der Gebäude.

Oberhof 1968

Wir arbeiten in enger Zusammenarbeit mit den Internationalen Sportverbänden sowie dem Leistungssport.

Unser aktuelles Projekt, die Bahn für die Olympischen Winterspiele 2014 im russischen Sotschi wurde im März 2012 erfolgreich für internationale Wettkämpfe zugelassen.

Weinlingstrasse 11
04155 Leipzig
Telefon 0341 44 613-0
Fax 0341 44 613-14
Email info@ibg-gurgel.de

IBG + Partner
INGENIEURBÜRO GURGEL
CONSULTING ENGINEERING

und Rodelbahnen dieser Welt. Im Einzelnen: Oberhof und Altenberg in Deutschland, Nagano/Japan, Calgary/Kanada, Salt Lake City/USA, Lillehammer/Norwegen, Turin/Italien und Vancouver/Kanada. Gurgel und sein Team gehörten einst zum Wissenschaftlich-Technischen Zentrum für Sportbauten, das sich auf dem ehemaligen Campus der DHfK befand. Oberhof in Thüringen war die erste Bahn, die komplett am Computer entstand. Die Altenberger Bob-und Rodelbahn im Erzgebirge gilt unter Experten als die weltweit schwierigste Eisbahn. Die Leipziger Spezialisten bauen aktuell auch die Bob- und Rodelbahn für die Olympischen Spiele 2014 in Sotschi/Russland.

Im "Goetz-Haus" weltweit größte Turnorganisation

Nach umfangreicher Restaurierung wurde das Goetz-Haus wurde anlässlich des deutschen Turnfestes 2002 in Leipzig eingeweiht. Es erinnert an Dr. Ferdinand Goetz (1826-1915), Schul- und Armenarzt, der in diesem Haus die weltgrößte Turnorganisation, die deutsche Turnerschaft seit 1860 als Geschäftsführer leitete. Das Goetz-Haus ist ein denkmalgeschütztes Biedermeierhaus, das 1823 erbaut wurde.

Erstes Sport-Archiv

Das erste Sportarchiv in Deutschland wurde im Februar 1867 von Ferdinand Goetz in Leipzig errichtet. Grundlage dafür war ein auf dem Turntag 1866 gefasster Beschluss zur Errichtung eines "Gesamtdeutschen turnerischen Archivs" in den Räumen des Wohn- und Sportbüros von Ferdinad Goetze in der Lützner Straße. Historisch einmalige 11.500 Bände des deutschen Sports, der deutschen Turn- und Sportbewegung, der Verbände und Vereine, Sportliteratur umfasste diese Sammlung. 1922 wurde es nach Berlin verlegt.

Erstes Sport-Museum

Am 23. Juli 1977 weihte die Stadt Leipzig mit dem Sportmuseum die erste Einrichtung dieser Art in Deutschland ein. Das Sportmuseum ist heute mit 90.000 Sachzeugnissen aus über 150 Jahren Turn- und Sportgeschichte und einer Fachbibliothek mit mehr als 5.000 Bänden, die vom 17. Jahrhundert bis zur Gegenwart reichen, die bedeutendste sporthistorische Dokumentationsstätte in Deutschland. Zum Museum gehören weiterhin umfangreiche Bestände an historischen Turn- und Sportgeräten, Sportplakaten und -bekleidungen.

Einmalige Sport-Kunst-Sammlung

Eine weitere Besonderheit der DHfK in Leipzig bestand darin, dass die Hochschule eine seit 1960 historisch gewachsene Sammlung "Sport in der bildenden Kunst" mit einer bemerkenswerten bildkünstlerischer Vielfalt und Qualität (G. Witt) als Dauerausstellung auf dem Campus (Vorplatz, Hörsäle, Seminarräume, Lichthöfe, Durchgänge, Mensa) anbot. 550 Werke, darunter Gemälde, Plastiken, Grafiken, Skulpturen und Filme, ausschließlich von professionellen Künstlern gestaltet, als Auftragswerke oder auch zu speziellen Themen erworbene, umfasste diese ständige Ausstellung. Sie wurde inhaltlich und organisatorisch von der Wissenschaftsdisziplin "Ästhetik des Sports" betreut".

Weltweit einmalig: Ästhetik des Sports

Es gab und gibt außerhalb der DHfK, weltweit keine Sporthochschule und keine Fakultät für Sportwissenschaften einer Universität, die in ihrem Studienplan die Wissenschaftsdisziplin "Ästhetik des Sports" als selbstständige Lehr- und Forschungsdisziplin ausweist. An der Deutschen Hochschule für Körperkultur hatte dieses Institut eine Personalstruktur mit einem Professor, zwei Dozenten, zwei Assistenten, zwei Hilfsassistenten und einer Sekretärin. Dies belegt den hohen Stellenwert, der dieser Disziplin in Theorie und Praxis, in Lehre und Forschung beigemessen wurde. Ziel war es "ein spezielles kulturell-ästhetisches Mikroklima an der Hochschule entstehen zu lassen, das die Studenten anregt, durch alltägliche Begegnungen Zugang zur Kunst zu finden oder zu vertiefen, Kenntnisse und Wertvorstellungen auszuprägen, aber auch Entspannung und ästhetischen Genuss zu empfinden" (G. Witt).

Neben Grundseminaren wurden spezielle Veranstaltungen für jene Studenten angeboten, in deren Wettkampfdisziplinen ästhetische Fragen des Sports eine bedeutende Rolle spielten. (Eiskunstlauf, Leistungsgymnastik, Gerätturnen). Theoretische Exkurse, Theater-, Ballett-, Konzert-, Musical- und Filmbesuche, Gespräche mit Künstlern oder Bildbetrachtungen wurden genutzt, um die ästhetische Wahrnehmung und das persönliche Empfinden zu schulen und für die eigene sportliche Ausprägung zu entwickeln. Dieses komplexe und langfristige Herangehen an die Entwicklung sportlicher Höchstleistungen, selbst unter Einschluss ästhetischer Aspekte, war konzeptionell vorbildlich und deshalb weltweit erfolgreich.

Größte Sport-Souvenir-Börse in Europa

Leipzig ist die Top- Adresse für den Sport-Souvenir-Sammler. Jedes Jahr im Januar findet in Leipzig eine Tauschbörse statt. Auf ihr werden Abzeichen, Gläser, Wimpel, Autogramme, Programme, Stadionbilder und Bücher angeboten. Die Leipziger Sport-Souvenir-Börse ist die größte europäische Tauschbörse ihrer Art. Neben Treffen mit hervorragenden Sportlern aus aller Welt gilt der Besuch der Sportsouvenir-Experten beim damaligen IOC-Präsidenten Juan Antonio Samaranch in Lausanne als Höhepunkt der Sammlerszene. Cheforganisator der Leipziger Tauschbörse ist von Beginn an Rainer Hille.

26. Plakate, Werbung, Konsumenten

Erste Werbeagentur

Die industrielle Revolution hatte viele neuartige Technologien hervorgebracht, ihre Kommunikation bis dato aber völlig vernachlässigt. Insofern lag es auch nahe, dass nicht Düsseldorf oder Stuttgart die Nase vorn hatten, sondern eben Leipzig. Hinzu kam, dass Leipzig eine wesentliche Rolle in der ab 1900 einsetzenden Jugendstil-Bewegung spielte und dieser Stil sich ideal für die Werbung anbot. Hans Weidenmüller blieb es vorbehalten 1908 in der Leipziger Brandvorwerkstraße 65 die erste Werbeagentur in Deutschland zu gründen. Der offizielle Name hieß "Werkstatt für neue deutsche Wortkunst, Leipzig" bzw. "Werkstatt zum Federmann". Interessant ist die Tatsache (Schindelbeck), dass man bereits zum Start der Agentur zwar in einem Team arbeitete, aber gleichzeitig eine Arbeitsteilung praktiziert wurde, in dem es schon "Sprachner" (Texter) und Bildner (Grafiker) gab.

Erste Reklamemesse

Nachdem Leipzig bereits Vorreiter in der Werbewirtschaft war und die erste Werbeagentur Deutschlands 1908 gegründet hatte, organisierte man in dieser Stadt auch die erste deutsche Reklamemesse mit internationaler Beteiligung. Sie fand 1919 in der innerstädtischen Messehalle am Neumarkt 28 statt. Ab dann wurden jedes Jahr Reklamemessen in Leipzig durchgeführt. Dazu wurden auf dem Marktplatz vor dem Alten Rathaus sogenannte Reklameburgen errichtet.

Erster Werbefilm

1921 wurde auch der erste deutsche Werbefilm in Leipzig hergestellt. Es war ein Werbezeichen-Trickfilm mit dem Titel "Bummel-Petrus" und hatte die Präsentation und Vermarktung einer Schuhfirma zum Gegenstand. Verantwortlich für die Produktion des Filmes war Hans Fischerkösen.

Messeplakate setzten Maßstäbe

Die Messeplakate der einst bedeutendsten Messe der Welt setzten Maßstäbe für die Werbewirtschaft in dieser Zeit. Zu den besten Werbestrategien der damaligen Zeit gehörte die Werbung der Leipziger Firma Riquet, einem Kakao- und Teeimporteur. Für dieses Unternehmen arbeitete Ludwig Hohlwein, dessen Werbeplakate zu den besten Instrumenten in der deutschen Kommunikationspolitik des 20. Jahrhunderts gehörten.

Größtes Unternehmens-Logo

Aus Anlass des 800 jährigen Messejubiläums 1965 wurden an drei Eingängen der "Alten

Messe" jeweils zwei Doppel-MM errichtet. Mit 27 Meter Höhe sind sie die größten Unternehmenslogos. Der Entwurf stammt von den beiden Leipziger Architekten M. Weigend und M. Lehmann. Diese Portalgestaltungen bestehen aus Stahlkonstruktionen, die mit Aluminiumblech ummantelt sind. Als Vorlage diente das vom Leipziger Maler und Grafiker Erich Gruner im Auftrag des Messeamtes bereits 1917 geschaffene Messelogo. Dieses Messelogo, das sich weltweit durchgesetzt hat, steht für den in Leipzig geborenen Begriff der "Muster-Messe".

Erste Betriebswirte mit "Werbung" als Unterrichtsfach

Am 4. März 1919 beschloss der Senat der Handelshochschule (HHL) im Fach BWL Vorlesungen zum Reklamewesen und zur Werbelehre zu veranstalten. Die Studierenden in Leipzig profitierten vom damaligen deutschen "Reklamepapst" Hans Weidenmüller, der sowohl ein hervorragender Theoretiker als auch Praktiker war. Er selbst hatte die erste deutsche Werbeagentur gegründet und eine Vielzahl von Schriften zur Werbewirtschaft wie "Erfolgreiche Kundenwerbung. Monatshefte für den Kaufmann" und "Mitteilungen des Verbandes deutscher Reklamefachleute e. V." herausgegeben. Im Studienplan sind solche Ausbildungsthemen wie "Einführung in die geschäftliche Werbelehre", "Werkzeuge und Werkzeugprüfung. Übungen zur Werbesachenkunde", "Öffentliche Werbekunst 1. Teil: Das Inseratswesen, Geschäftsdrucksachen, Warenmarken und der Druckereiverkehr" ausgewiesen. Während man in Leipzig schon bald den noch heute gültigen Begriff "Werbung" in den Mittelpunkt stellte, boten andere Handelshochschulen (Berlin) noch lange den Begriff "Reklame" an.

Begründer eines einheitlichen werblichen Auftretens

Im Unterschied zu anderen Werbern und zur Entwicklung vereinzelter Werbemittel legte der Leipziger Weidemüller als erster Wert auf ein einheitliches Auftreten und damit auf einen hohen Wiedererkennungswert der gesamten Firma. Das heißt Logo, Slogan und Hausfarbe fanden sich auf der Anzeige, auf den Geschäftspapieren, auf dem Reklameschild, dem Wegweiser im Betrieb, der Dienstkleidung der Angestellten und Arbeiter bis zu den Verkehrsmitteln wider. Heute gibt es dafür den Begriff "Corporate Communikation".

Weltgrößtes Werbeposter aller Zeiten

Zur Fußball-EM zeigte die Leipziger Event Agentur "maikai Europe" das größte Werbeposter aller Zeiten. Mit einer Größe von 50.000 Hektar (50 Fußballfelder) entstand das Billboard am Wiener Flughafen. Der Rekord wurde auch vom Guiness Book of World Records bestätigt.

Erste private Todesanzeige

Die Leipziger Zeitung war deutschlandweit die erste deutsche Zeitung, die eine Todesanzeige veröffentlichte. Am 18. März 1785 erschien eine Todesanzeige mit folgendem Wortlaut:

"Leipzig, d.18.März – Den 15 ten diese, früh um 4 Uhr verstarb all hier, nach einer vierzehntägigen schweren Krankheit, Frieda Bause, die älteste Tochter des berühmten Kupferstechers Herrn Bause, in der Blüthe ihres Lebens. Von der Natur durch Schönheit ausgezeichnet, hatte sie durch ihren vortrefflichen moralischen Charakter, durch ihre Bescheidenheit und Sittsamkeit die Achtung aller ihrer Bekannten, sowie durch ihre großen musikalischen Talente, besonders durch ihr rührendes und meisterhaftes Spiel auf dem seltenen Instrumente der Harmonica, die Bewunderung der Einheimischen und Fremden erworben. Die Theilnehmung der ganzen Stadt an diesem traurigen Falle ist für die Verstorbene eine Lobrede, auf welche nur die Verdienste höherer Art Anspruch machen können".

Längster roter Teppich der Welt

Der längste "Rote Teppich" der Welt war 2.200 Meter lang und wurde am 8. Dezember 2005 im Leipziger Zentralstadion vom Vorplatz bis in den VIP-Bereich ausgerollt. Er sollte im Rahmen der Vorrundenauslosung zur Fußballweltmeisterschaft 2006 die deutsche Gastfreundschaft symbolisieren.

Längstes Bilderrätsel der Welt

Das längste Bilderrätsel der Welt hat eine Länge von 37,42 Metern und enthält 272 Bilder, wobei 215 Worte des allen bekannten "Osterspaziergangs" aus Goethes Faust verschlüsselt sind. Von 1984 bis 1986 hatte der Leipziger Mathematiker und wissenschaftliche Mitarbeiter der Universität Leipzig, Ralf Laue, am Bild gebastelt.

Weltweit größter freistehender Adventskalender

Der Weihnachtsmarkt in Leipzig existiert seit 1458. Er ist damit nach dem Striezelmarkt in Dresden der älteste in Deutschland, noch vor dem Augsburger Christkindlesmarkt (1498), dem Nürnberger Christkindlesmarkt (1628) und dem Münchner Weihnachtsmarkt (1642). "Die erste nachweisbare Erwähnung des Leipziger Weihnachtsmarktes erfolgte 1714 im "Leipzigschen Geschichtsbuch" durch Johann Jacob Vogel: "Anno 1458 hat Churfürst Friedrich Marggraff zu Meissen und Hertzog zu Sachsen den Weynachtsmarkt öffentlich ausgeschrieben und die Stadt wegen der geleisteten, so Ihme, von dem Rathe und der Bürgerschaft erweisen damit begnadigt." Seit 1997 schmückt der weltweit größte freistehende Adventskalender der Welt den Leipziger Weihnachtsmarkt. Mit 857 m^2 steht er im Guinness Buch der Rekorde. Täglich um 16.30 Uhr wird eins der 6 Quadratmeter großen Fenster geöffnet. Die Inhalte werden von Schulklassen gestaltet. Mit fast 300 individuell gestalteten Ständen ist der Leipziger Weihnachtsmarkt einer der größten und schönsten in Deutschland.

Größte Weihnachtsbaumkugel der Welt

Die größte Weihnachtsbaumkugel der Welt, mit einem Durchmesser von 5 Metern, wurde im Jahre 2007 auf der Leipziger Messe für Modellbau, Spiel und kreatives Gestalten gezeigt.

Erste Berufsfotografin der Welt

1835 wurde die Fotografie erfunden und wie nicht anders zu erwarten, bereits 1839 auf der Leipziger Messe präsentiert. Also eine ähnliche Situation wie bei der Erfindung und

Verbreitung des Meissner Porzellans oder des Steiff-Teddybären. Die weltweit erste Frau als Berufsfotografin war eine Leipzigerin und hieß Bertha Wehnert-Beckmann (1859-1923). Ihr erstes Atelier hatte sie auf der Pleißenburg, dem späteren Neuen Rathaus. Zu Beginn ihrer Karriere hatte sie sich vor allem auf Porträtaufnahmen spezialisiert, später bevorzugte sie die Architekturfotografie. Dabei kam ihr die dynamische Entwicklung Leipzigs in dieser Zeit sehr entgegen.
In der Fotothek des Stadtgeschichtlichen Museums Leipzig befinden sich mehr als 3.200 Fotoobjekte. Anlässlich des 200. Geburtstages von Bertha Wehnert-Beckmann im Jahre 2015 bereitet Leipzig eine große Ausstellung vor.

Weltweit erster Lehrstuhl für künstlerische Fotografie

Leipzig besaß nicht nur die erste Berufsfotografin mit eigenem Atelier in Deutschland, sondern mit Frank Eugene Smith (1865-1936) den bedeutendsten Vertreter der künstlerischen Fotografie. Die damalige "Akademie für Grafische Künste und Buchgewerbe Leipzig" schuf 1913 speziell für Frank Eugene den weltweit ersten "Lehrstuhl für künstlerische Fotografie". Er selbst erhielt eine Professur für diese Disziplin. Der Lehrstuhl existiert nunmehr seit fast 100 Jahren ohne Unterbrechung. Frank Eugene machte die Aktfotografie, die zu seiner Zeit oft noch als Schmuddelkram behandelt wurde, hoffähig. Die "Hochschule für Grafik und Buchkunst", zu der der Lehrstuhl heute gehört, ist weltweit die älteste ihrer Art. Zu der Ausstellung "Nude Visions – 150 Jahre Körperbilder in der Fotografie", die im Jahre 2010 in Leipzig stattfand, war F. E. Smith mit vielen Fotos vertreten.

Erfinder dreidimensionaler Fotos

Der Erfinder dreidimensionaler Fotos ist der Leipziger Mathematiker Wilhelm Rollmann (1821-1890). Er errechnete aus sie Stereobildern "Anaglyphen", die genauso wie moderne 3-D-Fotos, mit der Rot-Blau-Brille funktionieren.

Längstes Foto der Welt

Das längste Foto der Welt ist 1,4 Kilometer lang und wurde in Leipzig produziert. Es hängt heute in einem Duisburger Parkhaus und zeigt die Ostseeküste bei Fischland-Darß-Zingst. Das Bild wurde in 1.000 Einzelbildern fotografiert und anschließend per Bildbearbeitung für das Bildmotiv zusammengefügt.

27. Sprechen, Hören, Fühlen...

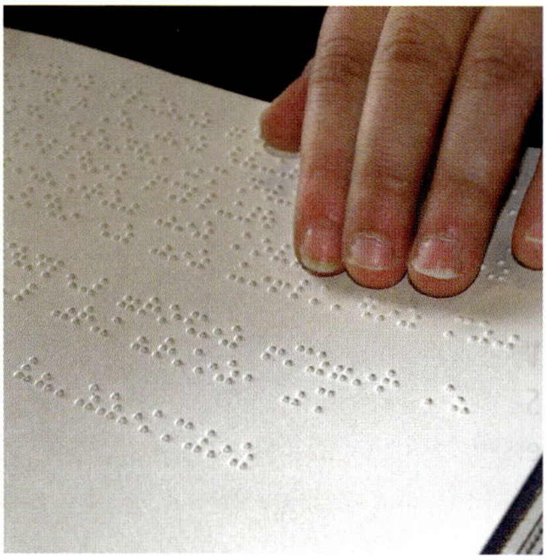

Älteste Sex-Fibel für Blinde

Die deutsche Zentralbücherei für Blinde (DZB) hat weltweit einmalig, das 1800 Jahre alte Kamasutra in Blindenschrift herausgebracht. Die aus Indien stammende älteste Sex-Fibel der Welt wurde 2011 von Leipziger Experten in der Braille Schrift (Knubbelbuchstaben) übersetzt und haben so 21 Liebespositionen beschrieben. Bemerkenswert ist, dass die einzelnen Stellungen mit entsprechenden Bildern in Form von transparenten Reliefs versehen sind und somit der Blinde nicht nur mit den Fingern "lesen", sondern die Positionen auch erfühlen kann. Trotz des hohen Preises von 98 Euro ist die Nachfrage erheblich.

Schulpflicht für Blinde

1865 wurde in Leipzig die erste staatliche Schule für Blinde, nach ihrem Hauptgeldgeber "Bienersche Anstalt" genannt, gegründet. 1873 wurde in Sachsen/Leipzig als erstem Bundesland die Schulpflicht für blinde Kinder eingeführt.

Bibliothek für Blinde

Leipzig hat die älteste und größte öffentliche Blindenbibliothek Deutschlands. Die "Deutsche Zentralbibliothek für Blinde" (DZB) wurde am 16. November 1916 in der Hospitalstraße eröffnet. Doch schon viele Jahre früher, am 2. November 1894 hatte sich der "Verein zur Beschaffung von Hochdruckschriften und Arbeitsgelegenheiten für Blinde" in der Leipziger Löhrstraße gegründet. Grundlage dabei war die Forderung der Blinden nach Bildung. Die DZB bietet deutschlandweit das größte und umfassendste Punktschrift- und Hörbuchangebot. Heute nutzen mehr als 10.000 Leser regelmäßig den Bestand für Blinde in der Gustav-Adolf-Straße. Die Bibliothek besitzt mehr als 40.000 Bände in der Blindenschrift "Brailles" zu allen Wissenschaftsgebieten. Die Zentralbibliothek leiht aber nicht nur aus, sondern produziert in hohem Maße selbst die Spezialbücher.

Büste Louis Brailles,
Schöpfer der Blindenschrift.

Größte Herausgeberin von Blindenzeitschriften

Die in Leipzig ansässige "Deutsche Zentralbibliothek für Blinde" (DZB) gibt aktuell pro Jahr 12 Blinden-Zeitschriften heraus. Damit bewahrt Leipzig seine seit Jahrzehnten bestehende führende Stellung in der Betreuung von Blinden mit aktuellen und modernen Medien.

Musterschule für Gehörlose

Eine Verbandsmusterschule für Gehörlose wurde in Leipzig unter Leitung von Albert Winkler (1879-1959) im Jahre 1927 errichtet. Sie war Muster und Vorbild für die weltweite Errichtung derartiger Spezialschulen. Winkler hatte am 2. November 1927 auch den ersten "Taubstummen-Turnverein zu Leipzig" gegründet, der noch heute existiert und dem 10 Sportabteilungen angeschlossen sind.

Weltweit erste Taubstummenschule

Samuel Heinicke (1727-1790) gründete 1778 in Leipzig die weltweit erste Taubstummenschule in der Talstraße. Der offizielle Titel hieß "Churfürstlich-sächsisches Institut für Stumme und andere mit Sprachgebrechen behaftete Personen". Sachsen war auch das erste Bundesland, das eine Schulpflicht für Taubstumme einführte. Heinicke führte die Lautsprach-Methode, im Unterschied zur Zeichensprachmethode des Franzosen C.M. de l Epee, ein. S. Heinicke legte damit den Grundstein für einen modernen Gehörlosen-Unterricht. 1881 wurde für Heinicke in der Talstraße ein Denkmal errichtet. Die Schule trägt heute seinen Namen.

28. Studenten, Lehrstühle, Rektoren...

Ruf einer Weltuniversität

Die Alma mater Lipsiensis (Mutter der Weisheit) wurde im 2. Dezember 1409 gegründet. Sie ist nach Heidelberg die zweitälteste Universität Deutschlands, die in all den Jahrhunderten eine durchgehende Lehre im studentischen Bereich und in der Forschung aufweisen kann. Zum Zeitpunkt der Gründung waren Studenten aus vier Ländern an der Uni immatrikuliert: Meißner, Sachsen, Bayern und Polen. Dem ersten Semester gehörten 369 Studenten plus 46

Magister und Doktoren an. Der Papst hatte vier Fakultäten genehmigt: Theologie, Jurisprudenz, darunter Kirchenrecht und Zivilrecht, Medizin und die sieben freien Künste (Philosophische Fakultät). Sie war für Sachsen stets eine Landes- und Volluniversität. Das Wissenschaftsmotto der Uni: "Theoria cum Praxi" geht auf den Leipziger Universalgelehrten und Aufklärer Wilhelm Leibniz zurück. Im Zeitalter der Aufklärung stand die Universität Leipzig im Mittelpunkt deutscher und europäischer Wissenschaft. Die mitteldeutsche Universitätslandschaft prägte nachhaltig die gesamte deutsche und europäische Wissenschaftsgeschichte. Maßgeblich beteiligt waren die Universitäten Leipzig, Halle/S., Jena und Freiberg. 1909, zum 500. Jahrestag, galt die Universität Leipzig als die modernste weltweit. Studenten aus allen Teilen der Welt waren hier seit Jahrhunderten immatrikuliert. Auch heute genießt die Universität Leipzig mit ihren 14 Fakultäten und 150 Instituten weltweites Ansehen.

Weltweite Pionierfunktionen

Die Leipziger Universität und die Leipziger Hochschulen zählen zu den ältesten und besten ihrer Art in Deutschland. "Diese Universität ist eine kulturelle Institution, die Verantwortung nicht nur für Deutschland, sondern für die Welt trägt" (P. Gutjahr-Löser). Es gibt nur ganz wenige Universitäten in Deutschland, die über derart viele Alleinstellungsmerkmale, im Sinne von erstmalig, gegründet, älteste, neueste, etc. verfügen. Das gilt für Deutschland, Europa und die Welt. In den nachfolgend aufgeführten Wissenschaftsdisziplinen stellte die Universität Leipzig den ersten Lehrstuhl und die erste ordentliche Professur. Das betraf Fächer wie: die Psychologie (erstes Hirnforschungsinstitut), die experimentelle Psychologie, die Psychiatrie, die Orthopädie, die Ganzheitliche Medizin (Carus), das erste medizinische Großlabor (heute Medizin-historisches Labor), die Kinderheilkunde mit der Kinderradiologie, der Kinderorthopädie, die Kinderanästhesie, der Kinderkardiologie und die Batriatrische

Chirurgie. Zu weltweiten Erstgründungen gehören weiterhin: die Ethnologie, die Homöopathie, die erste selbstständige Herz- und Gefäßklinik, die Hydrologie, die Sportpädagogik/Methodik, die Sinologie, die Skandinavistik, die Ornamistik, die Zeitungskunde, die Journalistik mit der erstmaligen universitären Journalistenausbildung, die Methodik und Didaktik des Deutschunterrichts für Ausländer sowie die Zahnmedizin.

Weltberühmte Hochschullehrer und Nobelpreisträger

Mehr als 40 Nobelpreisträger und weltberühmte Hochschullehrer haben an der Uni über einen längeren Zeitraum gelehrt, geforscht, sind hier zu Ehren gekommen und eng mit der Stadt Leipzig verbunden. Zu den Nobelpreisträgern gehören Ernst Bloch (Philosophie), Karl Ferdinand Braun (Physik), Werner Heisenberg (Physik), Gustav Hertz (Physik), Paul Ehrlich (Medizin), Gustav Stresemann (Friedensnobelpreis), Bernhard Katz (Medizin), Theodor Mommsen, (erster deutscher Literaturnobelpreisträger), Walther Nernst (Chemie), Wilhelm Ostwald (Chemie), Iwan Pawlow (Medizin), Bertha von Suttner (Friedennobelpreis), Jacobus vant`t Hoff (Chemie) und Schinitschiro Tomonaga (Physik).

Erster deutscher Professor an der Harvard Uni

Wilhelm Ostwald (1853-1932), Professor für Chemie an der Leipziger Uni, der 1909 den Nobelpreis für seine Arbeiten zur Katalyse erhalten hatte, war der erste deutsche Professor, der an die Harvard Universität in Cambridge berufen wurde.

Gefeierter deutscher Aufklärer

Christian Gottsched (1700-1766) war als Aufklärer seiner Zeit voraus. Gemeinsam mit Leibniz, Thomasius und Gellert trug er maßgeblich dazu, die Alma mater Lipisiensis zur führenden Universität Deutschlands in der Epoche der Aufklärung zu machen. Er trug entscheidend zur Weiterentwicklung der Kultur, der Wissenschaft und der deutschen Sprache bei. Als Professor für Poesie, Logik und Metaphysik gab er für den deutschen Kulturraum führende Zeitschriften heraus und förderte Übersetzungen.

Der Rektorenrekord

Johann Christoph Gottsched (1700-1766) besaß die meisten Rektorentitel in Deutschland. Fünfmal wurde er zum Rektor der Alma mater Lipisiensis gewählt. Allerdings betrug die Amtszeit damals maximal zwei Semester. Heute wird ein Rektor für fünf Jahre gewählt.

Der letzte Universalgelehrte

Der Leipziger Gottfried Wilhelm Leibniz (1646-1716) gilt als letzter Universalgelehrter in Deutschland. Er beschäftigte sich nahezu mit allen Wissensgebieten der damaligen Zeit und war ein überaus erfolgreicher Forscher. Er gründete die preußische Akademie der Wissenschaften, erfand die erste praktikable Rechenmachine, die Differential- und Integralrechnung und er begründete das Gesetz der Erhaltung der Energie. Als Historiker legte er den Grundstein für eine moderne kritische Geschichtsschreibung und erfand eine Methode zur Herstellung von Phosphor. Für viele Herrscher in Europa war er ein Berater in Gerichts- und Verfassungsfragen.

Erste Vorlesung in deutscher Sprache

Die erste Vorlesung in deutscher Sprache hielt Christian Thomasius (1655-1728) an der Alma mater Lipsiensis am 31. Oktober 1687. Die Vorlesung behandelte das Thema: "Welcher Gestalt man denen Frantzosen in Leben und Wandel nachahmen soll." Er wandte sich dabei gegen die Kopie französischer Sitten und für eine Aufwertung deutscher Kultur. Der Weltbürger und nicht das Ideal des Adels standen für ihn im Mittelpunkt. Die Gelehrtensprache war zu dieser Zeit Latein, um sich vom "gemeinen Pöbel" zu distanzieren. Thomasius war unter der damaligen Professorenschaft ein "Querulant". Nicht nur, dass er seine Vorlesungen in deutscher Sprache hielt, trat er im Hörsaal statt im üblichen Talar in moderner Kleidung auf und kämpfte energisch um mehr Toleranz, Trennung von Kirche und Staat und um die Aufhebung des Verbots von Mischehen. Da die Auseinandersetzungen unerträglich wurden, verließ Thomasius Leipzig und ging an die Universität nach Halle/S.

Erfinder des Gleichrichtereffekts an Halbleitern

Karl Ferdinad Braun (1850-1918), Physik-Nobelpreisträger, entdeckte 1874 in Leipzig den Gleichrichtereffekt an Halbleitern und schuf damit gleichzeitig die Voraussetzungen für die spätere Entwicklung von Transistoren. Braun war zu dieser Zeit Lehrer am Thomas-Gymnasium in Leipzig.

Spritus rector der physikalischen Chemie

1909 bekam Wilhelm Ostwald (1853-1932) den Nobelpreis der Chemie. Durch seine Lehrbücher zur physikalischen Chemie und die Herausgabe der ersten Zeitschrift zum gleichen Gegenstand gilt W. Ostwald als Begründer der physikalischen Chemie weltweit. Das Leipziger Institut und die Gesellschaft tragen heute seinen Namen. Zu seinen wissenschaftlich herausragenden Leistungen zählen die Erklärung der Katalyse und die Entwicklung des katalytischen Verfahrens zur Salpeter-Großproduktion aus Ammoniak. Ostwald war ein vielseitiger Wissenschaftler, Soziologe, Naturphilosoph, Schriftsteller und Maler. Er starb 1932 auf seinem Landsitz in Großbothen bei Leipzig. Dort befindet sich heute eine Gedenkstätte.

Älteste geologische Hochschulsammlung

Seit 1770 wurden an der Leipziger Universität Gesteine, Erze und Mineralien gesammelt. Sie ist damit die älteste geologische Hochschulsammlung Deutschlands und Europas. Sie gehört heute dem Institut für Geophysik und Geologie. Der 2. Weltkrieg und die Nachkriegsjahre verursachten auch hier große Sammlerschäden. Heute folgt die Sammlung den aktuellen Forschungsarbeiten des Institutes. Die mineralogisch-petrographische Sammlung der Universität ist in ihrer Art, der Sammlung von künstlichen Produkten wie Schlacken, Feuerfestmaterialien, Proben von Brennstoffrückständen und synthetischen Kristallen einmalig in Deutschland und Europa.

Einmaliges Laboratorium

Das größte und vollkommenste chemische Laboratorium einer deutschen Universität wurde 1868 in Leipzig eröffnet. Für die Ausführung chemischer Arbeiten standen mehr als 800

Gasflammen zur Verfügung. In den Arbeitssälen konnten 100 Praktikanten arbeiten. Im terrassenförmig aufgebauten Auditorium konnten 150 Studenten Platz finden.

Das Chemische Institut in der Leipziger Brüderstraße wurde von der Gesellschaft Deutscher Chemiker 2005 in den Rang einer einmaligen historischen Stätte der Chemie erhoben. In diesem Institut hatten u.a. solche namhaften Wissenschaftler gearbeitet wie der Nobelpreisträger Wilhelm Ostwald und der Chemiker Otto Beckmann (1853-1923). Heute gehört es zur Fakultät für Biowissenschaften, Pharmazie und Psychologie.

Wiege der deutschen Skandinavistik

Eugen Mohk (1854-1939) war in seiner Zeit der bedeutendste Wissenschaftler Deutschlands, der sich mit Skandinavistik beschäftigte. Über die Stationen Privatdozent, außerordentlicher und dann ordentlicher Professor an der Uni Leipzig übernahm er als erster Leiter die neu gegründete Nordische Abteilung des Germanischen Seminars.

Erster Lehrstuhl in Hydrologie

Die erste deutsche Tiefsee-Expedition leitete der Leipziger Zoologie-Professor Carl Chun (1852-1914). Nach Bestätigung durch den Deutschen Reichstag startete die Tiefsee-Expedition am 1. August 1898. Die Expedition dauerte fast ein Jahr und war ein riesiger Erfolg für die deutsche Hydrologie. Tierpräparate dieser Expedition befinden sich noch heute im Leipziger Naturkundemuseum. Durch Carl Chun wurde die Hydrologie zum Lehr- und Forschungsgebiet an der Leipziger Uni. Sie war damit die erste Universität in Deutschland mit einem Lehrstuhl für Hydrologie. Chun schrieb 1900 das Buch "Aus den Tiefen des Weltmeeres", das in Jena erschien.

Älteste Geographische Gesellschaft

Friedrich Ratzel (1840-1904), Professor an der Leipziger Uni, schuf mit der Veröffentlichung seines Buches "Politische Geografie" im Jahre 1897 die Grundlagen für eine gezielte Geopolitik des Deutschen Reiches. Wesentlich früher erfolgte die Gründung der ältesten Geografischen Gesellschaft Deutschlands. 2011 feierte die Geographische Gesellschaft zu Leipzig ihren 150 Gründungstag. Gründungsmitglieder waren Universitätsprofessoren,

Erdkundelehrer, Verleger, Bankiers und Staatsbeamte. Das Ziel bestand darin, die Erdkunde im weitesten Sinne zu fördern. Ausdruck der gesellschaftlichen Stellung dieses Vereins in seiner frühen Zeit war auch die Errichtung eines Lehrstuhls für Geographie an der Uni Leipzig.

Einmalig: Onomastik

Wie in vielen anderen Wissenschaftsdisziplinen, so war ab Mitte des 19. Jahrhunderts Leipzig das Zentrum der Sprachwissenschaft. Die Onomastik war Bestandteil dieses Wissenschaftszweiges. Die Universität in Leipzig ist heute noch die einzige in Deutschland, die den Studiengang Onomastik (Namenswissenschaften) anbietet und die erste und einzige mit einer Professur für Onomastik. Darüber hinaus ist sie die einzige Stelle, die bundesweit im Auftrag von Gerichten und Eltern, offizielle Gutachten und Empfehlungen für Babynamen abgibt. 2011 wandten sich über 3.000 Eltern an die Leipziger Universität.

Erster Lehrstuhl für Sinologie

Der erste deutsche Lehrstuhl für Sinologie wurde bereits 1869 eingerichtet. Die China-Forschung hat an der Leipziger Uni eine herausragende Tradition. So studierte mit Cai Yuanpei, der "chinesische Humboldt", auch an der hiesigen Uni Philosophie, Psychologie und Ästhethik. Er leitete später die Pekinger Universität als Rektor und wurde in China der wichtigste Reformpolitiker des chinesischen Bildungswesens zu Beginn des 20. Jahrhunderts. Mit dem heutigen Konfuzius-Institut an der Uni Leipzig werden die Jahrzehnte währenden guten Beziehungen zwischen Leipzig und Peking fortgesetzt.

Weltweit erster Lehrstuhl für Deutsch als Fremdsprache

Aus dem Institut für Ausländerstudium der Karl-Marx-Universität ging das 1961 gegründete Herder-Institut hervor. Es war weltweit das beste, angesehenste und traditionsreichste Institut in Lehre und Forschung für "Deutsch als Fremdsprache". Der weltweit erste "Lehrstuhl für Deutsch als Fremdsprache" existierte seit 1956. Die erste Professur für Methodik und Didaktik des Deutschunterrichts für Ausländer hatte der Leipziger Sprachwissenschaftler Prof. Dr. Gerhard Helbig (*1929). Mehr als 10.000 ausländische Studenten lernten hier bis zur politischen Wende Deutsch, meist in einjährigen Kursen und unmittelbar vor Aufnahme eines Universitäts- bzw. Hochschulstudiums. Zu den prominenten Absolventen gehörte z.B. die heutige Präsidentin Chiles Michelle Bachelet.

Weltgrößte Datenbank funktioneller Pflanzenmerkmale

Mehr als 200 Wissenschaftler errichteten 2011 in Leipzig die weltgrößte Datenbank funktioneller Pflanzenmerkmale (TRY). Sie entstand aus bisher 93 existierenden verschiedenen Datenbanken, die vom Max-Planck-Institut für Biochemie in Jena und von Prof. Dr. Christian Wirth, Uni Leipzig, koordiniert wurden. Die Datenbank enthält aktuell drei Millionen Einträge zu funktionellen Merkmalen aller bekannten Pflanzenarten.

Eine der reichsten Universitäten

Vom 16. Jahrhundert bis zum 20. zählte die Alma mater Lipsiensis zu den reichsten Universitäten Deutschlands. Nach der Säkularisierung der Klöster hatte Herzog Moritz von

Sachsen am 22. April 1544 der Universität einen Wald (sogenanntes Oberholz, später Universitätswald), mit einer Gesamtwaldfläche von 600 Hektar geschenkt. Zu dieser Schenkung gehörten weiterhin fünf angrenzende Dörfer, nebst Wiesen und Felder und jährlich 2.000 Gulden. Während Wälder, Wiesen und Felder nach 1945 verstaatlicht wurden, verfügt die Universität noch heute über einmalige Kunstschätze und wertvollste Sammlungen, u. a. das "Ägyptische Museum", "Antiken Museum" und "Musikinstrumenten-Museum", mit bedeutenden Kunstwerken der Malerei, historischen Skulpturen, Grafiken und Gegenständen des Kunsthandwerkes aus vielen Jahrhunderten.

Ägyptisches Museum: Älteste ägyptologische Lehrschau

Mit dem "Ägyptischen Museum G. Steindorff" besitzt die Universität Leipzig ein für Deutschland einzigartiges Museum, das noch heute Gegenstand von Forschung und Lehre ist. Zu den spektakulärsten Ausgrabungsstücken gehört ein vergoldetes Kupfer-Diadem aus Giza. Mit dem Ägyptischen Museum besitzt die Uni die älteste ägyptologische Lehrschausammlung einer deutschen Universität. Ein für Studenten der Ägyptologie riesiger Vorteil. Das Ägyptische Museum befindet sich im "Krochhaus", direkt im Leipziger Zentrum.

Ältester botanischer Garten

1542 wurde das Pauliner-Kloster samt seiner Gärten an die Universität Leipzig übertragen. Das ist die Geburtsstunde dieses zweitältesten botanischen Gartens in Europa. Die Uni schuf hier einen "hortus medicus" zur praktischen pharmakologischen Ausbildung der Studenten und zur Züchtung von Heilpflanzen. Einen besonderen Schwerpunkt bildet die Tropenökologie. Mit Hilfe der Simulation nahezu aller Klimate der Erde können in den Glashäusern eine Vielzahl von Pflanzenarten tropischer und subtropischer Lebensräume gehalten werden.

Bedeutenstes Antiken-Museum

Neben dem "Ägyptischen Museum", der "Skulpturensammlung" und den vielfältigen Gemäldesammlungen, sowie Grafiken und Plastiken im Bereich Körperkultur und Sport besitzt die Uni eine hervorragende Lehr- und Schausammlung des "Antiken-Museums". Sie zählt zweifelsfrei zu den ältesten und bedeutendsten akademischen Einrichtungen ihrer Art in Deutschland. Der Fundus der Leipziger Antikensammlung am Nikolaikirchhof umfasst mehr als 10.000 Gegenstände aus den Kulturräumen der Griechen, Römer und ihrer Nachbarn und bildet eine Basis für die studentische Ausbildung. Die Gründung des Museums geht auf das Jahr 1834 und die Bildung einer "Antiquarischen Gesellschaft" zurück. Wesentliche Neuerwerbungen erfolgten durch großzügige Spenden der Verlagsbuchhändler Baedecker, Brockhaus, Credner, Giesecke und Seemann. Neben der ständigen gibt es auch regelmäßig Sonderausstellungen. Das Antiken-Museum der Uni wird von einem Freundes- und Förderkreis unterstützt.

Ältestes und traditionsreichstes Herbarium

Die Universität Leipzig besitzt das älteste und damit traditionsreichste Herbarium, dass bereits 1806 vom Leipziger C. F. Schwägrichen (1755-1853) gegründet wurde. Herbarien sind in der Pflanzenwelt das, was Bücher in Bibliotheken sind. Hier werden die kompletten Informationen über die gesamte Pflanzenwelt, exotische wie einheimische gesammelt, um die Forschungarbeit auch für Studenten zu ermöglichen. Im 2. Weltkrieg 1943 völlig zerstört, wurde danach sofort wieder mit dem Aufbau begonnen und bis heute kontinuierlich erweitert. Zurzeit befinden sich ca. 175.000 Pflanzen- und Pilzbelege im Herbarium.

Ein Student als Rektor

Über 400 Jahre, bis 1831, dauerte die Amtszeit eines Rektors lediglich ein Semester. Anschließend und das gleich für 100 Jahre betrug die Rektoratszeit zwei Semester. Über viele Jahrhunderte durften die Studenten zwar selbst nicht mit abstimmen, aber interessanterweise selbst gewählt werden. Johann Adolph, Fürst von Anhalt-Zerbst (1458-1526) begann 1471 mit dem Studium an der Universität Leipzig. Weltweit einmalig, aber wahr: Im Sommersemester 1475 schaffte es der Student an die Spitze der zweitältesten Uni in Deutschland, wurde zum Rektor gewählt und hielt tatsächlich das Semester durch. 1508 hatte er auf die Regierungsgeschäfte von Anhalt-Zerbst verzichtet. Seit 1514 war er Bischof in Merseburg und war Zeit seines Lebens ein erbitterter Gegner Luthers. So ließ er 1520 die Schriften Luthers verbrennen und verbot 1522 das Lesen der Lutherschen Bibelübersetzung. Johann Adolph starb unverheiratet, kinderlos und ist in der Zerbster Bartholomäikirche bestattet.

Belegzettel für Studenten

Belegzettel aus der Gründungszeit der Universität Leipzig, die für eine Prüfungszulassung Voraussetzung waren, wurden Ende 2010 in der Zeitzer Stiftsbibliothek gefunden. Europaweit existieren nur noch ganz wenige dieser Belegzettel. Bekannt sind zwei aus Prag (1385/1389), ein Dokument aus Erfurt (1401) und nun zwei von der Uni Leipzig aus dem Jahr 1410. Belegzettel wurden notwendig, als die Universitäten größere Studentenzahlen aufwiesen und ein Überblick über den Einzelnen nicht mehr vorhanden war. Der Belegzettel enthielt den Nachweis über bezahlte Unterrichtsgebühren, bei wem der Student welche Unterrichtsfächer belegt hatte und die für eine Prüfungszulassung notwendigen Nachweise.

Universität mit kompletten Einschreibelisten

Die Universität Leipzig besitzt seit 1409 ununterbrochen alle Einschreibelisten, in die sich die Studenten zu Beginn ihres Studiums eintrugen. So konnte ermittelt werden, dass in den ersten 140 Jahren ihres Bestehens 41.040 Studenten das Studium an der Alma mater Lipsiensis absolvierten.

Weltweit berühmte Alumni

Eine kleine Auswahl an Alumni der Alma mater Lipsiensis zeigt auch heute noch ihren einmaligen Ruf: Georgius Agricola, Carl Phillipp Emanuell Bach, Michelle Bachelet (Chiles Staatspräsidentin), Lothar Bisky, Tycho Brahe, Paul Ehrlich, J. W. von Goethe, Hans-Dietrich Genscher, Friedrich von Hardenberg, Heinrich Freiherr von Huyssen, Maybrit Illner, Leos Janacek, Ernst Jünger, Erich Kästner, Bernard Katz, Karl Lamprecht, Gottfried Wilhelm Leibniz, Gotthold E. Lessing, Karl Liebknecht, Martin Luther, Franz Mehring, Angelika Merkel, Thomas Münzer, Friedrich Nietzsche, Novalis, Wilhelm Ostwald, Jean Paul, Alfred von Planta, Max Reger, Hugo Riemann, Martin Schongauer, Kurt Schumacher, Robert Schumann, Johann Gottfried Seume, Georg Philipp Telemann, Edward Teller, Christian Thomasius, Richard Wagner, Carl Friedrich von Weizsäcker, Christa Wolf, Erich Zeigner u.v.a. Persönlichkeiten.

Ausgangspunkt für den Pennalismus

Der Pennalismus nahm Anfang des 17. Jahrhunderts seinen Anfang an den Universitäten Leipzig und Jena. Von hier aus breitete er sich auf ganz Deutschland aus. Als sogenannter Pennal (abgeleitet von Federbüchse des Schulknaben) mussten die Erstsemester ein Jahr lang tun, was die älteren Semester von Ihnen verlangten. Besonders schlimm waren drei Feiern: "Akzessschmaus", "Antrittsschmaus" und "Absolutionsschmaus". Die Studienanfänger mussten die älteren Semester auf eigene Kosten, bei gleichzeitig argen Beschimpfungen, Beleidigungen und Misshandlungen bedienen.

Erstes Privatinternat für adlige Uni-Studenten

Im Mittelalter war der "Strohsack" ein Bürgerhaus, das 1459 als Bursa Heinrici entstanden, das als Privatburse für adlige Studenten diente. Die Studenten ließen sich in diesem Hause nieder und führten in der Burse ein ausschweifendes Leben. Der Name "Strohsack" erinnert daran, dass selbst adlige Studiosi nicht nur ihren Rausch auf Strohsäcken ausnüchterten, sondern sich auch im normalen Leben auf Strohsäcken betteten.

Erstes Liederbuch der Studenten

Der Organist der Nikolaikirche in Leipzig, Adam Krieger (1634-1666), schuf 1657 das erste Liederbuch für Studenten. Krieger war ein sehr vielseitiger Musiker, den seine Studenten-, Liebes- und Trinklieder berühmt gemacht haben. Krieger gilt aber auch als Begründer des "Collegium musicum" in Leipzig.

Einziges Universitäts- und Studentenradio

Mephisto 97,6 ist das einzige Universitäts- und Studentenradio in Deutschland. 97,6 ist im Leipziger Raum über UKW empfangbar und wird auch in das Leipziger Kabelnetz eingespeist. Es ist ein nichtkommerzieller Lokalsender und gleichzeitig ein Ausbildungssender für Studenten. Ausnahmslos alle Funktionen des Senders wie Chefredakteur, Redakteure, Reporter, Moderatoren, PR-Mitarbeiter, Techniker u. a. werden von Studenten ehrenamtlich und unentgeltlich wahrgenommen. Die Programmgestaltung erfolgt ebenfalls in völliger Eigenverantwortung der Studenten. Programminhalte sind Kultur, Sport, Musik, Politik und Universitätsleben. Mephisto 97,6 sendet täglich vier Stunden.

Größter Studentenclub Europas

Leipzig ist mit mehr als 30.000 Studenten und Studentinnen auch eine Studentenstadt. Mit sieben speziellen Studentenclubs wird auch für genügend Ausgleich zum täglichen Büffeln gesorgt. Im Einzelnen sind das "die Oase", "der Stuk", "die Destille", "die Schwemme", "der Club C4", der "TV-Club" und die "Moritzbastei". Mit der "Moritzbastei" besitzt Leipzig den größten Studentenclub Europas. Besucher sind Studenten aus der ganzen Welt. Jährlich kommen über 350.000 Studenten zu den Konzerten, Lesungen und Festivals in den verschiedenen unterirdischen Gewölben und Räumen. Bundeskanzlerin Merkel war Mitte der sechziger Jahre als ehemalige Studentin aktiv an den Ausgrabungen des Clubs beteiligt.

Erste Kunsthochschule Europas

Die Hochschule für Grafik und Buchkunst (HGB) wurde 1764 gegründet und gehört damit nicht nur zu den ältesten Kunsthochschulen Europas, sondern auch zu den besten. Weltweit erstmalig, seit 1913 und bis heute Bestandteil der HGB, ist der Lehrstuhl für künstlerisches Fotografieren. Mit der "Neuen Leipziger Schule" existiert an der HGB eine aktuell weltweit beachtete Kunsthochschule. Weiterhin ist sie weltweit die einzige Hochschule, die sich mit Fragen der Buchkunst im Speziellen beschäftigt. Die Themen "Schrift", "Typographie" und "Bucheinband" gehören seit über 100 Jahren zum Lehrgegenstand der Leipziger Hochschule für Grafik und Buchkunst. Sie ist in dieser Form weltweit einzigartig und stellt seit Jahrzehnten ein besonderes Alleinstellungsmerkmal dar.

Weltweit älteste betriebswirtschaftliche Hochschule

Die Handelshochschule (HHL) wurde 1898 gegründet und ist Deutschlands älteste betriebswirtschaftliche Hochschule. Die "Leipzig Graduate School of Management" gehört heute zu den führenden Wirtschaftshochschulen in Europa. Bei nationalen und internationalen Studien belegt die HHL ständig erste Plätze, u. a. in der Internationalität. So arbeitet die HHL zurzeit mit mehr als 100 Universitäten im Ausland zusammen. Traditionell kommt seit Gründung der Hochschule ein hoher Anteil der Studierenden aus dem Ausland. Aktuell sind das 60 % der Studierenden. Es gibt derzeit keine vergleichbare Universität oder Hochschule in Deutschland, die über einen höheren Anteil an ausländischen Studenten verfügt. Nach der HHL wurden weitere Handelshochschulen im deutschsprachigen Raum gegründet, so in Aachen, Wien, Köln, Frankfurt/M., Berlin, Mannheim und München.

Wiege der akademischen Betriebswirtschaftslehre

Dass die Gründung der ersten akademischen Einrichtung und die Wiege der Betriebswirtschaftslehre konform gingen, macht folgende Übersicht deutlich. Im Geleitwort zum "Die Handelshochschule in Leipzig" von Prof. Göschel, wird darauf verwiesen, das "von 142 Hochschullehrern mit einer Professur für Betriebswirtschaftslehre im deutschsprachigen Raum im Zeitraum 1898 bis 1955 allein dreiunddreißig ehemalige HHL-Studenten waren, die als spätere BWL-Professoren weltweit in anderen akademischen Einrichtungen tätig wurden. Zu ihnen gehörten solche internationalen Kapazitäten wie die BWL-Professoren Hermann Großmann, Heinrich Niklisch, Ernst Pape, Balduin Penndorf, Willi Prion, Eugen Schmalenbach und Fritz Schmidt, die alle Absolventen der Leipziger Handelshochschule waren. HHL-Professor Arthur Lisowsky beispielsweise, gründete in den 30-er Jahren die berühmte St. Gallener Marketingschule. Erich Schäfer, Lehrstuhlinhaber der HHL, ging später nach Nürnberg und gilt als Begründer der modernen Absatzlehre/Marketing.

Einzige deutsche Hochschule für Telekommunikation

Die "Hochschule für Telekommunikation Leipzig" (HfTL) ist bundesweit die einzige Hochschule für Telekommunikation. Sie ist eine durch das Sächsische Staatsministerium für Wissenschaft und Kunst anerkannte Hochschule in privater Trägerschaft der Deutschen Telekom AG. Sie bildet in den Bachelorstudiengängen Nachrichtentechnik, Telekommunikationsinformatik und Wirtschaftsinformatik sowie in dem Masterstudiengang Informations- und Kommunikationstechnik aus.

Kulturgeschichtlich einmalige Schule

Die Alte Nikolaischule ist ein kulturgeschichtlich einmaliges Denkmal in Deutschland. Sie wurde 1490 erstmals urkundlich erwähnt und am 6. Dezember 1512, dem Tag des heiligen Nikolaus, gegründet. Sie ist die erste weltliche Schule Leipzigs und zählt zu den ältesten Bürgerschulen Deutschlands. 2012 feierte sie ihren 500. Gründungstag. Zu ihren berühmten Schülern gehörten: Gottfried Wilhelm Leibnitz (letzte Universalgelehrte), Christian Thomasius, Johann Gottfried Seume (Publizist, Schriftsteller, Demokrat, Aufklärer), Dr. Karl Heine (Industriepionier), Richard Wagner (Komponist), Karl Liebknecht (Politiker) u.v.a.m. In der Bombennacht vom 3. zum 4. Dezember 1943 wurde sie zerstört. Heute befinden sich in der Alten Nikolaischule die Leipziger Kulturstiftung, Restaurant und Café "Alte Nikolaischule", die "Richard-Wagner-Aula" und das "Antiken-Museum der Universität Leipzig". 750 Nikolaitaner besuchen gegenwärtig die "Neue Nikolaischule", die sich im Südosten Leipzigs befindet. Im Februar 2012 feierte die Schule den 500. Gründungstag.

Älteste Theaterhochschule

Die Theaterhochschule Leipzig ist die älteste ihrer Art in Deutschland. Sie wurde 1953 in Leipzig gegründet und ging aus der Schauspielschule Leipzig hervor. 1992 fusionierte sie mit der Musikhochschule Leipzig.

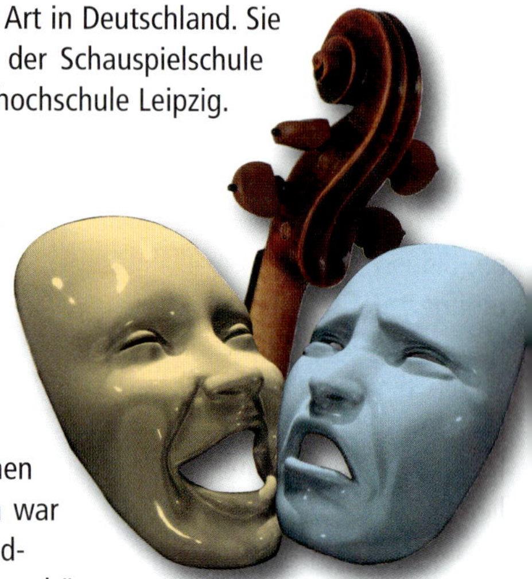

Älteste Musikhochschule der Welt

Die erste Musikhochschule Deutschlands wurde am 2. April 1843 im Hof des alten Leipziger Gewandhauses gegründet. Initiator und Gründer der ersten höheren Bildungsanstalt für Musiker in Deutschland war kein Geringerer als Felix Mendelssohn Bartholdy, der persönlich beim sächsischen König Friedrich August II vorgesprochen hatte und dessen Zusage bewirkte. Mendelssohn war auch der erste Kapellmeister des Leipziger Gewandhauses. Zu den damaligen Ausbildungsfächern gehörten Klavier, Violine, Gesang und Komposition. Zu späterer Zeit wurde das Lehrangebot auf alle Orchesterinstrumente erweitert. Besonders befruchtend bis zum heutigen Tag war und ist die enge Zusammenarbeit mit dem Gewandhausorchester. Mendelssohn war es auch, der den Weltruf der Musikhochschule begründete, dem viele Schüler aus aller Welt an die Pleiße folgten. Mendelssohn ist Ehrenbürger der Stadt. 1968, anlässlich des 125. Geburtstages der Hochschule, erhielt sie den Namen ihres Gründers "Felix Mendelssohn Bartholdy".

Heimstatt des Thomaner-Chores

Bereits im Jahre 1212 gab es eine enge Bindung von Thomaskirche und Schule. Kinder, die hier ihre Bildung erfuhren, umrahmtem mit ihrem Gesang die traditionellen Abläufe bei den Gottesdiensten, festlichen Anlässen sowie bei Beerdigungen. Die Thomasschule, Heimstatt des weltberühmten Thomaner-Chores, die auf den Grundmauern der alten Klosterschule von 1553 entstand, stammt aus dem Jahre 1731/32. In dieser Zeit wurde die Schule um 2. Stockwerke erweitert. Zur Einweihung komponierte Johann Sebastian Bach selbst eine Kantate, die das nunmehr schönere Schulhaus zum Gegenstand hatte. An der Thomasschule wurden auch Kinder bürgerlicher Eltern eingeschult, die nicht zum Thomanerchor gehörten. Neben kleinen Veränderungen im Inneren dauerte es fast 150 Jahre bis ein Neubau am 5. November 1877 erfolgte. Unter anderem war der spätere Physiknobelpreisträger Karl Ferdinand Braun Lehrer an dieser Schule. Die Thomasschule gehört heute zu den ältesten und traditionsreichsten Schulen Deutschlands, an der ca. 700 Schülerinnen und Schüler lernen. Die Schule hat ein künstlerisch, sprachlich und verstärkt musisches Profil mit Latein ab der 5. Klasse. Seit der Reformation sind Schule und Chor staatliche Institutionen.

Ratsfreischule: Vorbild für die Welt

Für die Armen, die Kinder der Handwerker und Bediensteten gab es in Leipzig und anderswo im Lande sogenannte Winkelschulen, die seit Jahrhunderten existierten. Bis zur Mitte des 18. Jahrhunderts hatte Leipzig 46 derartige Einrichtungen. Es waren freie Träger, die von der

Stadt unterstützt wurden und jedes Kind pro Woche 1 bis 2 Groschen bezahlen musste. Nirgendwo in Deutschland florierten diese Schulen so gut wie in Leipzig. Grund dafür war die große Zahl an Studenten, alten und arbeitslosen Magistern, die sich mit dem Unterricht ein Zubrot verdienen konnten. Das Bildungsangebot war gering und beschränkte sich auf die Fächer Lesen, Schreiben und Religion. Die jährlichen drei Messen in Leipzig und das damit verbundene internationale Flair, einschließlich Theater, Ballhäuser, Cafés und Gärten, Orchester, Schaubuden und Marktattraktionen, aber auch die Innungen, forderten ein Mehr an Bildung auch beim einfachen Volk. Am 16. April 1792 wurde die Leipziger Ratsfreischule eröffnet. Sie befand sich an der Ringpromenade zwischen Thomaskirsche und der Pleißenburg, in der heutigen Ratsfreischulstraße 5. Sie war, wie es der Name sagt, die erste Bürgerschule, die vom Rat der Stadt geschaffen wurde, um Kinder aus öffentlichen Mitteln einen kostenfreien Unterricht zu garantieren. Initiatoren dieses neuen Schultyps waren der damalige Bürgermeister Müller (1728-1801), der sich von den Ideen der Philanthropisten leiten ließ und der Superintendent Johann Georg Rosenmüller (1736-1815). Es gab noch keine Klassenzimmer im heutigen Sinne, sondern Lehrsäle, in denen bis zu 100 Kinder unterrichtet werden konnten. Zu den Fächern gehörten Lesen, Schreiben, Rechnen, Geografie, Naturlehre, Himmelkunde, Zeitrechnung, Verstehen des Kalenders, Unterricht gegen den schädlichen Aberglauben, kurze Vaterlandsgeschichte, gemeinnützige Rechtslehren, Briefe schreiben und Verfertigung anderer Aufsätze.

Diese neue Schulform mit den genannten Bildungsangeboten kam bei den Obermeistern, den Handwerksinnungen, aber auch bei den Familien sehr gut an. Von überall in Deutschland und auch von außerhalb gab es große Anerkennung und Würdigung. Deutschlands große und berühmte Pädagogen wie Salzmann, Wolke, Dinter, Niemeyer und Harnisch waren begeistert und hospitierten vor Ort. Ihr Ruhm drang bis nach Amerika, in dem der US-amerikanische Pädagoge Horace Mann über seinen Studienaufenthalt in Leipzig berichtete, "dass Leipzig eines der besten, wo nicht das beste Unterrichtssystem hat, das sich in irgendeiner Stadt Deutschlands findet, auch ausgezeichnete Schulhäuser besitzt und dasjenige, welches zuletzt errichtet wurde, das Beste ist." Die Ratsfreischule wirkte über vier Jahrzehnte bis zur Neuordnung des Schulwesens im Freistaat Sachsen und der Bildung von Volksschulen im Jahre 1919. Die Ratsfreischule bildete die Ausgangsbasis für die städtischen Volksschulen in Deutschland.

Einführung des dualen Berufsschulsystems

Die Öffentliche Handelslehranstalt (OHLA) Leipzig ist die Wiege der modernen Betriebswirtschaftslehre in Deutschland. Sie führte 1931 als erste "Berufsschule" in Deutschland das duale Ausbildungssystem ein und betrieb es dauerhaft bis 1950. Ihre Absolventen waren in ganz Deutschland sehr gefragte und begehrte Nachwuchskräfte für mittlere und gehobene kaufmännische Positionen. Der ehemalige Direktor dieser Schule wurde später zum Initiator und Mitbegründer der ersten Handelshochschule der Welt und leitete in Doppelfunktion auch die weltweit erste betriebswirtschaftliche Hochschule als Studiendirektor. Handelshochschule und OHLA haben gemeinsame Wurzeln. Viele Absolventen der OHLA studierten später an der HHL. Aus Leipzig kamen die wichtigsten Anstöße für die Einführung und Qualifizierung der Betriebswirtschaftslehre als Unterrichtsfach in ganz Deutschland. Die OHLA

bestand aus einer Lehrlingsabteilung und einer Höheren Abteilung. Die Ausbildung erfolgte ab dem 14. Lebensjahr nach einer bestandenen Aufnahmeprüfung. Für die Lehrlinge betrug die Ausbildung drei Jahre, bei einer wöchentlichen theoretischen Unterrichtszeit von 8-16 Stunden. Die Unterrichtszeit für die Höhere Abteilung umfasste 30 Stunden pro Woche bei einer ebenfalls dreijährigen Ausbildung. 1882/83 besuchten 750 Schülerinnen und Schüler die Einrichtung. Zu ihnen gehörte auch Ferdinand Lassalle. Die OHLA war in ihrer Organisation innerhalb und außerhalb Deutschlands etwas ganz Neues. Von Anfang an ergänzten sich Theorie und Praxis. Als Zielstellung wurde die Erziehung zur Persönlichkeit und zum künftigen Weltbürger angegeben. Zu den Lehrfächern der höheren Abteilung zählten Kalligrafie, Zeichnen, deutsche, französische, englische und italienische Sprache nebst praktischer Übung, Theorie des Stils und freier Vortrag, Geographie, Gewerbekunde, Weltgeschichte, Geschichte des Handels und des Gewerbewesens, Mathematik, Enzyklopädie der Naturwissenschaften, Physik und Chemie, Handelswissenschaft, Kaufmännische Arithmetik, Briefwechsel, Buchhaltung, Handels- und Warenlehre, Waren- und Produktkunde, Geld-, Handels- und Gewichtskunde, Elemente des Handelsrechts und Nationalökonomie.
Interessant ist die Tatsache, dass bereits im Schuljahr 1849/50 der Ausländeranteil bei 32% lag. Auf Grund des großen Leipziger Erfolges, auch international, entstanden bald weitere Öffentliche Handels-Lehranstalten, so in Berlin, Hamburg und Osnabrück.

Literatur:

01. Adam, Th.: Allgemeine Ortskrankenkasse Leipzig 1887-1997. Pro Leipzig. 1999.
02. Altmann, U.: Die Anfänge des Buchdrucks in Leipzig. In: "500 Jahre Buchstadt Leipzig"
03. Bechstein, L.: Leipzig. Edition Marlitt. Reprint.2005.
04. Beck, M.: Radiologie-Tagung mit Ausflug in die Geschichte. In: LVZ vom 23.Märt 2012.
05. Beilke, D.: "Die Geschichte der Piano-Dynastie Blüthner..." In: Bild Leipzig vom 8. Dezember 2010.
06. Böttger, R.: Neues Leipziger Taschenwörterbuch für Einheimische und Fremde. Universitätsverlag.1999.
07. BMW macht Leipzig zum Elektroautozentrum. In : LVZ vom 6./7.1. 2010
08. Das jetztlebende Leipzig. Anno 1701 und 1702. Nachdruck. Schmidt-Römhild. Leipzig. 2000.
09. Das Deutsche Buch-und Schrift-Museum. Infomaterial der Deutschen Nationalbibliothek.2012
10. Decker, K.; Orbeck, M.: 100 Gründe: Warum Leipzig so lebenswert ist. In: LVZ vom 17.Febraur 2011
11. Deutsche Nationalbibliothek. Sammlung Exil-Literatur 1933-1945. Dezember 2009.
12. Deutsche Nationalbibliothek. Anne-Frank-Shoah-Bibliothek. Dezember 2009
13. Donath, M. : Leipziger Land. Kultur-Landschaften Sachsens. Edition Leipzig.
14. Eckard, R.: Ein Potsdamer an der Pleiße. Nachdenken über Leipzig. In: LVZ vom 29.02.2008
15. Förster, O.W.; Seidler, T.; Markow, C.; Kühne, A.: Leipziger Köpfe. Hrg.:LVZ. 2. März 2009.
16. Förster, O.W.: Die Freimaurerloge Apollo i. O. Leipzig. Hrsg.: König, P.: Taurus Verlag Leipzig. 2009
17. Freundeskreis der Öffentlichen Handelslehranstalt (ÖHLA) e.V. Hrsg.: Die Öffentliche Handelslehranstalt zu Leipzig 1831-1950. Festschrift zum 170. Jahrestag ihrer Gründung. Leipziger Universitätsverlag GmbH,2001.
18. Friedrich, W.: "Das erste Psychologie-Institut der Welt.. Die Leipziger Universitätspsychologie 1879-1980".
19. Gäbler, M.: "Was von der Buchstadt übrig blieb".
20. Goethe, J.W. : "Die Leiden des jungen Werther". Anaconda Verlag. 2005. S.92
21. Goethe, J.W.: "Dichtung und Wahrheit". T. 1, 2, 3 und 4.
22. Gormsen, N./ Kühne, A.: Leipzig. Den Wandel zeigen. Edition Leipzig.3. Ausgabe 2000.
23. Göschel, H.: Die Handelshochschule in Leipzig. Geschäftsführung der Handelshochschule Leipzig.2008.
24. Gretzschel, M.: Stille Winkel in Leipzig. Ellert & Richter Verlag. Hamburg 2009.
25. Guth,P./Sikora,B.: Jugendstil & Werkkunst. Architektur um 1900 in Leipzig. Edition Leipzig.
26. Henneberg, F.: Geschichte der Leipziger Oper. Sax-Verlag. Markkleeberg. 2009.
27. Heermann, Chr.: Neue Aspekte und offene Fragen der Karl – May Biographie. www.karl-may-gesellschaft.de
28. Hocquél, W.: Die Architektur der Leipziger Messe. Verlag für Bauwesen. Berlin. 1994
29. Horch, A.: Ich baue Autos. Autobiografie. 2002
30. Kirste, H.-J.: Hermann Kuhr – Wegbereiter des akademischen Sports. In: Leipzig sportlich. 2002.
31. Knopf, S.: Die Buchstadt Leipzig. Mythos und Symbole. Sax Verlag. 2008.
23 Krause, K.: Alma mater Lipsiensis. Leipziger Universitätsverlag 2003
32. Kultur- und Messestadt Leipzig. Ziethen, Panorama Verlag. Bad Münstereifel. Neuauflage 2009.
33. Künnemann, O.: Echt Leipzig. Besonderheiten einer alten Messestadt. Herkules Verlag o.J.
34. Leipzig um 1900. Erster und zweiter Band. Lehmstedt Verlag 2009.
35. Leipzig. Museum. 100 Jahre Stadtgeschichtliches Museum Leipzig. Herausgeber Dr. Volker Rodekamp.
36. Leipzig in Geschichten und Bildern. Leipzig. Verlag der Dürrschen Buchhandlung. 1907 Leipzig.
37. Leipzig – eine alte Autostadt. In: Leipziger Volkszeitung vom 10./11.12.2005
38. Leipziger Zeitung vom 18. März 1785. Todesanzeige über Friederica Bause.
39. 100 Jahre Mercedes Benz. Niederlassung Leipzig.Extra-Ausgabe.LVZ.23.03.2010
40. Leipzig – eine klangvolle Partit(o)ur. Leipziger Tourismus und Marketing GmbH.
41. May, K.: Durch Wüste und Harem. Karl May Verlag. 1982-1984. S. 85
42. Mayer, Th.: Ruhm des Vergangenen. In: Leipziger Volkszeitung vom 26.August 2009
43. Mayer, Th.: Die Seemanns in Leipzig. In: LVZ vom 2009 May, N.: "Nichts als eine Comödiantin".
44. Mayer, Th.: Der strenge Onkel Levin. In: LVZ vom 18./19.12.2010
45. Mayer, Th.: Der große Aufklärer. In: LVZ vom 1. Dezember 2009
46. Orbeck, M.: "Der Zeitungskundler" In: LVZ vom 11.11. 2010
47. Orbeck, M.: "Goethe, Luther, Klassik als Anreiz für Leipzig". In: LVZ vom 25.05.2011
48. Orbeck, M.: "Richard ist mit neuem Portal im Internet". In LVZ vom 14.02.2012
49. Petztl, M.: "Der Leipziger Pascha". LVZ vom 3.Januar 2012
50. Rauchhaupt, von R. /Heinze, R.: Geopfad – erdgeschichtlicher Zeitpfad. Markkleeberger Stadtjournal. H.07/12.
51. Riedel, H.: Stadtlexikon Leipzig. Verlag Pro Leipzig.2005.
52. Rometsch, J.: "Deutsches Musikarchiv ab Mittwoch in Leipzig". In: LVZ vom 26.11. 2010
53. Rössing, R.. Wir wirklich tollen Sachsen. Tauchaer Verlag. 4. Auflage 2009
54. Schaubeck- Chronik: 140 Jahre Schaubeck Briefmarken-Album. Schaubeck-Verlag Leipzig.
55. Schindelbeck, D.: Die Federmänner. In: Leipziger Blätter. H.37, Herbst 2000.
56. Schneider, W.: Leipzig. Dokumente und Bilder zur Kulturgeschichte. Gustav Kiepenheuer Verlag.
57. Schulte, V.: Der Literaturpapst als Fledermaus. Sax-Verlag, Beucha 2009.
58. Singl, H.: Der Kaffeebaum in Leipzig. Lehmstedt Verlag. 2003
59. Statistische Jahrbücher der Stadt Leipzig. 2005-2010.
60. Stengel, A.: Der ehemalige Herfurthsche Park. In.: Markkleeberger Stadtjournal. März 2012.
61. Vogel, J.J.: Leipzigischen Geschicht-Buch, 1714, "Vogels Annalen".
62. Von Leipzig in die Welt. Stadtgeschichtliches Museum. Ausstellung 2010.
63. Wächter, W.: Nachahmer in aller Welt. In: LVZ vom 25. April 2012.
64. Witt, G.: Vordenker der Sportwissenschaft. In: Leipzig sportlich. BlickpunktBuch e.v. Leipzig.2002

Bildnachweis

S. 8, 9, 11, 21, 24, 25, 28, 35, 36, 38, 42, 43, 44, 46, 49, 50, 51, 53, 55, 56, 63, 64, 66, 73, 76, 87, 89, 94 103, 104, 105, 110, 123, 126, 130, 139, 143, 144, 147, 148, 149, 152, 153, 162 – Autorenarchiv

S. 52, 54, 61, 65, 70, 80, 84, 85, 112, 127, 128, 135, 164 – Fotolia

S. S. 15, 34, 58, 83, 84, 98, 100, 101, 107, 108, 120, 125, 132 – MEV · S. 151 – Compas Free Objects

S. 17, 18, 21, 22, 26, 41, 82, – Wikipedia, Appaloosa